I0426704

Dedicazione

Questo libro è dedicato a ciascuno di noi, eterni studenti nel campo della leadership. La leadership può essere padroneggiata, ma non è mai perfezionata. Come cittadini globali che lavorano per cambiare il mondo e sostenere la trasformazione, condividiamo tutti un impegno comune per imparare, crescere e rendere il nostro mondo un posto migliore.

Che le intuizioni contenute in queste pagine continuino a nutrire la nostra fame di conoscenza e a guidarci nel nostro percorso di leadership in continua evoluzione. Insieme, abbracciamo il viaggio del cambiamento e della trasformazione, uniti dalla nostra dedizione a diventare leader migliori e ad avere un impatto positivo sul mondo.

Prefazione

Ho avuto il privilegio di imparare la gestione del cambiamento all'inizio della mia carriera, durante il mio master. Mi sono innamorata del concetto che l'unica costante è il cambiamento. Credo profondamente in questo detto e l'ho sperimentato nella mia vita. Mentre la maggior parte di noi, a un certo punto, spera in un modello coerente e simile o in uno stato di cose costante, la realtà è molto più complicata e ricca di sfumature. Anche nelle circostanze più piccole, la vita è in continua evoluzione e cambiamento. È la vita stessa che non è mai la stessa da un momento all'altro.

Quindi, cosa dobbiamo fare? Possiamo affrontare questo cambiamento a testa alta. Possiamo imparare a lavorare con il cambiamento, adattarci ai suoi flussi e riflussi e, infine, abbracciare il cambiamento. Anzi, possiamo fare di più che abbracciarlo: possiamo guidare il cambiamento, per noi stessi e per gli altri.

Possiamo sperare di gestire il cambiamento e di affrontare le sue sfide, ma il vero potere risiede nella nostra capacità di guidarlo. Questo libro che avete tra le mani è una testimonianza della convinzione che il cambiamento non è qualcosa da temere o a cui resistere; piuttosto, è una forza che può essere imbrigliata e diretta verso un maggiore successo e realizzazione.

Nelle pagine che seguono, intraprenderete un viaggio che esplora l'arte e la scienza di guidare il cambiamento. Attingendo alle esperienze di leader e pionieri del cambiamento e alle più recenti intuizioni nel campo della gestione del cambiamento, questo libro vi fornirà le conoscenze, gli strumenti e le strategie per navigare con sicurezza e competenza nel panorama in continuo mutamento del cambiamento.

Mentre vi addentrate nei capitoli che seguono, ricordate che il cambiamento non è solo una forza esterna, ma una parte intrinseca della nostra vita. Padroneggiando i principi della leadership del cambiamento, potrete non solo adattarvi al cambiamento, ma anche plasmarlo, guidare la trasformazione e lasciare un impatto duraturo.

Quindi, abbracciamo il flusso e riflusso costante dei cambiamenti della vita, perché è attraverso il cambiamento che troviamo la crescita, l'innovazione e l'opportunità di rendere il nostro mondo un posto migliore. Che questo libro sia il vostro compagno di fiducia nel vostro viaggio verso la rivoluzione del cambiamento e che vi ispiri ad abbracciare il cambiamento come una potente forza per il bene.

Con attesa ed entusiasmo,

Thomas P Huber PhD MS ECS

Introduzione

Nelle aziende moderne, il cambiamento non è un'anomalia: è la base su cui poggia il paesaggio in continua evoluzione. Il primo passo del nostro viaggio attraverso "Leading the Change Revolution: Avviare e sostenere la trasformazione" inizia con un riconoscimento fondamentale: il cambiamento è un elemento incessante, parte integrante del tessuto organizzativo. Storicamente, il cambiamento è stato spesso visto come una serie di eventi isolati, interruzioni da gestire o sfide da superare. Oggi, invece, questa percezione è cambiata radicalmente. In un'epoca caratterizzata da rapidi progressi tecnologici, globalizzazione e valori sociali in evoluzione, il cambiamento è diventato una forza continua, che guida il progresso e l'innovazione a un ritmo senza precedenti.

Questo costante stato di cambiamento presenta una serie unica di opportunità e sfide per le organizzazioni. La capacità di anticipare, adattarsi e capitalizzare il cambiamento non è più un lusso, ma è diventata una necessità per la sopravvivenza e il successo. Chi considera il cambiamento come un disturbo sporadico rischia di trovarsi impreparato e vulnerabile in un mondo che richiede agilità e resilienza. Per prosperare in questo ambiente dinamico, le organizzazioni devono promuovere una cultura che non si limiti a tollerare il cambiamento, ma lo abbracci attivamente. Ciò comporta un cambiamento di mentalità a tutti i livelli, dalla direzione generale alle prime linee. Richiede un allontanamento dal pensiero tradizionale e lineare e un passaggio a un approccio più flessibile e adattivo.

Accogliere il cambiamento come una costante significa riconoscere che il panorama aziendale di oggi non è quello di domani. Richiede un impegno all'apprendimento continuo, all'innovazione e all'evoluzione. Richiede leader visionari e allo stesso tempo pragmatici, capaci di guidare le loro organizzazioni attraverso territori inesplorati con fiducia e lungimiranza. Esploreremo le varie dimensioni del cambiamento come forza costante. Esamineremo come questa prospettiva ridisegna le strategie, i processi decisionali e gli stili di leadership. Prenderemo in considerazione anche gli strumenti e le strutture che possono aiutare le organizzazioni e i leader non solo a sopravvivere, ma a prosperare in un mondo in cui il cambiamento è l'unica costante. Accogliere il cambiamento come una costante è il primo passo per padroneggiare l'arte della leadership del cambiamento. È la base su cui si fondano le organizzazioni di successo, adattive e resilienti. Nell'intraprendere questo viaggio insieme, abbracciamo questo cambiamento di paradigma con una mente aperta e la volontà di trasformare non solo le nostre organizzazioni, ma anche noi stessi come leader in questo mondo dinamico e in continua evoluzione.

Se ci muoviamo dalla comprensione del cambiamento come una costante, il prossimo elemento critico del nostro viaggio è il riconoscimento del potere trasformativo di una leadership del cambiamento efficace. Non si tratta solo di gestire o affrontare il cambiamento, ma di sfruttarlo, guidarlo e usarlo per far progredire l'organizzazione. In quest'epoca di trasformazione incessante, il ruolo di un change leader trascende i confini tradizionali della leadership. La leadership del cambiamento è il catalizzatore che converte le sfide in opportunità e l'incertezza in innovazione. Non si tratta solo di rispondere a cambiamenti esterni, ma di plasmare in modo proattivo il futuro dell'organizzazione. I leader di questo settore non si limitano a reagire alle dinamiche del mercato, ai progressi tecnologici e ai cambiamenti della società, ma li anticipano e li influenzano.

L'impatto della leadership del cambiamento è profondo e di vasta portata. Influisce su ogni aspetto di un'organizzazione, dalla pianificazione strategica all'esecuzione operativa, dalla cultura organizzativa al coinvolgimento dei clienti. I leader del cambiamento efficaci possiedono la capacità di prevedere le tendenze future e l'agilità di modificare le strategie in risposta. Promuovono una cultura di resilienza e adattabilità, creando un ambiente in cui l'innovazione non è solo incoraggiata, ma è un risultato naturale dell'ethos dell'organizzazione.

La leadership del cambiamento è fondamentale per navigare nelle complessità del mercato moderno. Con la rapida evoluzione delle tecnologie, il cambiamento dei comportamenti dei consumatori e il mutamento dell'economia globale, le organizzazioni hanno bisogno di leader che non siano solo esperti di tecnologia o consapevoli del mercato, ma che siano anche in grado di guidare i team attraverso queste trasformazioni. Devono bilanciare le conoscenze tecniche con l'intelligenza emotiva, assicurando che i loro team siano motivati, impegnati e allineati con la visione dell'organizzazione.

Ci immergeremo anche negli attributi fondamentali di una leadership del cambiamento efficace. Esploreremo le competenze e le mentalità che contraddistinguono i leader del cambiamento di successo. Tra questi, la capacità di comunicare una visione chiara, di promuovere la collaborazione e di creare un senso di condivisione degli obiettivi. Esamineremo anche le pratiche e le strategie che aiutano i leader a guidare la trasformazione all'interno delle loro organizzazioni. Esploreremo esempi reali in cui una leadership del cambiamento efficace ha portato a trasformazioni organizzative significative. Questi casi di studio forniranno indicazioni su come i leader hanno affrontato cambiamenti complessi, superato le sfide e sfruttato le opportunità per creare un successo sostenibile e a lungo termine.

Il potere trasformativo della leadership del cambiamento risiede nella sua capacità di trasformare la visione in azione e le idee in realtà. Il nostro obiettivo è dotare i leader attuali e aspiranti tali delle conoscenze e degli strumenti necessari per guidare efficacemente il cambiamento, non solo come risposta alle pressioni esterne, ma come strategia proattiva per la crescita e l'innovazione. In questo modo, li prepariamo a diventare architetti del futuro, plasmando le loro organizzazioni per prosperare in un mondo in continua evoluzione. Nel moderno ecosistema aziendale, la comprensione delle forze che guidano il cambiamento organizzativo è fondamentale. Queste forze, sia interne che esterne, obbligano le organizzazioni ad adattarsi ed evolversi continuamente per mantenere la propria rilevanza e competitività.

Uno dei fattori esterni più significativi è rappresentato dalle tendenze in continua evoluzione del mercato globale. Il mercato globale è una rete intricata di economie e industrie interconnesse, in cui un cambiamento in una parte può avere implicazioni di vasta portata. Fattori come i mercati emergenti, la volatilità economica, l'evoluzione delle politiche commerciali e le crisi globali influenzano le strategie aziendali. Le organizzazioni devono essere in sintonia con queste tendenze, comprendendo il loro impatto sulle catene di approvvigionamento, sulla domanda dei consumatori e sul panorama competitivo. Questa consapevolezza globale consente di adattare in modo proattivo le strategie per allinearsi a questi cambiamenti.

L'evoluzione tecnologica è il motore principale del cambiamento all'interno delle organizzazioni. I rapidi progressi in campi come l'intelligenza artificiale, il cloud computing, i big data e l'Internet delle cose ridefiniscono le norme operative. Oltre a offrire opportunità di efficienza e innovazione, questi cambiamenti tecnologici richiedono anche nuove competenze, infrastrutture aggiornate e solide misure di sicurezza informatica. Una valutazione e un adattamento tecnologico costanti sono fondamentali per le aziende che vogliono sfruttare efficacemente questi progressi. Un altro fattore critico è il cambiamento del comportamento e delle preferenze dei clienti. Le aspettative dei consumatori, spinte dai cambiamenti demografici, dalle tendenze culturali e dall'era dell'informazione digitale, sono in continua evoluzione. Ciò richiede che le aziende rimangano agili, adattando le loro offerte, le strategie di marketing e gli approcci al servizio clienti per soddisfare queste mutevoli esigenze. Comprendere e rispondere ai cambiamenti di comportamento dei clienti è essenziale per sviluppare prodotti e servizi pertinenti e attraenti.

I cambiamenti normativi presentano sia sfide che opportunità per le organizzazioni. Il panorama in evoluzione delle normative e degli standard di settore può avere un impatto significativo su vari aspetti delle operazioni aziendali. Dallo sviluppo dei prodotti alla gestione dei dati, le organizzazioni devono stare al passo con questi cambiamenti, assicurando la conformità ed esplorando al contempo le opportunità che queste normative potrebbero presentare per l'innovazione o la differenziazione del mercato.

Riconoscere e comprendere queste forze trainanti del cambiamento - tendenze del mercato globale, evoluzione tecnologica, cambiamenti nel comportamento dei clienti e cambiamenti normativi - è fondamentale per i leader. Questa conoscenza consente loro di anticipare i cambiamenti, preparare le loro organizzazioni di conseguenza e trasformare le potenziali sfide in opportunità di crescita e innovazione. Questa sezione non solo mette in evidenza queste forze, ma mira anche a fornire ai leader gli approfondimenti e gli strumenti necessari per analizzare e rispondere in modo efficace a un ambiente aziendale dinamico.

In un mondo in cui il cambiamento è incessante e rapido, resistere comporta rischi significativi e implicazioni negative. Per le organizzazioni che non riescono ad adattarsi, le conseguenze possono essere gravi, con un impatto non solo sulle loro attività immediate, ma anche sulla loro redditività a lungo termine e sul loro ruolo nel più ampio contesto sociale e ambientale.

Una delle conseguenze più immediate e tangibili della resistenza al cambiamento è la perdita di quote di mercato. Nell'ambiente commerciale competitivo di oggi, i clienti hanno più opzioni che mai. Sono attratti dalle aziende innovative, reattive e in sintonia con le tendenze attuali. Le organizzazioni che si aggrappano a modelli, tecnologie o pratiche obsolete rischiano di perdere la loro base di clienti a favore di concorrenti più agili e lungimiranti. Questa perdita di quote di mercato può essere un colpo critico, che spesso porta a una spirale negativa dalla quale è difficile riprendersi. Un'altra ripercussione significativa della resistenza al cambiamento è la diminuzione della rilevanza. In un mercato in continua evoluzione, ciò che funzionava ieri potrebbe non funzionare più né oggi né domani. Le tecnologie diventano obsolete, le preferenze dei consumatori cambiano ed emergono nuovi requisiti normativi. Le organizzazioni che non sono preparate a evolversi di pari passo con questi cambiamenti rischiano di diventare irrilevanti. Questa diminuzione della rilevanza può portare a una perdita del valore del marchio e della reputazione, rendendo sempre più difficile attrarre e trattenere sia i clienti che i migliori talenti.

L'impatto della resistenza al cambiamento va oltre i confini dell'organizzazione. Ci sono implicazioni sociali e ambientali più ampie da considerare. In un'epoca in cui la responsabilità sociale e la sostenibilità sono sempre più importanti, le organizzazioni che ignorano questi aspetti a favore del mantenimento dello status quo possono subire non solo un contraccolpo pubblico, ma anche ripercussioni normative. Questo può erodere ulteriormente la fiducia del pubblico e la legittimità dell'azienda.

La resistenza al cambiamento può anche soffocare l'innovazione e la crescita all'interno di un'organizzazione. Crea un ambiente avverso al rischio e compiacente, in cui le nuove idee non vengono incoraggiate o esplorate. Questo non solo limita il potenziale di crescita e miglioramento dell'organizzazione, ma può anche portare a una forza lavoro demotivata, poiché i dipendenti cercano ambienti in cui la loro creatività e innovazione siano valorizzate e alimentate. Le conseguenze della resistenza al cambiamento possono essere di vasta portata e molteplici. Dalla perdita di quote di mercato e di rilevanza all'impatto sulla percezione della società e al soffocamento dell'innovazione interna, i rischi di un mancato adattamento sono significativi. Questa sezione del libro sottolinea l'importanza di abbracciare il cambiamento, non solo come strategia di sopravvivenza, ma come mezzo per prosperare e mantenere una presenza significativa, responsabile e sostenibile nel mercato e nella società in generale.

Questo libro è un invito a intraprendere un percorso di trasformazione che promette di sfidare e illuminare, dotandovi delle conoscenze e degli strumenti necessari per un'efficace leadership del cambiamento nel mondo dinamico di oggi. Il viaggio che ci attende è concepito per essere allo stesso tempo stimolante e pratico, offrendo intuizioni e strategie immediatamente applicabili. Ci addentreremo nelle sfumature della guida del cambiamento in vari contesti organizzativi, esplorando sia i fondamenti teorici che le applicazioni pratiche della leadership del cambiamento. Ogni capitolo è costruito sulla base del precedente, creando una narrazione coesa che porta chiarezza e profondità al complesso argomento della gestione del cambiamento.

Nel corso di questo viaggio, esploreremo le caratteristiche dei leader del cambiamento di successo, le strategie che si sono dimostrate efficaci in diversi scenari e le insidie comuni da evitare. Si capirà come promuovere una cultura che abbracci il cambiamento, come superare le resistenze e come sostenere lo slancio di fronte alle sfide.

Verranno inoltre esaminati esempi reali, traendo lezioni da successi e fallimenti di iniziative di cambiamento in vari settori. Questi casi di studio forniranno un contesto ricco per comprendere i principi della leadership del cambiamento e serviranno come fonte di ispirazione e di apprendimento. Questo viaggio non riguarda solo l'acquisizione di nuove conoscenze, ma anche la scoperta di sé e la crescita personale. Man mano che si procede nel libro, si viene incoraggiati a riflettere sulle proprie esperienze e sul proprio stile di leadership, identificando le aree di sviluppo e le strategie per migliorare la propria efficacia come leader del cambiamento.

Alla fine di questo libro, non solo comprenderete le complessità della guida del cambiamento, ma sarete anche dotati di una serie di strumenti e strategie pratiche da applicare nel vostro contesto organizzativo. Che siate dirigenti esperti, aspiranti leader o professionisti desiderosi di comprendere le dinamiche del cambiamento organizzativo, questo viaggio vi fornirà intuizioni e competenze preziose. Quindi, mentre intraprendiamo insieme questo viaggio trasformativo, mantenete una mente aperta, preparatevi a mettere in discussione le vostre ipotesi e siate pronti ad accogliere le lezioni che vi aspettano. Il percorso della leadership del cambiamento è tanto gratificante quanto impegnativo, ed è essenziale per la crescita e il successo di qualsiasi organizzazione in un mondo in continua evoluzione.

Capitolo 1: L'imperativo del cambiamento

Nel panorama aziendale moderno, comprendere l'urgenza del cambiamento è fondamentale per la prosperità delle organizzazioni. Questa necessità non deriva solo dal desiderio di rimanere competitivi, ma anche dall'esigenza fondamentale di adattarsi a un ambiente in continua evoluzione. Il cambiamento, nel contesto delle organizzazioni moderne, è guidato da una moltitudine di fattori, ognuno dei quali esercita una pressione che non può essere ignorata.

I progressi tecnologici rappresentano uno dei motori più significativi del cambiamento. L'era digitale ha trasformato il modo di operare delle aziende, dall'automazione dei processi allo sfruttamento dei big data per le decisioni strategiche. Le organizzazioni che non abbracciano la trasformazione digitale rischiano di rimanere indietro, poiché i concorrenti sfruttano queste tecnologie per migliorare l'efficienza, l'esperienza del cliente e l'innovazione. Le dinamiche del mercato globale sono un altro fattore critico. La globalizzazione dell'economia significa che le aziende fanno ormai parte di un sistema complesso e interconnesso. I cambiamenti in una parte del mondo possono avere effetti a cascata a livello globale, influenzando le catene di fornitura, le richieste del mercato e i paesaggi competitivi. Le organizzazioni devono essere agili e adattabili, pronte a rispondere a questi cambiamenti globali per mantenere la loro posizione sul mercato.

Anche il comportamento e le aspettative dei consumatori stanno cambiando a un ritmo senza precedenti. L'era digitale ha messo a disposizione dei clienti più informazioni e scelte che mai. Le aziende devono innovare costantemente e allineare i loro prodotti e servizi alle preferenze e ai valori in evoluzione dei clienti. In caso contrario, possono perdere rilevanza e fidelizzare i clienti.

Anche i cambiamenti normativi richiedono cambiamenti organizzativi. Man mano che i governi e gli organismi internazionali introducono nuove norme per affrontare problemi quali la privacy dei dati, l'impatto ambientale e le pratiche etiche, le aziende devono adattare le loro operazioni per conformarsi. Questi cambiamenti spesso richiedono adeguamenti significativi dei processi, delle politiche e dei sistemi. La stessa forza lavoro sta cambiando, con le nuove generazioni che portano sul posto di lavoro aspettative e valori diversi. Questo cambiamento richiede modifiche alla cultura organizzativa, agli stili di leadership e agli ambienti di lavoro per attrarre e trattenere i talenti.

L'urgenza del cambiamento nelle organizzazioni moderne non consiste solo nel rispondere alle pressioni esterne. Si tratta di ricercare in modo proattivo le opportunità di innovazione, crescita e leadership. Le organizzazioni che comprendono e abbracciano questa urgenza sono meglio posizionate per navigare nelle complessità del mondo aziendale moderno. Possono trasformare le sfide in opportunità, adattandosi ed evolvendosi in modo da garantire il successo e la sostenibilità a lungo termine. Accogliere il cambiamento come una costante richiede un significativo cambiamento di mentalità a tutti i livelli dell'organizzazione. Si tratta di abbandonare la visione del cambiamento come una serie di eventi isolati da gestire, per considerarlo invece come un processo continuo che offre opportunità di innovazione, crescita e vantaggio competitivo. Questa prospettiva incoraggia le organizzazioni a essere proattive piuttosto che reattive, ad anticipare e prepararsi al cambiamento piuttosto che a rispondere semplicemente ad esso. In un mondo in cui il cambiamento è costante, l'adattabilità diventa una competenza organizzativa fondamentale. Le aziende devono sviluppare l'agilità necessaria per reagire rapidamente alle nuove informazioni, alle tendenze del mercato e agli sviluppi tecnologici. L'agilità non è solo una questione di velocità, ma anche di strategia, riflessione e intenzionalità nell'approccio e nella gestione del cambiamento.

Una cultura che abbraccia il cambiamento è una cultura che valorizza la flessibilità, l'apprendimento e l'innovazione. Favorisce un ambiente in cui la sperimentazione e l'assunzione di rischi calcolati sono incoraggiati, in cui il fallimento è visto come un'opportunità di apprendimento e in cui i dipendenti a tutti i livelli sono autorizzati a contribuire con idee e a guidare il miglioramento. In una cultura di questo tipo, il cambiamento non è qualcosa da temere o a cui resistere, ma da accogliere come un percorso verso nuove possibilità. I leader svolgono un ruolo fondamentale nel promuovere questa cultura del cambiamento. Devono dare l'esempio, dimostrando la volontà di abbracciare nuove idee, sfidare lo status quo e adattare il proprio stile di leadership alle circostanze in evoluzione. I leader efficaci in un ambiente incentrato sul cambiamento sono quelli che sanno ispirare fiducia, comunicare una chiara visione del futuro e motivare i loro team ad abbracciare e guidare il cambiamento. L'accettazione del cambiamento come costante richiede anche un approccio strategico alla progettazione e ai processi organizzativi. Ciò può comportare l'implementazione di strutture flessibili in grado di adattarsi alle mutevoli esigenze, l'investimento in formazione e sviluppo continui per creare una forza lavoro in grado di affrontare il cambiamento e lo sfruttamento della tecnologia per supportare l'innovazione e l'efficienza.

Riconoscere le forze che determinano la necessità di un cambiamento organizzativo è fondamentale per le aziende che vogliono rimanere competitive e rilevanti in un panorama in rapida evoluzione. Queste forze sono molteplici, derivano da fonti sia interne che esterne e influenzano in modo significativo il modo in cui le organizzazioni operano e definiscono le strategie. La comprensione di questi fattori è essenziale per una gestione efficace del cambiamento e per il successo a lungo termine.

1. Progressi tecnologici: Uno dei principali fattori di cambiamento nell'ambiente aziendale odierno è la tecnologia. Il rapido ritmo dell'innovazione tecnologica ha rivoluzionato i settori, portando a nuovi modelli di business, efficienze operative e strategie di coinvolgimento dei clienti. Le organizzazioni devono adattarsi a questi cambiamenti tecnologici per rimanere all'avanguardia, sia che si tratti di adottare nuove soluzioni software, sfruttare l'analisi dei dati o integrare l'intelligenza artificiale nei loro processi.

2. Globalizzazione: L'espansione dei mercati globali ha aumentato la concorrenza e creato nuove opportunità. Le imprese non sono più confinate ai mercati locali, ma possono raggiungere un pubblico globale, ma devono anche affrontare la concorrenza di operatori internazionali. Questo panorama globale richiede che le organizzazioni adattino le loro strategie a norme culturali, condizioni di mercato e ambienti normativi diversi.

3. Cambiamento delle preferenze e delle aspettative dei consumatori: I consumatori moderni sono più informati, connessi e dotati di potere che mai. Chiedono qualità, convenienza, personalizzazione e sostenibilità. Le organizzazioni devono essere attente a queste preferenze e aspettative in evoluzione, adattando i loro prodotti, servizi ed esperienze dei clienti per soddisfarle.

4. Cambiamenti normativi e di conformità: L'ambiente normativo è in continua evoluzione, con nuove leggi e standard che influenzano vari aspetti delle operazioni aziendali. Dalle leggi sulla protezione dei dati alle normative ambientali, le aziende devono adattare le loro politiche e i loro processi per rimanere conformi, spesso richiedendo cambiamenti organizzativi significativi.

5. Fluttuazioni economiche: I cambiamenti economici, sia locali che globali, hanno un impatto sulle condizioni di mercato e sulla spesa dei consumatori. Le organizzazioni devono essere abbastanza agili da navigare attraverso i periodi di crisi economica e capitalizzare le fasi di ripresa, il che richiede una continua rivalutazione e adattamento delle strategie aziendali.

6. Dinamiche della forza lavoro: La natura della forza lavoro sta cambiando, con le nuove generazioni che portano aspettative diverse sul posto di lavoro. Questo cambiamento richiede alle organizzazioni di adattare gli ambienti di lavoro, la cultura e le strategie di coinvolgimento per attrarre e trattenere i talenti.

7. Fattori sociali e ambientali: La crescente consapevolezza e preoccupazione per le questioni sociali e ambientali ha spinto le aziende a ripensare le loro operazioni e le strategie di responsabilità sociale d'impresa. Le organizzazioni sono spinte ad adottare pratiche più sostenibili e a contribuire positivamente alla società.

Riconoscere queste forze è solo il primo passo. Le organizzazioni devono rispondere in modo proattivo, sfruttando questi fattori come catalizzatori di cambiamenti positivi. Ciò comporta non solo l'adattamento delle pratiche esistenti, ma anche la reimmaginazione di modelli e strategie aziendali per allinearsi al panorama in evoluzione. Rimanendo in sintonia con queste forze trainanti, le organizzazioni possono gestire il cambiamento in modo più efficace e posizionarsi per un successo a lungo termine in un mondo in continua evoluzione.

In un mondo in cui il cambiamento è incessante e rapido, resistere può avere conseguenze significative e di vasta portata per le organizzazioni. Questa resistenza, spesso radicata nella riluttanza a discostarsi da metodi noti o nella paura dell'ignoto, può ostacolare gravemente la crescita di un'organizzazione e portare a una moltitudine di insuccessi.

Una delle conseguenze più pressanti della resistenza al cambiamento è la perdita del vantaggio competitivo. In un mercato in continua evoluzione, le organizzazioni che non si adattano possono trovarsi rapidamente superate da concorrenti più agili e innovativi. Questo può portare a una significativa perdita di quote di mercato e a una diminuzione della posizione nel settore. Strettamente legato a questo è il rischio di diventare irrilevanti sul mercato. Con il mutare delle preferenze dei consumatori e l'emergere di nuove tendenze, i prodotti e i servizi che un tempo soddisfacevano le esigenze dei clienti potrebbero non essere più sufficienti. Questa diminuzione della rilevanza può portare a una riduzione della base di clienti e a un calo sostanziale delle vendite e della redditività.

Le inefficienze operative sono un'altra conseguenza importante della resistenza al cambiamento, soprattutto di fronte ai progressi tecnologici. Le organizzazioni che si aggrappano a sistemi e processi obsoleti possono soffrire di una riduzione dell'efficienza e della produttività, con conseguente aumento dei costi operativi e svantaggio rispetto ai concorrenti più efficienti. L'impatto della resistenza al cambiamento non si limita ai fattori di mercato esterni, ma influisce in modo significativo anche sulle dinamiche interne, in particolare sul morale e sull'impegno dei dipendenti. Un ambiente di lavoro resistente al cambiamento può portare alla frustrazione dei dipendenti, soprattutto di quelli più lungimiranti e adattivi. Questo può portare a un aumento del turnover del personale, alla perdita di talenti preziosi e alla difficoltà di attrarre nuovi dipendenti qualificati.

La resistenza al cambiamento può rendere un'organizzazione meno attraente per i potenziali investitori. Gli investitori di solito cercano aziende dinamiche che dimostrino adattabilità e potenziale di crescita. Un'organizzazione resistente al cambiamento può essere percepita come un investimento più rischioso e con minori potenzialità di crescita futura.

Nei settori in cui la conformità alle normative è fondamentale, resistere al cambiamento può anche portare a sfide legali. La mancata conformità a nuove leggi e regolamenti può comportare sanzioni legali, multe e una reputazione macchiata, con un ulteriore impatto sulla posizione dell'organizzazione sul mercato. L'avversione al cambiamento può far perdere opportunità di innovazione. Il cambiamento spesso porta nuove possibilità di creatività e sviluppo. Le organizzazioni che non abbracciano il cambiamento possono perdere l'opportunità di esplorare nuove idee, prodotti o servizi che potrebbero aprire nuovi mercati o flussi di entrate.

Le implicazioni della resistenza al cambiamento in un mondo in rapida evoluzione sono significative e riguardano quasi tutti gli aspetti di un'organizzazione. Dalla perdita di quote di mercato e di rilevanza alle inefficienze operative e all'insoddisfazione dei dipendenti, i rischi sono notevoli. Per rimanere vitali e competitive nell'ambiente dinamico di oggi, le organizzazioni devono non solo accettare il cambiamento, ma anche cercarlo e abbracciarlo attivamente come opportunità di crescita, miglioramento e innovazione. Esplorare i modelli e le dinamiche dei processi di cambiamento è un aspetto critico per comprendere come le organizzazioni si evolvono e si adattano in risposta a fattori interni ed esterni. Il cambiamento non è un fenomeno casuale o caotico, ma spesso segue modelli e dinamiche identificabili che possono essere studiati e compresi. Questa comprensione è fondamentale per gestire e guidare efficacemente il cambiamento all'interno di un'organizzazione.

I modelli di cambiamento si riferiscono ai percorsi o alle sequenze comuni che le iniziative di cambiamento tipicamente seguono. Questi schemi possono variare a seconda della natura del cambiamento, della cultura dell'organizzazione e delle influenze esterne. Tuttavia, esistono fasi generali che molti processi di cambiamento attraversano, come l'avvio, in cui viene riconosciuta la necessità di un cambiamento; la pianificazione, in cui vengono sviluppate strategie e azioni; l'implementazione, in cui il cambiamento viene eseguito; e il consolidamento, in cui il cambiamento viene incorporato nell'organizzazione. Le dinamiche del cambiamento coinvolgono le forze e i fattori che influenzano il modo in cui il cambiamento si sviluppa all'interno di un'organizzazione. Queste dinamiche possono essere complesse e coinvolgere una moltitudine di elementi come gli stili di leadership, gli atteggiamenti dei dipendenti, la cultura organizzativa, l'allocazione delle risorse e le pressioni esterne. La comprensione di queste dinamiche è fondamentale per anticipare le potenziali sfide e resistenze e per sviluppare strategie che facilitino transizioni fluide.

Una delle dinamiche chiave di ogni processo di cambiamento è l'interazione tra forze motrici - elementi che spingono verso il cambiamento - e forze frenanti - elementi che resistono al cambiamento. Una gestione efficace del cambiamento implica l'identificazione e il rafforzamento delle forze trainanti, mentre si affrontano e si attenuano le forze frenanti. Un altro aspetto importante è il ruolo della comunicazione nei processi di cambiamento. Una comunicazione efficace può contribuire ad allineare gli stakeholder, a chiarire visioni e obiettivi e a ridurre le incertezze e le paure associate al cambiamento. Una comunicazione scadente, invece, può esacerbare la resistenza e portare a incomprensioni e conflitti.

Il cambiamento ha anche una dinamica temporale. Il ritmo di attuazione del cambiamento può influire in modo significativo sul suo successo. I cambiamenti rapidi possono provocare shock e resistenza, mentre quelli troppo lenti possono perdere slancio ed efficacia. Trovare il giusto equilibrio nei tempi e nei ritmi del cambiamento è un aspetto critico del successo della gestione del cambiamento. Anche le emozioni e le risposte psicologiche giocano un ruolo importante nelle dinamiche del cambiamento. È fondamentale comprendere e gestire il percorso emotivo che i dipendenti affrontano durante il cambiamento. Questo include affrontare le paure, costruire la fiducia e fornire supporto durante la transizione.

L'identificazione di modelli ricorrenti nelle iniziative di cambiamento è essenziale per capire come si svolge il cambiamento nelle organizzazioni. Questi schemi, pur non essendo universali, forniscono un quadro di riferimento che può guidare i leader e i responsabili del cambiamento nella pianificazione e nell'attuazione di strategie di cambiamento efficaci. Riconoscere questi schemi aiuta anche ad anticipare le sfide e a prepararsi a potenziali resistenze.

1. Riconoscimento della necessità del cambiamento: Quasi tutte le iniziative di cambiamento iniziano con il riconoscimento della necessità di un cambiamento. Questo può essere innescato da fattori esterni come i cambiamenti del mercato, i progressi tecnologici o da fattori interni come le lacune nelle prestazioni, i cambiamenti nella forza lavoro o le inefficienze organizzative.

2. Sviluppo di una visione e di una strategia: Una volta riconosciuta la necessità di un cambiamento, il passo successivo consiste spesso nello sviluppo di una visione chiara di ciò che il cambiamento dovrà realizzare e nella formulazione di una

strategia per realizzarlo. Ciò include la definizione degli obiettivi, l'identificazione dei principali stakeholder e la pianificazione delle fasi necessarie per guidare il cambiamento.

3. Comunicazione del cambiamento: Una comunicazione efficace è uno schema critico nelle iniziative di cambiamento. Si tratta di articolare chiaramente le ragioni del cambiamento, i benefici che esso intende apportare e l'impatto che può avere sulle diverse parti dell'organizzazione. La comunicazione deve essere continua, trasparente e inclusiva, per rispondere alle preoccupazioni e alle aspettative delle varie parti interessate.

4. Mobilitazione del sostegno: Le iniziative di cambiamento di successo comportano in genere la mobilitazione del sostegno dei principali stakeholder. Ciò significa assicurarsi il consenso del top management, coinvolgere i campioni del cambiamento all'interno dell'organizzazione e costruire una coalizione di sostenitori che possano aiutare a portare avanti il cambiamento.

5. Attuazione del cambiamento: La fase di attuazione dà vita al cambiamento. Spesso si tratta di una serie di azioni o progetti che vengono eseguiti per raggiungere gli obiettivi del cambiamento. Richiede una gestione, un coordinamento e un'allocazione delle risorse efficaci.

6. Gestire le resistenze e le sfide: La resistenza al cambiamento è un modello comune. Le iniziative di cambiamento efficaci prevedono questa resistenza e dispongono di strategie per gestirla. Ciò include l'ascolto delle preoccupazioni, la risposta ai timori e il sostegno alle persone interessate dal cambiamento.

7. Monitoraggio e adeguamento: Le iniziative di cambiamento richiedono in genere un monitoraggio e una regolazione continui. Si tratta di seguire i progressi, valutare l'impatto del cambiamento e apportare le modifiche necessarie per garantire che il cambiamento sia in corso e raggiunga i suoi obiettivi.

8. Consolidamento e istituzionalizzazione: Infine, per essere sostenibile, un cambiamento deve essere consolidato e integrato

nella cultura e nei processi dell'organizzazione. Ciò comporta spesso il rafforzamento dei nuovi comportamenti, l'integrazione dei cambiamenti nelle operazioni quotidiane e la garanzia di un supporto continuo e di risorse disponibili per mantenere il cambiamento.

Comprendendo questi schemi ricorrenti, le organizzazioni possono orientarsi meglio nella complessità delle iniziative di cambiamento. Ciò consente un approccio più strutturato e strategico al cambiamento, migliorando le possibilità di successo e di sostenibilità a lungo termine.

Comprendere la natura fluida ed evolutiva del cambiamento è essenziale nell'ambiente aziendale moderno, dove l'adattabilità e la flessibilità sono fondamentali per il successo. Il cambiamento non è un evento statico o una tantum, ma un processo continuo e dinamico che si svolge in modi diversi, spesso imprevedibili. Questa fluidità del cambiamento significa che le organizzazioni devono essere pronte a valutare e adattare continuamente le loro strategie, i loro processi e i loro comportamenti per allinearsi al panorama in evoluzione. La natura fluida del cambiamento è caratterizzata dalla sua imprevedibilità. Anche con un'attenta pianificazione e analisi, fattori esterni come le fluttuazioni del mercato, i progressi tecnologici o i cambiamenti nel comportamento dei consumatori possono alterare il corso di un'iniziativa di cambiamento. Questa imprevedibilità richiede che le organizzazioni rimangano vigili e reattive, adattando i loro piani man mano che si presentano nuove informazioni e situazioni.

Il cambiamento è evolutivo. Si costruisce su se stesso, il che significa che ogni iniziativa di cambiamento può gettare le basi per cambiamenti futuri. Ciò che inizia come un piccolo aggiustamento incrementale può evolvere in una trasformazione significativa nel corso del tempo. Questo aspetto evolutivo evidenzia l'importanza di considerare il cambiamento come parte di una strategia a lungo termine piuttosto che come una serie di risposte scollegate a sfide immediate.

La natura evolutiva del cambiamento implica anche che ciò che ha funzionato in passato potrebbe non essere efficace nel presente o nel futuro. Le organizzazioni devono quindi promuovere una cultura di apprendimento e sviluppo continuo. Ciò comporta l'incoraggiamento della sperimentazione, l'aggiornamento sulle tendenze e le innovazioni del settore e la disponibilità a sfidare e perfezionare le prassi consolidate. La fluidità del cambiamento ha un impatto sull'intera organizzazione. Non si limita a reparti o funzioni specifiche, ma può propagarsi attraverso l'intera struttura, influenzando tutto, dalla strategia di alto livello alle operazioni quotidiane. Questo impatto diffuso richiede un approccio olistico alla gestione del cambiamento, che consideri le interdipendenze e gli effetti potenziali dell'intera organizzazione.

Nell'affrontare la natura fluida ed evolutiva del cambiamento, è fondamentale gestire anche gli aspetti emotivi e psicologici. Il cambiamento può essere sconvolgente per i dipendenti e una gestione efficace del cambiamento deve affrontare questi elementi umani, offrendo supporto, una comunicazione chiara e il coinvolgimento nel processo di cambiamento.

Il primo passo per navigare nelle dinamiche del cambiamento è riconoscere che il cambiamento è multiforme. Spesso comporta cambiamenti simultanei in varie parti dell'organizzazione, tra cui tecnologia, processi, persone e cultura. Ognuno di questi aspetti interagisce con gli altri e li influenza, creando una complessa rete di cambiamenti che deve essere gestita in modo olistico. La cultura organizzativa svolge un ruolo significativo nella gestione del cambiamento. Le culture che sono adattabili, aperte alla sperimentazione e tolleranti nei confronti del fallimento tendono a gestire il cambiamento con maggiore successo. In queste culture, i dipendenti hanno maggiori probabilità di abbracciare le iniziative di cambiamento e di contribuire in modo costruttivo alla loro evoluzione e attuazione.

La leadership è un altro fattore critico nelle dinamiche del cambiamento. I leader non devono solo avviare e guidare gli sforzi di cambiamento, ma anche essere in sintonia con le risposte dei loro team. Devono comunicare in modo efficace, fornire una direzione chiara ed essere reattivi al feedback. I leader svolgono anche un ruolo cruciale nel definire il tono con cui il cambiamento viene percepito e gestito all'interno dell'organizzazione.

Il coinvolgimento e la comunicazione dei dipendenti sono fondamentali per affrontare le complessità del cambiamento. Il cambiamento può essere sconvolgente e, in assenza di una comunicazione chiara e coerente e di un impegno autentico da parte dei dipendenti, la resistenza può crescere. Coinvolgere i dipendenti nel processo di cambiamento, tenere conto del loro feedback e rispondere alle loro preoccupazioni può aiutare a mitigare la resistenza e a creare un senso di appartenenza e di impegno nei confronti del cambiamento. Un altro aspetto è il ritmo e la tempistica del cambiamento. Un'azione troppo rapida può portare a confusione ed errori, mentre un'azione troppo lenta può far perdere opportunità e slancio. Trovare il ritmo giusto per il cambiamento richiede una comprensione approfondita della capacità di cambiamento dell'organizzazione e dei fattori esterni che influenzano la necessità di velocità.

Anche i fattori esterni, come le tendenze del mercato, le condizioni economiche e gli sviluppi tecnologici, determinano le dinamiche del cambiamento. Le organizzazioni devono rimanere in sintonia con queste forze esterne ed essere pronte ad adattare le loro strategie e operazioni in risposta. Ciò richiede spesso un equilibrio tra il mantenimento dei punti di forza fondamentali e la flessibilità necessaria per cogliere nuove opportunità. Navigare efficacemente nelle dinamiche del cambiamento spesso implica la necessità di affrontare l'incertezza. Il cambiamento può essere imprevedibile e i risultati non sono sempre garantiti. Le organizzazioni e i loro leader devono essere a proprio agio con questa incertezza e capaci di prendere decisioni in un ambiente in cui non tutte le variabili sono note o controllabili.

L'analisi di casi reali di iniziative di cambiamento riuscite e fallite offre lezioni preziose per comprendere le complessità del cambiamento organizzativo. Esaminando questi casi, le organizzazioni possono acquisire conoscenze sulle strategie efficaci e sulle insidie più comuni, aiutandole a gestire i processi di cambiamento in modo più efficace.

Un esempio importante di iniziativa di cambiamento di successo è la trasformazione digitale intrapresa da Microsoft alla fine degli anni 2010. Sotto la guida del CEO Satya Nadella, Microsoft ha spostato la sua attenzione dal solo software al cloud computing e alle tecnologie AI. Questo cambiamento ha comportato non solo una modifica della strategia aziendale, ma anche una trasformazione culturale verso una mentalità di crescita. Il successo di questa iniziativa è evidente nel ringiovanimento della linea di prodotti di Microsoft, nell'aumento del valore di mercato e nel miglioramento della posizione competitiva.

Al contrario, un esempio notevole di fallimento di un'iniziativa di cambiamento è la fusione di AOL e Time Warner nel 2000. Presentata come una fusione rivoluzionaria che avrebbe unito vecchi e nuovi media, non ha raggiunto i suoi obiettivi a causa di uno scontro tra culture aziendali, della mancanza di piani di integrazione chiari e dello scoppio della bolla delle dot-com. Il risultato è stato una perdita impressionante di 99 miliardi di dollari nel 2002 e lo scorporo di AOL.

Un altro caso di successo è il turnaround della LEGO nei primi anni 2000. Di fronte a una grave crisi finanziaria, LEGO ha intrapreso un processo di ristrutturazione globale sotto la guida dell'amministratore delegato Jørgen Vig Knudstorp. Questo comprendeva lo snellimento delle operazioni, la rifocalizzazione sulle linee di prodotti principali e l'adozione di contenuti generati dagli utenti. Questi cambiamenti hanno rivitalizzato il marchio, portando a un significativo aumento delle vendite e della redditività.

D'altra parte, il fallimento di Kodak nell'adattarsi alla rivoluzione della fotografia digitale serve da monito. Nonostante l'invenzione della prima fotocamera digitale, Kodak ha tardato ad abbandonare la pellicola, soprattutto per il timore di cannibalizzare il suo redditizio business. Questa resistenza al cambiamento ha portato a un declino della rilevanza e alla bancarotta nel 2012.

Questi casi reali evidenziano diversi fattori chiave per il successo o il fallimento delle iniziative di cambiamento. Nei casi di successo, come Microsoft e LEGO, erano evidenti una forte leadership visionaria, una comunicazione chiara, il coinvolgimento degli stakeholder e l'adattabilità. Al contrario, le iniziative fallite di AOL-Time Warner e Kodak hanno risentito della scarsa pianificazione, della resistenza al cambiamento e dell'incapacità di gestire efficacemente i cambiamenti culturali e di mercato.

Studiando questi esempi, le organizzazioni possono trarre preziose indicazioni sulle dinamiche della gestione del cambiamento. Il successo delle iniziative di cambiamento non richiede solo una visione strategica, ma anche un'attenta pianificazione, una sensibilità culturale e la capacità di adattarsi alle circostanze in evoluzione. La comprensione di questi fattori può aiutare le organizzazioni a gestire con maggior successo le loro iniziative di cambiamento, evitando le insidie che hanno ostacolato gli altri in passato.

L'analisi delle cause del fallimento delle iniziative di cambiamento è fondamentale per comprendere le insidie che le organizzazioni spesso incontrano nel processo di cambiamento. L'analisi aiuta a identificare i temi e gli errori comuni, fornendo lezioni preziose per i futuri sforzi di cambiamento. Le iniziative fallite, pur essendo impegnative e costose, offrono ricche opportunità di apprendimento che possono informare strategie di gestione del cambiamento più efficaci.

Una delle principali cause di fallimento delle iniziative di cambiamento è la scarsa comunicazione. Questa può manifestarsi come una mancanza di chiarezza sulle ragioni del cambiamento, una spiegazione inadeguata dei benefici o l'incapacità di fornire una visione chiara del futuro post-cambiamento. Quando la comunicazione è carente o inefficace, può portare a incomprensioni, sfiducia e resistenza tra i dipendenti. Un altro fattore significativo è l'insufficiente sostegno e impegno della leadership. Un cambiamento di successo richiede l'impegno e il coinvolgimento attivo dei vertici dell'organizzazione. Quando i leader non si impegnano appieno o non dimostrano il loro sostegno, l'intera iniziativa può essere compromessa. La leadership deve essere la forza trainante del cambiamento, fornendo direzione, risorse e motivazione.

La resistenza al cambiamento è una tendenza umana naturale e una causa comune di fallimento delle iniziative di cambiamento. Questa resistenza può derivare dalla paura dell'ignoto, dalla percezione di minacce alla sicurezza del posto di lavoro o dal disagio per i nuovi metodi di lavoro. L'incapacità di anticipare e gestire questa resistenza può far deragliare il processo di cambiamento. La mancanza di coinvolgimento e di adesione degli stakeholder è un altro fattore chiave. Le iniziative di cambiamento spesso falliscono perché non tengono conto delle esigenze, delle preoccupazioni e delle intuizioni di coloro che sono interessati dal cambiamento. Coinvolgere gli stakeholder fin dalle prime fasi del processo di cambiamento è fondamentale per ottenere supporto e feedback preziosi.

Anche una pianificazione e un'allocazione delle risorse inadeguate possono portare al fallimento delle iniziative di cambiamento. Ad esempio, si può sottovalutare il tempo, il denaro e gli sforzi necessari per implementare il cambiamento o non considerare le complessità che esso comporta. Per avere successo, le iniziative di cambiamento necessitano di una pianificazione accurata e di risorse sufficienti. Trascurare gli aspetti culturali del cambiamento è una svista comune nelle iniziative che falliscono. La cultura organizzativa influenza profondamente il modo in cui il cambiamento viene percepito e attuato. Ignorare le implicazioni culturali può portare a un cambiamento superficiale e non pienamente integrato nel modo di lavorare dell'organizzazione.

L'inflessibilità e il mancato adattamento alle circostanze in evoluzione possono contribuire al fallimento delle iniziative di cambiamento. Il cambiamento è spesso imprevedibile e un approccio rigido può rendere difficile rispondere alle nuove sfide e ai nuovi insegnamenti che emergono durante la fase di attuazione.

Le esperienze positive nelle iniziative di cambiamento forniscono un modello di successo. Offrono spunti per strategie efficaci, approcci di leadership e tattiche di implementazione in linea con la cultura e gli obiettivi dell'organizzazione. Ad esempio, un'iniziativa di trasformazione digitale di successo può rivelare l'importanza di un coinvolgimento completo degli stakeholder, di programmi di formazione efficaci e di solide strategie di comunicazione. Le organizzazioni possono analizzare questi successi per identificare i fattori chiave come lo stile di leadership, la collaborazione tra i team e l'allocazione delle risorse che hanno contribuito ai loro risultati. Emulando questi aspetti nelle iniziative future, le organizzazioni possono replicare il successo e rafforzare la cultura del miglioramento continuo.

D'altro canto, le esperienze negative, sebbene spesso impegnative e scoraggianti, sono altrettanto preziose per l'apprendimento organizzativo. I fallimenti e le battute d'arresto forniscono spunti critici per capire cosa può andare storto nelle iniziative di cambiamento e perché. Conducendo accurate analisi post-mortem dei progetti falliti, le organizzazioni possono identificare i difetti nei processi di pianificazione, esecuzione o adattamento. Gli insegnamenti comuni tratti dalle esperienze negative includono le conseguenze di una pianificazione inadeguata, l'ignoranza del feedback dei dipendenti, la resistenza al cambiamento o il disallineamento con la cultura organizzativa. La comprensione di queste insidie consente alle organizzazioni di sviluppare strategie più solide per mitigare rischi simili in futuro.

La chiave per imparare dalle esperienze positive e negative sta nel promuovere una cultura che valorizzi il feedback e la riflessione. È fondamentale incoraggiare discussioni aperte e oneste su ciò che ha funzionato e ciò che non ha funzionato, senza temere colpe o rappresaglie. Questa cultura dell'apprendimento dovrebbe permeare tutti i livelli dell'organizzazione, con i leader che danno il tono condividendo apertamente le proprie esperienze di apprendimento e incoraggiando gli altri a fare lo stesso. La documentazione di queste esperienze e delle lezioni apprese è fondamentale per la memoria organizzativa. Ciò può essere ottenuto attraverso meccanismi formali come studi di casi, sessioni di debriefing e archivi di conoscenze. Tale documentazione garantisce che le preziose intuizioni non vadano perse nel tempo e siano accessibili a diverse parti dell'organizzazione.

L'importanza della leadership del cambiamento deriva dalla sua capacità di influenzare e modellare l'intero processo di cambiamento. I leader stabiliscono il tono dell'iniziativa di cambiamento. Sono responsabili della formulazione di una visione chiara e convincente del futuro, che aiuti ad allineare gli sforzi e gli obiettivi dell'organizzazione. Questa visione fornisce un senso di scopo e di direzione, rendendo più facile per i dipendenti comprendere le motivazioni alla base del cambiamento e i benefici che promette.

I leader del cambiamento svolgono un ruolo fondamentale nel promuovere il coinvolgimento e l'impegno dei dipendenti. Sono fondamentali per creare fiducia e sicurezza durante il processo di cambiamento. Dimostrando impegno, apertura e resilienza, i leader possono incoraggiare una risposta simile da parte dei loro team. Ciò è particolarmente importante in tempi di incertezza e di interruzione, dove il morale e la motivazione dei dipendenti possono avere un impatto significativo sull'esito dell'iniziativa di cambiamento. Una leadership efficace nel cambiamento implica un'abile navigazione nel lato umano del cambiamento. Ciò include la comprensione e la gestione delle preoccupazioni e delle emozioni dei dipendenti, la gestione delle resistenze e la promozione di una cultura dell'adattabilità e della resilienza. I leader devono essere ascoltatori empatici e comunicatori efficaci, in grado di trasmettere informazioni in modo trasparente e di rispondere a domande e dubbi in modo da creare fiducia e chiarezza.

Un altro aspetto critico della leadership del cambiamento è la capacità di prendere decisioni informate in un ambiente complesso e spesso ambiguo. Raramente le iniziative di cambiamento vanno esattamente come previsto, e i leader devono essere pronti ad adattare le loro strategie in risposta a nuove informazioni, feedback e circostanze. Questa agilità e flessibilità sono fondamentali per mantenere l'iniziativa di cambiamento sul binario giusto e garantirne la rilevanza e l'efficacia. La leadership del cambiamento non è una responsabilità esclusiva del top management. Comporta la coltivazione della leadership a tutti i livelli dell'organizzazione. L'incoraggiamento di un approccio di leadership distribuita assicura che il cambiamento sia guidato e sostenuto in modo ampio in tutta l'organizzazione, migliorandone l'accettazione e l'integrazione.

I leader del cambiamento sono responsabili della creazione e della comunicazione di una visione convincente, che illustri chiaramente lo scopo e gli obiettivi della trasformazione. Questa visione funge da luce guida, fornendo direzione e ispirazione all'intera organizzazione. È responsabilità dei leader del cambiamento garantire che questa visione risuoni con i dipendenti a tutti i livelli, allineandola con i valori e gli obiettivi dell'organizzazione. Questi leader svolgono un ruolo cruciale nello sviluppo e nell'esecuzione delle strategie che trasformano la visione in realtà. Ciò comporta una pianificazione meticolosa, l'allocazione delle risorse e l'implementazione di processi efficaci di gestione del cambiamento. I leader del cambiamento devono destreggiarsi tra le complessità della trasformazione delle strategie in azioni attuabili, garantendo al contempo l'allineamento con la visione generale.

Oltre all'esecuzione strategica, i leader del cambiamento sono fondamentali anche per creare e sostenere una cultura favorevole al cambiamento. Ciò implica la promozione di un ambiente in cui le nuove idee siano incoraggiate, i rischi vengano assunti e l'apprendimento dai fallimenti sia visto come un percorso verso l'innovazione. Devono creare fiducia e consenso tra i dipendenti, incoraggiando l'apertura a nuovi modi di lavorare e abbattendo le resistenze al cambiamento.

Il ruolo dei leader del cambiamento si estende all'essere ascoltatori attivi e comunicatori empatici. Devono comprendere e affrontare le preoccupazioni e le sfide dei dipendenti durante il processo di cambiamento. Mantenendo linee di comunicazione aperte e fornendo aggiornamenti regolari, possono alleviare le incertezze e creare un senso di sicurezza e fiducia. I leader del cambiamento efficaci sono adattivi e flessibili. Riconoscono che il cambiamento non è un processo lineare e sono pronti ad apportare modifiche in risposta ai feedback e alle nuove sfide. La loro capacità di rispondere rapidamente e in modo appropriato all'evoluzione delle circostanze è fondamentale per mantenere lo slancio e garantire il successo dell'iniziativa di cambiamento.

Sviluppare le qualità e le competenze di un efficace leader del cambiamento è essenziale per affrontare le complessità della trasformazione organizzativa. Una leadership del cambiamento efficace va oltre le competenze manageriali convenzionali e richiede una miscela di visione strategica, intelligenza emotiva e capacità di ispirare e motivare gli altri. Ecco le qualità e le competenze fondamentali per una leadership del cambiamento efficace:

1. Pensiero visionario: I leader del cambiamento efficaci hanno la capacità di immaginare un futuro diverso da quello attuale. Riescono ad articolare questa visione in modo chiaro, convincente e stimolante, aiutando gli altri a vedere i potenziali benefici del cambiamento.

2. Pianificazione strategica ed esecuzione: I leader del cambiamento devono essere abili nello sviluppare piani strategici che trasformino la loro visione in passi concreti. Ciò comprende la definizione degli obiettivi, l'identificazione delle risorse e la delineazione di percorsi chiari per l'attuazione. Altrettanto importante è la capacità di eseguire questi piani in modo efficace, adattandoli se necessario.

3. Intelligenza emotiva: Il lato umano della gestione del cambiamento è fondamentale. I leader del cambiamento efficaci sono intelligenti dal punto di vista emotivo; sono consapevoli delle proprie emozioni e sono in grado di comprendere ed empatizzare con i sentimenti degli altri. Questa abilità è fondamentale per gestire le resistenze, motivare i membri del team e costruire la fiducia.

4. Capacità di comunicazione: Una comunicazione chiara, trasparente e coerente è fondamentale nella leadership del cambiamento. I leader devono essere in grado di trasmettere efficacemente la visione, gli obiettivi e i dettagli del cambiamento a diversi interlocutori. Devono inoltre essere abili ascoltatori, aperti al feedback e alle diverse prospettive.

5. Adattabilità e flessibilità: Data la natura imprevedibile del cambiamento, i leader devono essere adattabili e flessibili. Devono essere in grado di modificare le strategie in risposta a nuove informazioni, sfide o cambiamenti nell'ambiente.

6. Capacità di influenza e persuasione: I leader del cambiamento devono spesso persuadere e influenzare un'ampia gamma di stakeholder, dai dirigenti ai dipendenti in prima linea. Devono essere in grado di costruire coalizioni e persuadere gli altri della necessità del cambiamento, anche di fronte allo scetticismo o all'opposizione.

7. Resilienza e persistenza: Le iniziative di cambiamento incontrano spesso ostacoli e battute d'arresto. I leader efficaci dimostrano resilienza e capacità di mantenere la rotta nonostante le sfide. Mantengono un atteggiamento positivo e sanno riprendersi dalle difficoltà.

8. Mentalità collaborativa: Il cambiamento raramente si ottiene in modo isolato. I leader devono essere in grado di collaborare con gli altri, sfruttando i punti di forza e le competenze dei diversi membri del team e delle parti interessate. Ciò implica la promozione di un senso di lavoro di squadra e di uno scopo condiviso.

9. Capacità di risolvere i problemi: I leader del cambiamento efficaci sono abili risolutori di problemi. Sono in grado di identificare le sfide, analizzare situazioni complesse e sviluppare soluzioni innovative.

10. Sensibilità culturale: Comprendere e rispettare la cultura organizzativa esistente è fondamentale. I leader del

cambiamento devono riconoscere il valore della cultura attuale e cercare di costruirci sopra, piuttosto che cercare di sostituirla completamente.

Lo sviluppo di queste qualità e competenze può migliorare significativamente l'efficacia dei leader del cambiamento. Programmi di formazione, mentorship, esperienza pratica e apprendimento continuo sono tutti elementi preziosi per coltivare questi attributi nei leader attuali e futuri.

Preparare il terreno per il viaggio della leadership del cambiamento è un processo essenziale che prepara un'organizzazione ai passi di trasformazione che sta per intraprendere. Questa preparazione è multiforme e comprende la coltivazione di una visione condivisa, la creazione di una cultura ricettiva, strategie di comunicazione efficaci e la responsabilizzazione degli individui a tutti i livelli dell'organizzazione.

Il viaggio inizia con lo sviluppo di una visione chiara e convincente del cambiamento. Questa visione funge da luce guida, articolando non solo la natura del cambiamento e le ragioni alla base, ma anche i benefici che porterà all'organizzazione. Assicurarsi che questa visione sia condivisa e fatta propria a tutti i livelli è fondamentale per allineare gli sforzi e le intenzioni. Coltivare una cultura aperta al cambiamento è un altro aspetto fondamentale di questa preparazione. Questa cultura favorisce un ambiente di innovazione e di comunicazione aperta, in cui le nuove idee vengono accolte e i dipendenti si sentono sicuri nell'esprimere le loro preoccupazioni e i loro suggerimenti. Creare una cultura che valorizzi l'adattabilità e la resilienza è fondamentale per affrontare con successo le sfide del cambiamento.

Una comunicazione efficace svolge un ruolo centrale nel creare le condizioni per il cambiamento. Stabilire canali di comunicazione aperti, trasparenti e coerenti garantisce che tutti siano informati, allineati e in grado di fornire un feedback. Aggiornamenti regolari e discussioni aperte sono fondamentali per creare fiducia e mantenere tutti sulla stessa lunghezza d'onda. La leadership del cambiamento implica anche l'identificazione e la responsabilizzazione degli agenti del cambiamento all'interno dell'organizzazione. Queste persone, influenti ed entusiaste del cambiamento, contribuiscono a guidare l'iniziativa in profondità nell'organizzazione, agendo da catalizzatori a vari livelli.

Prima di intraprendere il viaggio, è fondamentale valutare la preparazione dell'organizzazione al cambiamento. Valutare le risorse, le capacità e la preparazione culturale e strutturale per intraprendere la trasformazione è un passo essenziale per garantire che l'organizzazione sia pronta al cambiamento. Il processo di cambiamento deve essere guidato da un piano strategico che delinei chiaramente gli obiettivi, le fasi e la tempistica dell'iniziativa. Questo piano deve essere adattabile, in modo da consentire una certa flessibilità in risposta alle sfide e alle opportunità inaspettate che possono sorgere durante il percorso.

Fornire formazione e supporto ai dipendenti è un altro aspetto fondamentale della preparazione al cambiamento. Poiché il cambiamento spesso richiede nuove competenze e conoscenze, fornire ai dipendenti gli strumenti e le conoscenze necessarie garantisce che essi partecipino attivamente ed efficacemente al processo. È importante anche incoraggiare la partecipazione e favorire il senso di appartenenza dei dipendenti. Il coinvolgimento nei processi decisionali promuove un senso di impegno e di sostegno al cambiamento, portando a un sostegno più solido in tutta l'organizzazione. Il viaggio nel cambiamento è un percorso di apprendimento e adattamento continuo. Il monitoraggio regolare dei progressi e dell'efficacia delle strategie di cambiamento e la disponibilità a modificare l'approccio, se necessario, sono fondamentali per il successo dell'iniziativa.

Preparare il terreno per il viaggio della leadership del cambiamento implica un approccio globale che prepari l'organizzazione e il suo personale ai cambiamenti futuri. Richiede un'attenta considerazione di vari fattori, dalla creazione di una cultura di supporto e di una comunicazione chiara alla pianificazione strategica e all'adattamento continuo, tutti elementi cruciali per una trasformazione sostenibile e di successo.

Capitolo 2: Abbracciare la mentalità del cambiamento

Coltivare una mentalità favorevole al cambiamento è un passo fondamentale per garantire il successo di qualsiasi sforzo di trasformazione all'interno di un'organizzazione. Questo cambiamento di mentalità consiste nell'accogliere il cambiamento come un'opportunità, anziché vederlo come una minaccia o un inconveniente. È una prospettiva che riconosce il cambiamento come una componente essenziale della crescita e dell'innovazione in un panorama aziendale in continua evoluzione. Per promuovere questa mentalità, si comincia dalla leadership. I leader devono modellare il comportamento che desiderano vedere abbracciando essi stessi il cambiamento. Devono mostrare entusiasmo per le nuove idee e i nuovi approcci, dimostrando la volontà di adattarsi e imparare. Quando i leader abbracciano apertamente il cambiamento, danno un tono al resto dell'organizzazione, segnalando che il cambiamento è apprezzato e atteso.

Anche la creazione di un ambiente che incoraggi il dialogo aperto sul cambiamento è fondamentale. Ciò comporta la creazione di piattaforme in cui i dipendenti possano esprimere i loro pensieri, le loro preoccupazioni e i loro suggerimenti in merito alle iniziative di cambiamento. Questa comunicazione aperta aiuta a demistificare il cambiamento e ad affrontare eventuali ansie o idee sbagliate che i dipendenti potrebbero avere. Offrire opportunità di apprendimento che si concentrino sui benefici del cambiamento, sulle competenze necessarie per adattarsi al cambiamento e sui successi delle iniziative di cambiamento passate può aiutare a costruire una percezione più positiva del cambiamento. I programmi di formazione che enfatizzano l'adattabilità, la risoluzione dei problemi e l'innovazione sono particolarmente efficaci nel rafforzare questa mentalità.

Riconoscere e premiare la flessibilità e l'adattabilità dei dipendenti rafforza un atteggiamento positivo verso il cambiamento. Quando i dipendenti aperti al cambiamento e che contribuiscono positivamente agli sforzi di trasformazione vengono riconosciuti, incoraggiano gli altri ad adottare un atteggiamento simile. Questo può essere ottenuto attraverso programmi di riconoscimento formali o attraverso mezzi più informali, come un feedback positivo durante le riunioni o le discussioni di gruppo.

È anche importante coinvolgere i dipendenti nel processo di cambiamento. Quando i dipendenti sentono di avere voce in capitolo nell'attuazione del cambiamento, è più probabile che lo accettino e lo sostengano. Il coinvolgimento può andare dalla partecipazione ai comitati decisionali al feedback sulle modifiche proposte. Incoraggiare una mentalità che consideri le sfide come opportunità di apprendimento e crescita contribuisce a creare una cultura favorevole al cambiamento. Quando le battute d'arresto sono viste come una parte naturale del processo di apprendimento, i dipendenti sono più propensi a sperimentare e a correre rischi calcolati, comportamenti essenziali nei periodi di cambiamento.

Si tratta di costruire la resilienza. I cambiamenti spesso comportano incertezza e battute d'arresto. Sviluppare la resilienza - la capacità di riprendersi dalle sfide e di adattarsi alle nuove circostanze - è fondamentale. Questo può essere favorito attraverso attività di team-building, formazione sulla resilienza e creando un ambiente di lavoro favorevole in cui i dipendenti si sentano sicuri nell'affrontare nuove sfide.

L'adozione di una mentalità favorevole al cambiamento in un'organizzazione ha un significato immenso, soprattutto nell'attuale panorama aziendale in rapida evoluzione. Questa mentalità è un fattore chiave per l'adattabilità, l'innovazione e il successo a lungo termine. In un mondo caratterizzato da continui cambiamenti, che si tratti di tecnologia, preferenze dei consumatori o dinamiche competitive, una mentalità favorevole al cambiamento consente a un'organizzazione non solo di sopravvivere, ma anche di prosperare.

1. Incoraggia l'innovazione e la crescita: Una mentalità favorevole al cambiamento favorisce un ambiente in cui l'innovazione non è solo incoraggiata, ma è un risultato naturale. In un ambiente di questo tipo, i dipendenti si sentono autorizzati a sperimentare, rischiare ed esplorare nuove idee. Questo porta a un miglioramento continuo, aiutando l'organizzazione a rimanere all'avanguardia e a mantenere il suo vantaggio competitivo.

2. Migliora l'agilità e la reattività: Le organizzazioni con una mentalità favorevole al cambiamento sono più agili e in grado di rispondere rapidamente ai cambiamenti del mercato. Possono modificare rapidamente le loro strategie e operazioni in risposta a nuove opportunità o minacce, assicurandosi di rimanere rilevanti e competitive.

3. Costruisce una forza lavoro resiliente: Il cambiamento spesso porta con sé incertezza, ma una forza lavoro che abbraccia il cambiamento è più resiliente e adattabile. I dipendenti di queste organizzazioni sono meglio equipaggiati per gestire le transizioni, adattarsi a nuovi modi di lavorare e riprendersi rapidamente dalle battute d'arresto.

4. Favorisce il coinvolgimento e la fidelizzazione dei dipendenti: Una cultura favorevole al cambiamento è in genere più dinamica e stimolante, il che può portare a livelli più elevati di coinvolgimento dei dipendenti. È più probabile che i dipendenti si sentano apprezzati e investiti nel loro lavoro, il che porta a una maggiore soddisfazione lavorativa e a tassi di turnover più bassi.

5. Prepara l'organizzazione al futuro: Una mentalità che abbraccia il cambiamento prepara un'organizzazione alle sfide e alle opportunità future. Rimanendo aperta e adattabile, l'organizzazione è meglio posizionata per sfruttare le tecnologie emergenti, attingere a nuovi mercati ed evolvere il proprio modello di business secondo le necessità.

6. Allinearsi alle aspettative dei clienti in continua evoluzione: In un mondo in rapida evoluzione, le aspettative dei clienti si

evolvono costantemente. Una mentalità favorevole al cambiamento consente a un'organizzazione di rimanere in sintonia con questi cambiamenti e di adattare di conseguenza i prodotti, i servizi e le esperienze dei clienti.

7. Coltiva una cultura dell'apprendimento: Le organizzazioni con una mentalità favorevole al cambiamento spesso promuovono una cultura di apprendimento e sviluppo continuo. Questa cultura incoraggia i dipendenti ad acquisire nuove competenze e conoscenze, essenziali per la crescita personale e per la capacità dell'organizzazione di gestire efficacemente il cambiamento.

L'importanza di adottare una mentalità favorevole al cambiamento risiede nella sua capacità di creare un'organizzazione lungimirante, agile e resiliente. Consente alle aziende di innovare continuamente, di adattarsi rapidamente ai cambiamenti, di coinvolgere e trattenere i talenti e di prepararsi alle sfide e alle opportunità future. In un mondo in cui il cambiamento è l'unica costante, questa mentalità non è solo vantaggiosa, ma è essenziale per la sopravvivenza e il successo.

Passare dalla paura e dalla resistenza ad abbracciare il cambiamento come opportunità è un processo di trasformazione, essenziale per le organizzazioni che vogliono prosperare nell'attuale clima aziendale dinamico. Non si tratta di un semplice aggiustamento strategico, ma di un cambiamento fondamentale della mentalità organizzativa, che trasforma le minacce di cambiamento percepite in opportunità di crescita e innovazione. Comprendere le cause profonde della paura e della resistenza è il primo passo di questa transizione. La paura spesso deriva dalle incertezze associate al cambiamento, dalle preoccupazioni per le perdite potenziali o dai timori per i risultati del cambiamento. La resistenza, una risposta naturale a queste paure, è particolarmente pronunciata quando i cambiamenti vengono introdotti senza una sufficiente comunicazione o comprensione del loro scopo.

Una comunicazione efficace è fondamentale per superare paure e resistenze. I leader devono spiegare chiaramente perché il cambiamento è necessario, come si allinea agli obiettivi generali dell'organizzazione e gli impatti positivi che promette. Questa comunicazione deve essere continua e inclusiva, creando una piattaforma di dialogo in cui le preoccupazioni e le domande possano essere affrontate apertamente. Coinvolgere i dipendenti nel processo di cambiamento può attenuare notevolmente le resistenze. Quando le persone partecipano alla definizione del cambiamento, è più probabile che ne comprendano la necessità e diano il loro sostegno. Il coinvolgimento può andare dalla richiesta di feedback sui cambiamenti proposti all'inclusione attiva dei dipendenti nelle fasi di pianificazione e attuazione.

Il supporto e la formazione sono elementi critici per facilitare una transizione senza problemi. Fornire la formazione e le risorse necessarie aiuta i dipendenti ad acquisire le competenze e le conoscenze necessarie per adattarsi ai nuovi cambiamenti, riducendo l'ansia e creando fiducia nella loro capacità di navigare nel nuovo panorama. Anche la condivisione di storie di successo all'interno dell'organizzazione può contribuire a modificare la percezione del cambiamento. Evidenziare i casi in cui le sfide sono state trasformate in storie di successo dimostra i potenziali benefici e le opportunità che l'abbracciare il cambiamento può portare. Anche la coltivazione di una cultura organizzativa che valorizzi l'adattabilità, l'apprendimento continuo e l'innovazione svolge un ruolo cruciale. In una cultura di questo tipo, il cambiamento viene percepito come un'opportunità continua di crescita professionale e di avanzamento organizzativo, piuttosto che come un evento sporadico o dirompente.

La leadership è determinante in questo cambiamento culturale. I leader che abbracciano il cambiamento, dimostrano flessibilità e mantengono una visione positiva durante le trasformazioni sono un esempio potente per il resto dell'organizzazione. Il loro impegno ed entusiasmo per il cambiamento può ispirare una risposta simile a tutti i livelli, favorendo il passaggio dalla resistenza all'accettazione. Per passare da una mentalità di paura e resistenza a una che vede il cambiamento come un'opportunità è necessario un approccio globale che comprenda una comunicazione chiara, il coinvolgimento dei dipendenti, un supporto e una formazione adeguati, la condivisione di storie di successo, la promozione di una cultura dell'adattabilità e una leadership forte ed esemplare. Adottando questo approccio multiforme, le organizzazioni possono trasformare la sfida del cambiamento in un catalizzatore di innovazione e crescita.

Promuovere una cultura che incoraggi una mentalità positiva del cambiamento è fondamentale per le organizzazioni che navigano in un panorama aziendale complesso e in rapida evoluzione. Una cultura di questo tipo non solo abbraccia il cambiamento, ma lo considera parte integrante della crescita e dello sviluppo. La costruzione di questa cultura è un processo multiforme che implica la ridefinizione degli atteggiamenti verso il cambiamento, l'incoraggiamento di una comunicazione aperta e la creazione di un ambiente in cui innovazione e adattabilità sono valorizzate.

Il processo inizia con la leadership che dà il tono. I leader che dimostrano entusiasmo per il cambiamento e disponibilità ad adattarsi costituiscono un esempio potente per il resto dell'organizzazione. Il loro atteggiamento verso il cambiamento, positivo o apprensivo, può influenzare in modo significativo la cultura organizzativa. I leader devono quindi sostenere attivamente il cambiamento, dimostrando con le loro azioni e decisioni che apprezzano l'adattabilità e l'innovazione.

La comunicazione aperta è un'altra pietra miliare di una cultura del cambiamento positiva. Ciò implica la creazione di canali in cui le informazioni sui cambiamenti vengano diffuse in modo chiaro e tempestivo, consentendo il feedback e la discussione. Quando i dipendenti sono ben informati sulle ragioni del cambiamento e sui vantaggi che esso apporta all'organizzazione e a loro stessi, è più probabile che lo vedano positivamente. Inoltre, fornire ai dipendenti piattaforme per esprimere le loro preoccupazioni e i loro suggerimenti li fa sentire apprezzati e coinvolti nel processo di cambiamento.

Anche incoraggiare l'assunzione di rischi e l'innovazione è fondamentale. In una cultura che sostiene una mentalità positiva di cambiamento, il fallimento non è visto come una battuta d'arresto, ma come un'opportunità di apprendimento. I dipendenti devono sentirsi sicuri di sperimentare e proporre nuove idee senza temere ripercussioni se le cose non vanno come previsto. Questo approccio incoraggia la creatività e può portare a soluzioni e miglioramenti innovativi. La formazione e lo sviluppo svolgono un ruolo importante nel promuovere una cultura favorevole al cambiamento. Fornire ai dipendenti gli strumenti e le conoscenze necessarie per affrontare il cambiamento in modo efficace rafforza la fiducia e riduce la resistenza. Ciò potrebbe includere corsi di formazione sulle nuove tecnologie, workshop sulle capacità di adattamento o seminari sulle tecniche di gestione del cambiamento.

Riconoscere e premiare i comportamenti positivi al cambiamento è un'altra strategia efficace. Quando i dipendenti che abbracciano il cambiamento, si adattano rapidamente alle nuove situazioni e contribuiscono in modo costruttivo alle iniziative di cambiamento vengono riconosciuti e premiati, si rafforza il valore che l'organizzazione attribuisce a questi comportamenti. Anche la creazione di una comunità di sostegno all'interno dell'organizzazione contribuisce a creare una cultura del cambiamento positiva. Si tratta di alimentare un senso di lavoro di squadra e di collaborazione, in cui i dipendenti si sentono sostenuti dai loro pari e dai loro superiori durante i periodi di cambiamento. Una comunità solidale può alleviare lo stress associato al cambiamento e rendere la transizione più agevole per tutti i soggetti coinvolti.

Promuovere una cultura che incoraggi una mentalità positiva del cambiamento significa creare un ambiente in cui il cambiamento è visto come un'opportunità, la comunicazione è aperta e onesta, l'innovazione e l'assunzione di rischi sono incoraggiate, la formazione e lo sviluppo sono prioritari, i comportamenti positivi sono premiati e viene alimentata una comunità di supporto. Una cultura di questo tipo è essenziale per le organizzazioni che vogliono prosperare in un mondo economico in continua evoluzione.

Affrontare le preoccupazioni e le resistenze al cambiamento è una componente fondamentale per una gestione efficace del cambiamento. La resistenza è una risposta umana naturale al cambiamento, in particolare quando questo sconvolge le routine familiari o introduce l'incertezza. Per gestire efficacemente questa resistenza occorre comprenderne le radici, comunicare in modo empatico e coinvolgere attivamente le persone interessate nel processo di cambiamento.

Il primo passo per affrontare la resistenza è comprenderne la fonte. La resistenza può derivare da una serie di fattori, tra cui la paura dell'ignoto, la percezione di una perdita di status o di controllo, la mancanza di comprensione del cambiamento o esperienze negative con iniziative di cambiamento passate. L'identificazione delle ragioni specifiche della resistenza in ciascun caso consente di dare risposte più mirate ed efficaci.

La comunicazione empatica è fondamentale per affrontare le preoccupazioni. Si tratta di ascoltare attivamente le preoccupazioni e le paure dei dipendenti e di riconoscere i loro sentimenti. Comunicare le ragioni del cambiamento, i benefici che ne deriveranno per l'organizzazione e per i dipendenti e le misure adottate per attuarlo può contribuire ad alleviare l'ansia e a creare fiducia. La trasparenza è fondamentale: le persone sono più propense ad appoggiare il cambiamento quando capiscono perché sta avvenendo e come sarà gestito. Anche il coinvolgimento dei dipendenti nel processo di cambiamento può ridurre significativamente la resistenza. Quando le persone hanno voce in capitolo nel modo in cui il cambiamento viene pianificato e attuato, è più probabile che sentano un senso di appartenenza e di impegno nel processo. Questo coinvolgimento può assumere varie forme, dalla richiesta di feedback all'inclusione dei dipendenti nei team di implementazione del cambiamento.

Fornire supporto e risorse è un altro aspetto importante della gestione della resistenza. Ciò potrebbe includere programmi di formazione per sviluppare nuove competenze, servizi di consulenza per aiutare i dipendenti ad affrontare il cambiamento, oppure linee guida e risorse chiare per aiutarli ad adattarsi ai nuovi processi o sistemi. Anche affrontare gli aspetti culturali del cambiamento è fondamentale. La resistenza culturale si verifica quando il cambiamento è percepito come in conflitto con le norme e i valori consolidati dell'organizzazione. In questi casi, è essenziale dimostrare come il cambiamento si allinei o rafforzi i valori fondamentali dell'organizzazione.

La leadership svolge un ruolo cruciale nell'affrontare le resistenze. I leader devono modellare il comportamento che vogliono vedere, mostrando entusiasmo per il cambiamento e disponibilità ad adattarsi. Devono inoltre essere visibili e accessibili, fornendo aggiornamenti regolari sull'andamento del cambiamento ed essendo aperti al feedback. La celebrazione di piccoli successi lungo il percorso può contribuire a creare slancio e a dimostrare i benefici del cambiamento. Riconoscere e premiare i reparti o i singoli che si adattano bene al cambiamento può incoraggiare gli altri a seguirne l'esempio. Affrontare le preoccupazioni e la resistenza al cambiamento richiede una combinazione di comprensione, comunicazione, coinvolgimento, sostegno, sensibilità culturale, leadership forte e riconoscimento dei progressi. Affrontando la resistenza in modo proattivo ed empatico, le organizzazioni possono facilitare il processo di transizione e aumentare le probabilità di successo del cambiamento.

L'identificazione delle preoccupazioni comuni e delle fonti di resistenza è un passo fondamentale nel processo di gestione del cambiamento. La resistenza al cambiamento è una reazione umana naturale, soprattutto sul posto di lavoro, dove i cambiamenti possono avere un impatto sulle routine, sui ruoli e sull'ambiente di lavoro in generale. Comprendere questi problemi e affrontarli in modo proattivo può migliorare significativamente l'efficacia e la fluidità delle iniziative di cambiamento.

1. Paura dell'ignoto: Una delle fonti più comuni di resistenza è la paura dell'ignoto. Il cambiamento può sconvolgere lo status quo, generando incertezza sul futuro. I dipendenti possono preoccuparsi di come il cambiamento influenzerà il loro ruolo, la sicurezza del lavoro e la routine quotidiana.

2. Perdita di controllo: Il cambiamento spesso comporta uno spostamento di processi, ruoli e strutture. Questo può portare a una sensazione di perdita di controllo tra i dipendenti che erano abituati a certi modi di lavorare. La sensazione di impotenza nell'influenzare il cambiamento può esacerbare la resistenza.

3. Preoccupazioni sulla competenza: Il cambiamento può richiedere nuove abilità o conoscenze, con conseguenti preoccupazioni sulla competenza. I dipendenti potrebbero temere di non avere le capacità necessarie per adattarsi al nuovo modo di lavorare, oppure potrebbero temere che la curva di apprendimento sia troppo ripida.

4. Impatto sul carico di lavoro: Il periodo di transizione durante il cambiamento può spesso comportare un aumento del carico di lavoro. I dipendenti potrebbero opporre resistenza al cambiamento a causa delle preoccupazioni per le responsabilità aggiunte o per l'impegno richiesto per adattarsi a nuovi sistemi o processi.

5. Esperienze negative con i cambiamenti passati: Se le precedenti iniziative di cambiamento sono state gestite male, possono generare scetticismo e resistenza ai cambiamenti futuri. I dipendenti potrebbero dubitare dell'efficacia del nuovo cambiamento sulla base delle loro esperienze passate.

6. Mancanza di fiducia nella leadership: La resistenza può derivare dalla mancanza di fiducia nella leadership o nelle motivazioni alla base del cambiamento. Se i dipendenti sentono che il cambiamento non è nel loro interesse o che viene attuato per le ragioni sbagliate, è più probabile che oppongano resistenza.

7. Disallineamento culturale: A volte, il cambiamento proposto potrebbe non essere in linea con la cultura organizzativa esistente. Se i dipendenti ritengono che il cambiamento sia in conflitto con i valori e le norme fondamentali dell'organizzazione, potrebbero opporre resistenza.

8. Dinamiche sociali: La resistenza può essere influenzata anche da fattori sociali all'interno del luogo di lavoro. Se i principali influencer o gruppi all'interno dell'organizzazione sono resistenti al cambiamento, i loro atteggiamenti possono influenzare gli altri e creare una cultura di resistenza più ampia.

La comprensione di queste preoccupazioni comuni e delle fonti di resistenza è fondamentale per sviluppare strategie per affrontarle in modo efficace. Questa comprensione consente ai leader del cambiamento di entrare in empatia con i dipendenti, di adattare le strategie di comunicazione e di supporto e di coinvolgere i dipendenti nel processo di cambiamento, riducendo così la resistenza e promuovendo un atteggiamento più positivo nei confronti del cambiamento.

Affrontare efficacemente le apprensioni dei singoli è un aspetto cruciale della gestione del cambiamento in un'organizzazione. Affrontare queste preoccupazioni richiede un approccio riflessivo ed empatico, orientato alla comprensione, alla comunicazione e al coinvolgimento. Riuscire a gestire le apprensioni non solo facilita la transizione per i dipendenti, ma favorisce anche una cultura di fiducia e apertura. Comprendere ed entrare in empatia con le preoccupazioni dei dipendenti è il primo passo. I leader del cambiamento devono riconoscere che le apprensioni e le resistenze sono reazioni naturali. Ascoltare attivamente le preoccupazioni dei dipendenti e convalidare i loro sentimenti può contribuire a creare fiducia. Questa comprensione crea le basi per un dialogo più aperto e onesto.

Una comunicazione chiara e trasparente è essenziale. Fornire il maggior numero possibile di informazioni sul cambiamento, compresi i motivi che lo hanno determinato, i benefici che intende apportare e le modalità di attuazione, può contribuire ad alleviare i timori dell'ignoto. È anche importante comunicare il cambiamento in modo che risuoni con i dipendenti, collegandolo ai loro ruoli e mostrando come si allinea con i loro interessi e con gli obiettivi dell'organizzazione. Coinvolgere i dipendenti nel processo di cambiamento può ridurre significativamente la resistenza. Quando i dipendenti hanno voce in capitolo sulle modalità di attuazione del cambiamento, è più probabile che sentano un senso di controllo e di appartenenza. Il coinvolgimento può andare dal contributo di idee nelle fasi di pianificazione alla partecipazione ai team di implementazione o ai gruppi di feedback.

Offrire supporto e risorse è un'altra strategia chiave. Tra queste potrebbero esserci opportunità di formazione e sviluppo per costruire le competenze necessarie per l'ambiente successivo al cambiamento, servizi di consulenza per aiutare i dipendenti ad affrontare il cambiamento o programmi di mentorship per guidarli nella transizione. Anche promuovere una narrazione positiva del cambiamento può essere utile. Evidenziare le storie di successo, celebrare le pietre miliari e riconoscere i dipendenti che si sono adattati bene al cambiamento può creare una percezione più positiva del cambiamento e dei suoi benefici.

La leadership svolge un ruolo fondamentale nell'affrontare le apprensioni. I leader devono modellare il comportamento che vogliono vedere, mostrando entusiasmo per il cambiamento e disponibilità ad adattarsi. Devono inoltre essere accessibili, offrendo ai dipendenti regolari opportunità di condividere le loro preoccupazioni e porre domande. È importante fornire meccanismi di feedback in cui i dipendenti possano esprimere le loro preoccupazioni e ricevere risposte. Sondaggi regolari, riunioni cittadine e cassette dei suggerimenti possono essere strumenti efficaci per raccogliere feedback e dimostrare che le preoccupazioni dei dipendenti vengono ascoltate e affrontate. Coinvolgere le preoccupazioni in modo riflessivo, empatico e inclusivo è fondamentale per il successo di qualsiasi iniziativa di cambiamento. Comprendendo, comunicando, coinvolgendo, sostenendo e rispondendo alle preoccupazioni dei dipendenti, le organizzazioni possono affrontare le complessità del cambiamento in modo più agevole ed efficace.

Creare fiducia e trasparenza è essenziale per attenuare la resistenza al cambiamento all'interno di un'organizzazione. La fiducia è alla base di qualsiasi iniziativa di cambiamento di successo, in quanto favorisce un senso di sicurezza e di apertura tra i dipendenti, rendendoli più ricettivi al cambiamento. La trasparenza, invece, garantisce che il processo di cambiamento sia visto come equo, onesto e inclusivo. Insieme, fiducia e trasparenza creano un ambiente favorevole al successo della gestione del cambiamento.

Per creare fiducia, i leader devono innanzitutto essere degni di fiducia. Ciò implica dimostrare costantemente integrità, affidabilità e correttezza. I leader devono essere onesti sulle ragioni del cambiamento, sui risultati attesi e sulle eventuali sfide che potrebbero sorgere. Riconoscere le incertezze ed essere aperti su ciò che si sa e ciò che non si sa aiuta a stabilire la credibilità. Una comunicazione efficace e aperta è la chiave della trasparenza. Mantenere i dipendenti informati sul processo di cambiamento riduce le voci e le informazioni errate, che possono alimentare la resistenza. Sono fondamentali aggiornamenti regolari sull'andamento del cambiamento, su cosa aspettarsi e sull'impatto dell'organizzazione. La comunicazione deve essere bidirezionale, con i leader che cercano attivamente un feedback e ascoltano le preoccupazioni e i suggerimenti dei dipendenti.

Coinvolgere i dipendenti nel processo di cambiamento aiuta anche a creare fiducia e trasparenza. Quando i dipendenti hanno un ruolo nella definizione del cambiamento, è più probabile che si fidino del processo e sostengano l'iniziativa. Ciò potrebbe comportare la partecipazione dei dipendenti a comitati di pianificazione, focus group o sessioni di feedback. Questo dà loro un senso di appartenenza e di controllo sul cambiamento, che può ridurre significativamente la resistenza. Riconoscere e affrontare l'impatto emotivo del cambiamento è importante per creare fiducia. Il cambiamento può essere sconvolgente e i leader devono riconoscere e immedesimarsi nelle emozioni che i dipendenti possono provare. Fornire supporto, come servizi di consulenza o workshop sulla gestione dello stress, dimostra che l'organizzazione si preoccupa del benessere dei suoi dipendenti. La coerenza nelle parole e nelle azioni è un altro aspetto critico della costruzione della fiducia. I leader devono allineare i loro messaggi sul cambiamento con le loro azioni. Qualsiasi discrepanza tra ciò che i leader dicono e ciò che fanno può erodere rapidamente la fiducia.

Riconoscere e premiare i dipendenti che abbracciano e contribuiscono positivamente al cambiamento favorisce anche la fiducia e la trasparenza. Dimostra che l'organizzazione apprezza la capacità di adattamento e si impegna a riconoscere e premiare chi sostiene i suoi obiettivi. È essenziale dimostrare pazienza e comprendere che la fiducia e la trasparenza richiedono tempo per essere costruite. I leader devono rafforzare costantemente questi valori attraverso le loro azioni e la loro comunicazione, creando una cultura che valorizzi un dialogo aperto e onesto.

La costruzione della fiducia e della trasparenza per attenuare la resistenza comporta una comunicazione coerente e onesta, il coinvolgimento dei dipendenti, il riconoscimento degli aspetti emotivi del cambiamento, la coerenza nelle parole e nelle azioni, il riconoscimento e i premi per i comportamenti di supporto e la pazienza. Coltivando questi elementi, le organizzazioni possono creare un ambiente più ricettivo al cambiamento e ridurre la probabilità di resistenza.

L'adattamento delle strategie di cambiamento alle preferenze individuali nelle interazioni di cambiamento è un approccio che riconosce e rispetta la diversità delle risposte dei dipendenti al cambiamento. Questo approccio personalizzato è fondamentale per gestire efficacemente il cambiamento, in quanto affronta le preoccupazioni, le motivazioni e gli stili di apprendimento unici dei diversi individui all'interno dell'organizzazione. Il primo passo è capire che ogni dipendente ha una prospettiva e una reazione diversa al cambiamento. I dipendenti possono variare in termini di adattabilità, comfort con l'ambiguità e percezione dell'impatto del cambiamento. Alcuni possono accogliere il cambiamento con entusiasmo, mentre altri possono essere più cauti o addirittura timorosi. Riconoscere queste differenze consente ai leader di approcciare ciascun dipendente in modo tale che risuoni con loro personalmente.

Una comunicazione efficace è al centro di questo approccio personalizzato. Non si tratta solo di diffondere informazioni sul cambiamento, ma anche di impegnarsi in conversazioni significative e bidirezionali. Ascoltare le preoccupazioni e le domande dei dipendenti e rispondere in modo da affrontare le loro specifiche apprensioni può fare una differenza significativa nel modo in cui il cambiamento viene percepito.

Anche l'offerta di diversi canali e formati di comunicazione aiuta a soddisfare le diverse preferenze. Mentre alcuni dipendenti potrebbero preferire una comunicazione scritta dettagliata, altri potrebbero trarre maggiore beneficio da sessioni interattive come workshop o forum di domande e risposte. Offrire diversi modi per ricevere ed elaborare le informazioni sul cambiamento assicura che un maggior numero di dipendenti sia coinvolto nel modo a loro più congeniale. Anche i leader e i manager devono essere formati per riconoscere e adattarsi a queste differenze individuali. Essi svolgono un ruolo cruciale negli aspetti quotidiani del cambiamento e sono spesso il primo punto di contatto per le domande e le preoccupazioni dei dipendenti. È fondamentale dotarli delle competenze necessarie per gestire queste interazioni in modo empatico ed efficace.

Incorporare la flessibilità nel processo di cambiamento consente di apportare modifiche in base al feedback e alle preferenze dei dipendenti. Ciò potrebbe significare introdurre gradualmente i cambiamenti, fornire ulteriore supporto laddove necessario o persino rivedere alcuni aspetti del piano di cambiamento in risposta ai suggerimenti dei dipendenti.

Un altro aspetto importante è l'offerta di supporto e risorse personalizzate in base alle esigenze individuali. Alcuni dipendenti potrebbero beneficiare di una formazione aggiuntiva o di un tutoraggio, mentre altri potrebbero aver bisogno di più tempo per adattarsi a nuovi sistemi o processi. Fornire queste risorse dimostra l'impegno ad aiutare ogni dipendente a superare il cambiamento. Riconoscere e celebrare i contributi individuali allo sforzo di cambiamento può rafforzare un atteggiamento positivo verso il cambiamento. Riconoscere gli sforzi di coloro che si stanno adattando bene, soprattutto di quelli che inizialmente erano resistenti, può incoraggiare gli altri a seguirne l'esempio.

Per adattare le strategie di cambiamento alle preferenze individuali occorre comprendere la reazione unica di ciascun dipendente al cambiamento, comunicare in modo efficace e in vari formati, formare i leader, incorporare la flessibilità, fornire un supporto personalizzato e riconoscere i contributi individuali. Questo approccio personalizzato può portare a un processo di cambiamento più agevole e di successo, con livelli più elevati di coinvolgimento e sostegno dei dipendenti. Riconoscere che gli individui hanno risposte diverse al cambiamento è un aspetto fondamentale della gestione efficace del cambiamento. In qualsiasi contesto organizzativo, le reazioni dei dipendenti al cambiamento variano in base alle esperienze, agli atteggiamenti e alle convinzioni personali. Questa diversità di risposta è naturale e deve essere prevista e rispettata nel processo di implementazione del cambiamento.

Alcuni dipendenti potrebbero vedere il cambiamento come un'entusiasmante opportunità di crescita e apprendimento, mentre altri potrebbero percepirlo come una minaccia al loro comfort e alla loro stabilità. Questa variazione può essere influenzata da diversi fattori, tra cui le esperienze passate con il cambiamento, la resilienza personale, la paura dell'ignoto, le preoccupazioni sulla competenza in un nuovo sistema o anche le differenze nella comprensione delle ragioni alla base del cambiamento. La personalizzazione della comunicazione e del supporto in base alle preferenze individuali è fondamentale per affrontare queste diverse reazioni. Un approccio unico alla comunicazione può portare a fraintendimenti e a una maggiore resistenza. Invece, fornire informazioni in diversi formati e attraverso vari canali può aiutare a soddisfare le diverse esigenze. Per esempio, alcuni dipendenti potrebbero preferire comunicazioni scritte dettagliate come e-mail o newsletter, mentre altri potrebbero rispondere meglio a incontri faccia a faccia o sessioni interattive.

Offrire un supporto adeguato alle esigenze individuali può aiutare in modo significativo la transizione. Questo può assumere la forma di una formazione aggiuntiva per coloro che hanno bisogno di sviluppare nuove competenze, di incontri individuali per i dipendenti che hanno bisogno di un supporto più diretto o di fornire accesso a servizi di consulenza per coloro che trovano il cambiamento particolarmente stressante. I leader e i dirigenti svolgono un ruolo fondamentale nel riconoscere e rispondere a queste diverse reazioni. La formazione dei dirigenti per identificare e comprendere le diverse reazioni al cambiamento consente loro di offrire il sostegno adeguato. Possono quindi fungere da mediatori, fornendo rassicurazioni, chiarezza e orientamento laddove necessario.

Anche incoraggiare il dialogo aperto è fondamentale. Creare uno spazio sicuro in cui i dipendenti si sentano a proprio agio nell'esprimere le loro preoccupazioni e domande sul cambiamento può portare a una gestione più efficace delle reazioni individuali. Inoltre, aiuta a identificare le preoccupazioni comuni che potrebbero dover essere affrontate a livello organizzativo. Riconoscere la diversità delle risposte al cambiamento e personalizzare la comunicazione e il supporto di conseguenza significa riconoscere e valorizzare le esperienze e le esigenze individuali dei dipendenti. In questo modo, le organizzazioni possono promuovere un ambiente più inclusivo e solidale che facilita transizioni più fluide e un'implementazione del cambiamento di maggior successo.

La creazione di strategie di cambiamento inclusive che abbiano una risonanza con tutti gli stakeholder è parte integrante di una trasformazione organizzativa di successo. Una strategia inclusiva garantisce che vengano considerati e affrontati i diversi punti di vista, le esigenze e le preoccupazioni di tutti i gruppi di stakeholder. Questo approccio non solo migliora l'efficacia dell'iniziativa di cambiamento, ma crea anche un senso di appartenenza e di impegno tra le persone coinvolte. Per sviluppare una strategia di cambiamento inclusiva, iniziate con l'identificare tutti i gruppi di stakeholder che saranno interessati dal cambiamento. Questo include i dipendenti a tutti i livelli, la direzione, gli azionisti, i clienti, i fornitori e forse anche la comunità in generale. È fondamentale comprendere l'impatto specifico del cambiamento su ciascuno di questi gruppi. Una volta identificate le parti interessate, è necessario coinvolgere i soggetti interessati per raccogliere le loro opinioni e i loro punti di vista. Ciò può avvenire attraverso sondaggi, interviste, focus group o riunioni cittadine. Coinvolgere attivamente gli stakeholder in queste discussioni aiuta a scoprire le loro preoccupazioni, aspettative e suggerimenti riguardo al cambiamento. Inoltre, offre l'opportunità di comunicare le ragioni alla base del cambiamento e i benefici che esso intende apportare.

La comunicazione è la pietra miliare di una strategia inclusiva. Adattare la comunicazione alle esigenze e alle preferenze dei diversi gruppi di stakeholder assicura che il messaggio venga compreso e accettato. Ad esempio, il modo in cui comunicate un cambiamento ai dipendenti potrebbe essere diverso da quello in cui lo comunicate agli azionisti o ai clienti. È importante essere chiari, coerenti e trasparenti in tutte le comunicazioni. Altrettanto importante è rispondere ai feedback e alle preoccupazioni sollevate dagli stakeholder. Dimostrare che il loro contributo è apprezzato e, se possibile, incorporato nel piano di cambiamento, può aumentare significativamente l'adesione e ridurre la resistenza.

Anche la formazione e il supporto sono componenti fondamentali di una strategia di cambiamento inclusiva. Le diverse parti interessate possono richiedere diversi tipi di supporto per adattarsi al cambiamento. Per i dipendenti, questo potrebbe includere formazione sulle competenze o programmi di mentoring. Per i clienti, potrebbe trattarsi di guide per l'utente o di assistenza al cliente per orientarsi tra i nuovi prodotti o servizi. Il coinvolgimento della leadership a tutti i livelli è essenziale per guidare una strategia di cambiamento inclusiva. I leader e i manager devono essere visibili e accessibili, fungendo da campioni del cambiamento. Devono incarnare il cambiamento che desiderano, fornendo guida e supporto durante tutto il processo. Il monitoraggio e la valutazione dei progressi dell'iniziativa di cambiamento sono fondamentali per garantire che rimanga inclusiva. Controlli regolari con i gruppi di stakeholder possono fornire indicazioni sull'accoglienza del cambiamento e sulla necessità di eventuali modifiche. La celebrazione di tappe e successi lungo il percorso può rafforzare un messaggio positivo e dimostrare i benefici del cambiamento. Riconoscere il contributo dei diversi gruppi di stakeholder nel raggiungimento di questi traguardi può rafforzare ulteriormente il loro impegno e la loro adesione al cambiamento.

Creare strategie di cambiamento inclusive che risuonino con tutti gli stakeholder significa comprendere e valorizzare i loro diversi punti di vista, coinvolgerli in modo significativo, comunicare efficacemente, fornire un supporto su misura e monitorare e regolare continuamente l'approccio. Adottando queste pratiche, le organizzazioni possono garantire un processo di cambiamento più efficace e sostenibile, sostenuto e accolto da tutti i soggetti coinvolti.

Guidare con empatia e adattabilità è sempre più riconosciuto come una componente critica nel regno della leadership del cambiamento. L'efficacia di qualsiasi iniziativa di cambiamento dipende spesso dalla capacità del leader di comprendere e rispondere alle emozioni, alle preoccupazioni e alle esigenze di coloro che sono interessati dal cambiamento. L'empatia nella leadership del cambiamento implica la capacità di mettersi nei panni degli altri, di comprendere le loro prospettive e i loro sentimenti riguardo al cambiamento. Si tratta di riconoscere che il cambiamento può essere sconvolgente e che persone diverse possono reagire in modi diversi in base alle loro esperienze, paure e sfide personali.

I leader empatici sono attenti a queste diverse reazioni emotive e adattano il loro approccio di conseguenza. Riconoscono le preoccupazioni dei membri del team, convalidano i loro sentimenti e forniscono sostegno, se necessario. Questo non significa essere sempre d'accordo con i loro punti di vista, ma piuttosto comprenderli e tenerli in considerazione nel processo decisionale. L'empatia svolge un ruolo cruciale anche nella costruzione della fiducia. Quando i dipendenti sentono che i loro leader comprendono e si preoccupano delle loro preoccupazioni, è più probabile che si fidino di loro. Questa fiducia è fondamentale nei momenti di cambiamento, perché può aiutare a mitigare la resistenza e a promuovere un approccio più collaborativo e positivo alla trasformazione. La leadership empatica aiuta a mantenere il morale e il coinvolgimento. Il cambiamento può essere dirompente e, senza una leadership empatica, può portare al disimpegno e a un calo della produttività. Mostrando empatia, i leader possono mantenere i loro team motivati e impegnati, anche nei momenti più difficili. L'empatia si estende anche al modo in cui viene comunicato il cambiamento. I leader empatici comunicano il cambiamento in modo chiaro, onesto e tenendo conto dell'impatto che può avere sui dipendenti. Si assicurano che la comunicazione sia bidirezionale, offrendo opportunità di feedback e di discussione.

L'adattabilità è l'altra faccia della medaglia di una leadership del cambiamento efficace. Si riferisce alla capacità del leader di adattare strategie, piani e comportamenti in risposta a circostanze e feedback mutevoli. I leader adattabili sono aperti a nuove idee e a modi diversi di fare le cose. Capiscono che il cambiamento potrebbe non andare sempre come previsto e sono pronti ad apportare correzioni di rotta se necessario. Questa flessibilità consente una gestione più efficace del processo di cambiamento e aumenta le probabilità di successo.

Un leader adattabile riconosce anche la necessità di crescita e sviluppo personale. È aperto a imparare dalle esperienze e disposto ad adattare il proprio stile di leadership alle esigenze del team e alle richieste della situazione. Guidare con empatia e adattabilità è essenziale nell'ambiente aziendale odierno, caratterizzato da ritmi frenetici e da continui cambiamenti. L'empatia consente ai leader di entrare in contatto con i loro team a un livello più profondo, creando fiducia e facilitando la transizione, mentre l'adattabilità assicura che possano navigare efficacemente nella natura imprevedibile del cambiamento. Insieme, queste qualità creano un approccio alla leadership che è reattivo, attento ed efficace nel guidare le organizzazioni attraverso il cambiamento.

La gestione degli aspetti emotivi del cambiamento, sia per se stessi che per gli altri, è un'abilità fondamentale per una gestione efficace del cambiamento. Il cambiamento, anche quando è positivo, può evocare un'ampia gamma di emozioni, dall'eccitazione e l'attesa alla paura e all'ansia. La comprensione e la gestione di queste risposte emotive sono essenziali per una transizione senza intoppi e per il benessere di tutte le persone coinvolte.

Per se stessi: Consapevolezza di sé e resilienza

- Consapevolezza di sé: Come leader, riconoscere le proprie reazioni emotive al cambiamento è fondamentale. L'autoconsapevolezza vi permette di capire come le vostre reazioni e i vostri comportamenti possano avere un impatto su coloro che vi circondano. Si tratta di riflettere sui propri sentimenti riguardo al cambiamento e sui pregiudizi o le esperienze che possono influenzare questi sentimenti.

- Mantenere l'equilibrio: È importante mantenere un equilibrio tra ottimismo e realismo. Se da un lato una visione positiva può essere motivante, dall'altro essere realistici riguardo alle sfide del cambiamento è necessario per preparare se stessi e il proprio team ad affrontarle.

- Resilienza: Costruire la resilienza è fondamentale per affrontare il cambiamento in modo efficace. Ciò comporta lo sviluppo di strategie di coping per lo stress, come la mindfulness, l'esercizio fisico o la ricerca di supporto da parte di colleghi o mentori. La resilienza consente di rimanere concentrati ed efficaci, anche quando si affrontano battute d'arresto o incertezze.

- Apprendimento continuo: Accogliere le opportunità di apprendimento offerte dal cambiamento. Considerare il cambiamento come un'opportunità di crescita personale e professionale può aiutare a spostare la prospettiva dall'apprensione all'entusiasmo.

Per gli altri: Empatia e sostegno

- Empatia: È fondamentale comprendere e immedesimarsi nei sentimenti degli altri riguardo al cambiamento. Ciò significa ascoltare attivamente le loro preoccupazioni, convalidare i loro sentimenti e riconoscere che le loro emozioni sono una risposta naturale al cambiamento.

- Comunicazione efficace: Una comunicazione trasparente e coerente può contribuire ad alleviare paure e incertezze. È essenziale che tutti siano informati sul processo di cambiamento, sui risultati attesi e sul modo in cui saranno supportati durante la transizione.

- Incoraggiare il dialogo aperto: Creare un ambiente in cui i dipendenti si sentano sicuri nell'esprimere le proprie preoccupazioni e nel porre domande. Incoraggiare il dialogo aperto aiuta a risolvere i problemi prima che si aggravino e dimostra che tenete in considerazione il loro contributo e il loro benessere.

- Fornire assistenza: Offrire un supporto adeguato alle esigenze del team. Questo potrebbe includere corsi di formazione per sviluppare nuove competenze, workshop sulla gestione del cambiamento o sessioni individuali per coloro che hanno bisogno di maggiore assistenza. Anche il riconoscimento degli sforzi compiuti dal team per adattarsi al cambiamento può essere un potente motivatore.

- Dare l'esempio: Dimostrare adattabilità e resilienza nelle proprie azioni. L'esempio può ispirare il vostro team e dare un tono positivo al processo di cambiamento.

La gestione degli aspetti emotivi del cambiamento richiede una miscela di autoconsapevolezza, empatia, comunicazione, sostegno e resilienza. Gestendo efficacemente le vostre emozioni e sostenendo il vostro team attraverso le loro, potete favorire un'esperienza di cambiamento più positiva e produttiva per tutti i soggetti coinvolti.

Dimostrare adattabilità e flessibilità di fronte alle sfide del cambiamento è un'abilità di leadership fondamentale nel panorama aziendale moderno. L'adattabilità implica la capacità di un leader di adattare il proprio pensiero, le proprie strategie e i propri comportamenti in risposta a nuove informazioni o a circostanze mutevoli. La flessibilità, una qualità correlata, si riferisce alla volontà di modificare piani e decisioni in base all'evoluzione della situazione. Insieme, queste caratteristiche consentono ai leader di navigare efficacemente nelle complessità del cambiamento e di guidare i loro team attraverso periodi di incertezza.

I leader che incarnano l'adattabilità vedono il cambiamento non come una minaccia, ma come un'opportunità di crescita e innovazione. Mantengono un atteggiamento positivo nei confronti del cambiamento, anche in situazioni difficili, e sono aperti a nuove idee e modi di lavorare. La loro capacità di assimilare rapidamente nuove informazioni e di applicarle efficacemente nel processo decisionale è un segno distintivo dell'agilità di apprendimento, una componente essenziale dell'adattabilità. I leader adattabili non hanno paura di sperimentare e innovare. Capiscono che tentare nuovi approcci e correre rischi calcolati è parte integrante della navigazione nel cambiamento. Questa apertura alla sperimentazione è spesso accompagnata dalla volontà di imparare dai fallimenti e di utilizzare queste esperienze per affinare le strategie future.

La flessibilità della leadership consiste anche nell'essere reattivi nel processo decisionale. I leader flessibili prendono decisioni informate in base alle situazioni attuali e sono pronti a cambiare approccio quando necessario. Riconoscono che situazioni e dinamiche di gruppo diverse possono richiedere stili di leadership diversi e sono abili nell'adattare il loro approccio di conseguenza. La gestione dell'incertezza è un altro aspetto cruciale della flessibilità. I leader che eccellono in quest'area sono in grado di mantenere la concentrazione e la compostezza, fornendo stabilità e fiducia ai loro team, anche quando i risultati non sono chiari.

In pratica, una comunicazione efficace è la chiave dell'adattabilità e della flessibilità. I leader devono comunicare in modo chiaro ed efficace qualsiasi cambiamento di direzione o strategia, assicurandosi che tutti comprendano il proprio ruolo nel nuovo piano. Inoltre, devono incoraggiare i contributi del team, creando un ambiente collaborativo in cui siano valorizzati i diversi punti di vista. Pur essendo adattabili e flessibili, i leader devono anche mantenere la coerenza dei valori e degli obiettivi fondamentali. Questo equilibrio garantisce che i cambiamenti e gli adattamenti siano in linea con la missione e gli obiettivi generali dell'organizzazione, fornendo una rotta stabile in mezzo alla fluidità del cambiamento.

L'adattabilità e la flessibilità nella leadership implicano l'accettazione del cambiamento, la rapidità di apprendimento, la promozione dell'innovazione, la capacità di prendere decisioni reattive, l'adattamento dello stile di leadership alla situazione, la gestione dell'incertezza e il mantenimento di un equilibrio tra coerenza e adattamento. Queste qualità, unite a una comunicazione chiara e a un approccio di squadra collaborativo, consentono ai leader di affrontare con successo le sfide del cambiamento, posizionando le loro organizzazioni per un successo e una crescita continui.

Capitolo 3: La cassetta degli attrezzi del leader del cambiamento

Passiamo ora alle abilità e alle competenze essenziali che i leader del cambiamento devono sviluppare per guidare e gestire con successo il cambiamento organizzativo. Queste competenze consentono ai leader non solo di avviare e implementare il cambiamento, ma anche di ispirare e guidare efficacemente i loro team attraverso il processo di trasformazione.

Una competenza fondamentale per qualsiasi leader del cambiamento è una profonda comprensione dei principi di gestione del cambiamento. Ciò include la conoscenza di vari modelli e schemi di gestione del cambiamento, la comprensione di come applicare questi modelli in contesti diversi e la capacità di anticipare e mitigare le potenziali sfide che possono sorgere durante il processo di cambiamento. I leader del cambiamento devono essere abili nel pensiero strategico e nella pianificazione. Ciò comporta la capacità di immaginare lo stato futuro dell'organizzazione, di stabilire obiettivi chiari per l'iniziativa di cambiamento e di sviluppare un piano strategico per raggiungere tali obiettivi. Richiede inoltre la capacità di pensare in modo critico ai potenziali impatti del cambiamento e di pianificare vari scenari.

Una delle abilità più critiche nella leadership del cambiamento è la comunicazione efficace. I leader devono essere in grado di comunicare in modo chiaro e convincente la visione, gli obiettivi e i benefici del cambiamento agli stakeholder a tutti i livelli dell'organizzazione. Ciò include non solo la comunicazione verbale e scritta, ma anche la capacità di ascoltare attivamente ed empaticamente i feedback e le preoccupazioni. L'intelligenza emotiva è fondamentale per gestire il lato umano del cambiamento. Comprende la capacità di comprendere e gestire le proprie emozioni e quelle degli altri. I leader con un'elevata intelligenza emotiva sono in grado di costruire relazioni solide, di affrontare conversazioni difficili e di promuovere un ambiente di lavoro positivo, anche nei momenti di incertezza.

Un cambiamento di successo richiede uno sforzo collaborativo. I leader del cambiamento devono essere abili nel costruire e guidare i team, tra cui selezionare le persone giuste per le iniziative di cambiamento, promuovere il lavoro di squadra e la collaborazione, motivare e guidare i membri del team verso l'obiettivo condiviso di un'implementazione di successo del cambiamento. Il cambiamento spesso comporta la gestione di sfide complesse e inaspettate. I leader devono avere una forte capacità di problem solving e di prendere decisioni per identificare i problemi, analizzare le informazioni e prendere decisioni informate che mantengano l'iniziativa di cambiamento sulla strada giusta.

Poiché il cambiamento è spesso imprevedibile, i leader devono essere adattabili e flessibili. Devono essere aperti a nuove idee, disposti a modificare i piani secondo le necessità e in grado di rispondere rapidamente alle circostanze che cambiano. La resilienza e la perseveranza sono competenze chiave per i leader del cambiamento. Le iniziative di cambiamento possono essere impegnative e possono subire battute d'arresto. I leader devono avere la resilienza necessaria per affrontare queste sfide e la perseveranza per continuare a portare avanti il cambiamento, anche di fronte alle avversità.

Il capitolo 3 si concentra sulle abilità e competenze cruciali che i leader del cambiamento devono sviluppare per guidare e gestire efficacemente il cambiamento. Queste includono la comprensione dei principi di gestione del cambiamento, il pensiero strategico, la comunicazione efficace, l'intelligenza emotiva, il team building, la risoluzione dei problemi, l'adattabilità e la resilienza. Lo sviluppo di queste competenze consente ai leader di affrontare con successo le complessità del cambiamento e di guidare le loro organizzazioni attraverso processi di trasformazione.

Coltivare competenze come la comunicazione, l'adattabilità e la resilienza è essenziale per i leader del cambiamento per guidare efficacemente le loro organizzazioni attraverso le complessità della trasformazione. Queste competenze non sono solo abilità da apprendere, ma qualità da sviluppare e affinare nel tempo, che costituiscono la spina dorsale di una leadership del cambiamento efficace. La comunicazione è una pietra miliare della leadership del cambiamento. Non si tratta solo di trasmettere informazioni, ma di impegnarsi in dialoghi significativi, di ascoltare attivamente i feedback e di articolare la visione e le fasi del cambiamento in modo che risuonino con i vari stakeholder. Una comunicazione efficace comprende anche la capacità di immedesimarsi nei punti di vista e nelle preoccupazioni degli altri, assicurando che tutte le voci siano ascoltate e riconosciute durante il processo di cambiamento.

L'adattabilità è un'altra competenza fondamentale per i leader del cambiamento. Nel paesaggio fluido del cambiamento organizzativo, i piani possono cambiare e possono sorgere sfide inaspettate. I leader capaci di adattarsi non si lasciano buttare fuori strada da questi cambiamenti, ma li considerano parte integrante del percorso di cambiamento. Sono abili nel pensare in modo autonomo, nell'adattare le strategie in base alle necessità e nel trovare soluzioni innovative ai nuovi problemi. La resilienza è la capacità di resistere e riprendersi dalle sfide e dalle battute d'arresto. Per i leader del cambiamento, resilienza significa mantenere la concentrazione e la positività anche di fronte a ostacoli o resistenze. Comporta un certo livello di tenacia e determinazione, la volontà di portare a termine il cambiamento con successo. I leader resilienti promuovono questa qualità anche nei loro team, costruendo una cultura in cui le sfide sono viste come opportunità di crescita e apprendimento.

Coltivare queste competenze comporta una combinazione di sviluppo personale ed esperienza pratica. Richiede ai leader del cambiamento di essere introspettivi, di cercare costantemente feedback e opportunità di crescita e di applicare il loro apprendimento in scenari di cambiamento reali. Sviluppando forti competenze in materia di comunicazione, adattabilità e resilienza, i leader sono meglio equipaggiati per guidare le loro organizzazioni attraverso le incertezze del cambiamento e verso un futuro di successo.

Imparare da esempi di leader del cambiamento di successo e dalle loro competenze è una parte inestimabile dello sviluppo di un leader del cambiamento efficace. Esaminando le qualità, le strategie e i comportamenti di coloro che hanno gestito con successo iniziative di cambiamento complesse, i leader emergenti possono trarre spunti e ispirazione per il proprio percorso di leadership. I change leader di successo spesso possiedono un insieme distinto di competenze e attributi che consentono loro di gestire e guidare efficacemente il cambiamento. Tra queste, il pensiero visionario, la capacità di comunicare efficacemente, l'intelligenza emotiva, la resilienza e l'adattabilità. Il pensiero visionario è una caratteristica fondamentale dei leader del cambiamento di successo. Hanno la capacità di vedere oltre lo stato attuale, immaginando un futuro diverso e più vantaggioso per l'organizzazione. Questa visione aiuta a guidare la direzione del cambiamento e funge da fonte di ispirazione e motivazione per gli altri.

La comunicazione efficace è un altro segno distintivo della leadership di successo nel cambiamento. Questi leader sono abili nel trasmettere la visione e le motivazioni del cambiamento in modo chiaro, persuasivo e comprensibile. Sono anche abili ascoltatori, in grado di comprendere e rispondere alle preoccupazioni e ai feedback dei vari stakeholder. L'intelligenza emotiva è fondamentale per gestire il lato umano del cambiamento. I leader del cambiamento di successo sono empatici e comprendono l'impatto emotivo del cambiamento sui dipendenti. Sono abili nel costruire relazioni, gestire i conflitti e creare un ambiente di fiducia e apertura.

La resilienza è una caratteristica che consente ai leader di resistere alle sfide e alle battute d'arresto che spesso accompagnano le iniziative di cambiamento. I leader resilienti mantengono un atteggiamento positivo e lungimirante, anche di fronte alle avversità. Sono in grado di imparare dai fallimenti e dalle battute d'arresto, utilizzando queste esperienze per rafforzare il loro approccio al cambiamento. Anche l'adattabilità è essenziale. Il panorama del cambiamento può essere imprevedibile e i leader di successo sono quelli che sanno adattare le loro strategie e i loro piani in risposta a nuove informazioni e a circostanze mutevoli. Sono flessibili nel loro pensiero e aperti a nuove idee e approcci.

Studiando gli esempi di leader di successo nel campo del cambiamento, gli aspiranti leader possono imparare come queste abilità e caratteristiche vengono applicate nelle situazioni del mondo reale. Ciò potrebbe comportare l'analisi di casi di studio, la ricerca di mentorship da parte di leader esperti o la partecipazione a programmi di sviluppo della leadership. Imparare da questi esempi non solo fornisce un modello per una leadership del cambiamento efficace, ma anche l'ispirazione e la fiducia per applicare queste competenze nel proprio contesto. L'utilizzo di strumenti e mezzi per le iniziative di cambiamento è fondamentale per garantire la buona esecuzione e il successo di qualsiasi sforzo di trasformazione all'interno di un'organizzazione. Questi strumenti variano molto, dal software di gestione dei progetti alle piattaforme di comunicazione, e sono essenziali per pianificare, implementare, monitorare e comunicare efficacemente il cambiamento.

Uno strumento fondamentale nella gestione del cambiamento è il software di gestione dei progetti. Questi strumenti aiutano a organizzare, tracciare e programmare tutti gli aspetti dell'iniziativa di cambiamento. Forniscono una chiara panoramica di compiti, scadenze e progressi, assicurando che ogni elemento del piano di cambiamento sia in linea con i tempi. Funzioni come l'assegnazione dei compiti, le scadenze e i rapporti sullo stato di avanzamento sono preziose per mantenere i membri del team allineati e informati. Le piattaforme di comunicazione sono un altro strumento fondamentale per la gestione del cambiamento. Una comunicazione efficace è fondamentale per il successo di qualsiasi iniziativa di cambiamento e piattaforme come le app di messaggistica interna, la posta elettronica e gli strumenti di collaborazione come Slack o Microsoft Teams possono agevolare questo processo. Queste piattaforme consentono una rapida diffusione delle informazioni, discussioni in tempo reale e la possibilità di raggiungere facilmente tutti i membri dell'organizzazione.

Anche gli strumenti di analisi dei dati svolgono un ruolo importante nelle iniziative di cambiamento. Essi forniscono informazioni sull'impatto del cambiamento sulle varie parti dell'organizzazione, consentendo ai leader di prendere decisioni basate sui dati. Questi strumenti possono aiutare a identificare le tendenze, a misurare le prestazioni rispetto agli obiettivi e a ottenere un feedback sull'efficacia degli sforzi di cambiamento. I quadri e le metodologie di gestione del cambiamento, pur non essendo strumenti in senso tradizionale, sono fondamentali per guidare l'approccio al cambiamento. Quadri come ADKAR, il Modello di cambiamento in 8 fasi di Kotter o il Modello di gestione del cambiamento di Lewin forniscono metodi strutturati per pianificare e attuare il cambiamento. Questi schemi possono essere adattati alle esigenze specifiche dell'organizzazione e alla natura del cambiamento.

Anche gli strumenti di formazione e sviluppo sono essenziali, soprattutto quando il cambiamento richiede nuove competenze o conoscenze. Piattaforme di apprendimento online, workshop e seminari possono essere utilizzati per dotare i dipendenti delle capacità necessarie per adattarsi a nuovi sistemi, processi o modi di lavorare. I sondaggi e gli strumenti di feedback sono fondamentali per misurare i sentimenti e le reazioni dei dipendenti al cambiamento. Indagini regolari possono fornire indicazioni preziose su come viene percepito il cambiamento, sulle aree di resistenza e sul coinvolgimento generale dei dipendenti.

Gli strumenti di monitoraggio delle prestazioni e di reporting aiutano a monitorare l'impatto del cambiamento. Questi strumenti possono tracciare gli indicatori chiave di performance, fornire report sui progressi e aiutare a identificare le aree che necessitano di aggiustamenti. Per gestire efficacemente le iniziative di cambiamento è essenziale utilizzare una serie di strumenti e di mezzi. Questi strumenti supportano vari aspetti della gestione del cambiamento, dalla pianificazione alla comunicazione, dall'implementazione al monitoraggio, e sono preziosi per garantire il successo delle iniziative di cambiamento.

L'integrazione efficace di tecnologia e risorse è una strategia fondamentale per migliorare i processi di cambiamento all'interno delle organizzazioni. L'applicazione ponderata della tecnologia e l'uso strategico delle risorse possono snellire notevolmente le iniziative di cambiamento, rendendole più efficienti, d'impatto e adattabili alle esigenze dell'organizzazione. L'integrazione della tecnologia nella gestione del cambiamento può assumere varie forme, a seconda della natura e della portata del cambiamento. Le soluzioni software avanzate, come gli strumenti di gestione dei progetti, possono essere fondamentali per pianificare e monitorare i progressi delle iniziative di cambiamento. Questi strumenti offrono visibilità in tempo reale sullo stato delle varie attività e tappe, facilitando il coordinamento e il processo decisionale.

Le tecnologie di comunicazione svolgono un ruolo cruciale nel garantire che tutte le parti interessate siano tenute informate e impegnate durante il processo di cambiamento. Piattaforme come intranet, e-mail, social media e strumenti di collaborazione come Microsoft Teams o Slack consentono una comunicazione coerente e trasparente. Inoltre, forniscono forum per il feedback e la discussione, consentendo ai dipendenti di esprimere le loro preoccupazioni e i loro suggerimenti. Gli strumenti di analisi dei dati e di business intelligence sono sempre più importanti nella gestione del cambiamento. Offrono approfondimenti sull'impatto del cambiamento sull'organizzazione, consentendo ai leader di prendere decisioni informate e basate sui dati. Questi strumenti possono analizzare le prestazioni dei dipendenti, il feedback dei clienti e l'efficienza operativa, fornendo un quadro chiaro dell'efficacia del cambiamento. L'integrazione di risorse digitali per l'apprendimento e lo sviluppo è essenziale, soprattutto quando le iniziative di cambiamento richiedono nuove competenze o conoscenze. Le piattaforme di e-learning, le sessioni di formazione virtuale e i workshop online possono fornire ai dipendenti la formazione necessaria senza i vincoli dei metodi tradizionali in presenza. Anche gli strumenti di gestione delle risorse sono fondamentali per ottimizzare l'allocazione e l'utilizzo delle risorse durante le iniziative di cambiamento. Questi strumenti aiutano a garantire che le risorse umane, finanziarie e materiali siano utilizzate in modo efficiente ed efficace, riducendo gli sprechi e aumentando il valore dello sforzo di cambiamento.

Oltre all'integrazione tecnologica, è fondamentale allineare e sfruttare altre risorse organizzative. Ciò include l'allineamento delle pratiche delle risorse umane, come il reclutamento, la formazione e la gestione delle prestazioni, con gli obiettivi di cambiamento. Si tratta anche di garantire che le risorse finanziarie siano allocate in modo efficace per sostenere i vari aspetti dell'iniziativa di cambiamento. L'integrazione di tecnologia e risorse deve essere guidata da una strategia chiara che si allinei agli obiettivi generali dell'iniziativa di cambiamento. Questa strategia deve considerare le attuali capacità tecnologiche dell'organizzazione, la disponibilità e le competenze dei dipendenti ad adottare nuove tecnologie e la sostenibilità a lungo termine delle soluzioni tecnologiche implementate.

L'integrazione di tecnologia e risorse per migliorare i processi di cambiamento comporta l'uso strategico di strumenti di gestione dei progetti, tecnologie di comunicazione, analisi dei dati, risorse di apprendimento digitale e strumenti di gestione delle risorse. Questa integrazione non solo snellisce il processo di cambiamento, ma ne garantisce anche l'efficacia, la rispondenza alle esigenze dell'organizzazione e la sostenibilità a lungo termine. Esplorare la gamma di strumenti disponibili per la gestione del cambiamento è essenziale per qualsiasi organizzazione che voglia affrontare le complessità della trasformazione organizzativa. Questi strumenti forniscono il supporto necessario per pianificare, attuare, monitorare e valutare le iniziative di cambiamento. Capire cosa è disponibile e come sfruttare questi strumenti in modo efficace può migliorare notevolmente il successo degli sforzi di gestione del cambiamento.

1. Strumenti di gestione del progetto: Sono fondamentali per organizzare, tracciare e gestire i vari elementi di un'iniziativa di cambiamento. Strumenti come Asana, Trello o Microsoft Project possono aiutare a gestire le tempistiche, assegnare

compiti e monitorare i progressi. Forniscono una panoramica del progetto e facilitano la collaborazione tra i membri del team.

2. Piattaforme di comunicazione: Una comunicazione efficace è fondamentale durante il cambiamento e piattaforme come Slack, Microsoft Teams o Yammer offrono soluzioni solide per mantenere tutti informati e connessi. Questi strumenti supportano la messaggistica in tempo reale, la condivisione di file e la collaborazione, rendendo più facile la diffusione di informazioni e la raccolta di feedback.

3. Strumenti di analisi dei dati e di reporting: Strumenti come Google Analytics, Tableau o Power BI possono analizzare grandi quantità di dati per fornire informazioni sull'impatto delle iniziative di cambiamento. Possono tracciare gli indicatori chiave di prestazione, monitorare i progressi e aiutare a prendere decisioni basate sui dati.

4. Feedback dei dipendenti e strumenti di indagine: La raccolta di feedback è fondamentale per comprendere l'impatto del cambiamento sui dipendenti. Strumenti come SurveyMonkey, Google Forms o Qualtrics consentono alle organizzazioni di condurre sondaggi, raccogliere feedback e valutare il sentimento dei dipendenti, il che è prezioso per adeguare le strategie di cambiamento, se necessario.

5. Software di gestione del cambiamento: Un software specifico per la gestione del cambiamento, come il Modello ADKAR di Prosci, ChangeScout o The Change Compass, può fornire metodologie e quadri strutturati per guidare il processo di cambiamento. Questi strumenti spesso includono funzioni per la pianificazione, l'esecuzione e il monitoraggio del cambiamento, oltre a risorse per la formazione e il supporto.

6. Sistemi di gestione dell'apprendimento (LMS): quando il cambiamento richiede nuove abilità o competenze, un LMS come Moodle, Cornerstone o LinkedIn Learning può fornire i programmi di formazione e sviluppo necessari. Queste

piattaforme possono ospitare una varietà di materiali didattici e tenere traccia dei progressi dei dipendenti.

7. Strumenti di collaborazione e ideazione: Per il brainstorming e la generazione di idee collaborative, strumenti come Miro, MindMeister o Microsoft Whiteboard offrono spazi digitali in cui i team possono collaborare in modo creativo. Questi strumenti sono particolarmente utili nelle fasi di pianificazione della gestione del cambiamento.

8. Sistemi di gestione dei documenti e delle risorse: Mantenere accessibili tutti i documenti, le risorse e le linee guida è fondamentale durante il cambiamento. Sistemi come SharePoint o Google Drive possono archiviare e organizzare i documenti, garantendo a tutti l'accesso alle informazioni più recenti.

9. Sistemi di gestione delle risorse umane: Strumenti come SAP SuccessFactors o Workday possono aiutare ad allineare le risorse umane alle iniziative di cambiamento. Gestiscono i dati del personale, tengono traccia dello sviluppo dei dipendenti e possono essere utilizzati per le strategie di comunicazione e coinvolgimento legate al cambiamento.

10. Strumenti di gestione finanziaria: Strumenti come QuickBooks o Oracle Financials possono essere utilizzati per gestire gli aspetti finanziari delle iniziative di cambiamento, tracciando le spese, elaborando il budget e assicurando che le risorse siano allocate in modo efficiente.

Il panorama degli strumenti di gestione del cambiamento è vario e ricco e offre soluzioni per ogni aspetto del processo di cambiamento. Dalla gestione dei progetti alla comunicazione, alla formazione, alla raccolta di feedback e altro ancora, questi strumenti possono migliorare significativamente la capacità di un'organizzazione di implementare il cambiamento in modo efficace. La scelta della giusta combinazione di strumenti, allineata alle esigenze specifiche dell'organizzazione e agli obiettivi di cambiamento, è fondamentale per il successo della strategia di gestione del cambiamento.

La selezione degli strumenti giusti in base alle esigenze specifiche delle iniziative di cambiamento è un passo fondamentale per garantire l'efficacia e l'efficienza del processo di gestione del cambiamento. Ogni iniziativa di cambiamento ha requisiti unici e gli strumenti scelti devono essere in linea con gli obiettivi, le dimensioni e il contesto specifici del progetto. La comprensione dell'ambito e degli obiettivi dell'iniziativa di cambiamento è il primo passo per la selezione degli strumenti appropriati. Ciò comporta l'identificazione degli obiettivi del cambiamento, dei processi coinvolti e degli stakeholder interessati. Ad esempio, una trasformazione digitale su larga scala richiederà strumenti diversi rispetto a un cambiamento della struttura o della cultura organizzativa.

È inoltre essenziale valutare l'infrastruttura e le capacità esistenti dell'organizzazione. Questa valutazione deve considerare le piattaforme tecnologiche attuali, i livelli di competenza dei dipendenti e le eventuali lacune che i nuovi strumenti devono colmare. La scelta di strumenti compatibili con i sistemi esistenti e ai quali i dipendenti possano facilmente adattarsi faciliterà un'integrazione più agevole e una maggiore accettazione.

Considerare le esigenze di comunicazione dell'iniziativa è fondamentale. Una comunicazione efficace è fondamentale per il successo di qualsiasi iniziativa di cambiamento, quindi è importante scegliere strumenti che migliorino la trasparenza, facilitino gli aggiornamenti in tempo reale e consentano un feedback bidirezionale. Gli strumenti devono essere adatti a una forza lavoro eterogenea ed essere accessibili su vari dispositivi e sedi. L'analisi dei requisiti di formazione e sviluppo associati al cambiamento può guidare la scelta dei sistemi di gestione dell'apprendimento o delle piattaforme di formazione. Se il cambiamento richiede che i dipendenti sviluppino nuove competenze o conoscenze, gli strumenti scelti devono supportare un apprendimento efficace e la conservazione delle conoscenze.

La valutazione della necessità di analisi dei dati e di reporting influenzerà la scelta degli strumenti di analisi dei dati. Se l'iniziativa di cambiamento richiede un attento monitoraggio degli indicatori di prestazione chiave e dei risultati, saranno necessari strumenti che forniscano analisi complete e funzionalità di reporting personalizzabili. Il budget è un'altra considerazione importante. Se da un lato è essenziale scegliere strumenti efficaci, dall'altro è necessario che siano economicamente vantaggiosi. Il bilanciamento dei costi con i benefici attesi e il ROI degli strumenti è una parte fondamentale del processo di selezione.

Il coinvolgimento di una sezione trasversale di stakeholder nel processo di selezione dello strumento può fornire indicazioni preziose. Tra questi, i professionisti IT, i project manager, i dipendenti che utilizzeranno gli strumenti e i senior leader. Il loro contributo può garantire che gli strumenti selezionati rispondano alle esigenze pratiche e strategiche dell'organizzazione. La selezione degli strumenti giusti per le iniziative di cambiamento implica una comprensione approfondita degli obiettivi e dei requisiti del progetto, una valutazione delle capacità esistenti, la considerazione delle esigenze di comunicazione e formazione, i requisiti di analisi dei dati, i vincoli di budget e il contributo degli stakeholder. Valutando attentamente questi fattori, le organizzazioni possono scegliere gli strumenti in grado di supportare e migliorare efficacemente i loro sforzi di gestione del cambiamento.

L'equilibrio tra competenze tecniche e leadership incentrata sulle persone è fondamentale nel campo della gestione del cambiamento. Questo equilibrio garantisce che, mentre gli aspetti tecnici di un'iniziativa di cambiamento vengono gestiti in modo efficiente, non venga trascurato l'elemento umano, che è fondamentale per il successo di qualsiasi cambiamento organizzativo.

La competenza tecnica è innegabilmente importante nella gestione degli aspetti operativi e strategici del cambiamento. Si tratta di comprendere i dettagli tecnici del cambiamento, come i nuovi sistemi, processi o strutture da implementare. I leader con forti competenze tecniche possono garantire che il cambiamento sia fattibile, allineato agli obiettivi organizzativi ed eseguito in modo efficiente. Sono abili nel gestire gli aspetti logistici e pratici del cambiamento, nel risolvere i problemi tecnici e nel prendere decisioni informate basate su dati e analisi fattuali.

Concentrarsi solo sugli aspetti tecnici può portare a non riconoscere e affrontare il lato umano del cambiamento. È qui che la leadership incentrata sulle persone svolge un ruolo fondamentale. I leader incentrati sulle persone si concentrano sui bisogni, sulle emozioni e sulle motivazioni delle persone coinvolte nel cambiamento. Sono abili nella comunicazione, nell'empatia e nell'intelligenza emotiva. Questi leader capiscono che, per avere successo, il cambiamento deve essere accolto dalle persone interessate. La leadership incentrata sulle persone prevede l'ascolto attivo delle preoccupazioni dei dipendenti, il loro coinvolgimento nel processo di cambiamento e il sostegno necessario per affrontare la transizione. Questo approccio aiuta a costruire la fiducia e l'adesione al cambiamento, che sono essenziali per il successo della sua adozione.

Per bilanciare le competenze tecniche con una leadership incentrata sulle persone, è importante che i leader sappiano:

- Sviluppare e dimostrare empatia: Comprendere e considerare i sentimenti e le prospettive dei dipendenti interessati dal cambiamento.

- Comunicare in modo efficace: Trasmettere con chiarezza gli aspetti tecnici del cambiamento, affrontando anche l'impatto sulle persone.

- Incoraggiare la partecipazione: Coinvolgere i dipendenti nel processo di pianificazione e attuazione, valorizzando i loro contributi e feedback.

- Fornire supporto e formazione: Aiutare i dipendenti ad acquisire le competenze e le conoscenze necessarie per adattarsi al cambiamento.

- Promuovere una cultura positiva: Creare un ambiente in cui i dipendenti si sentano apprezzati, rispettati e supportati durante la transizione.

- Dare l'esempio: Dimostrare un equilibrio di competenze tecniche e umane nelle proprie azioni e decisioni.

Per bilanciare le competenze tecniche con una leadership incentrata sulle persone, i leader devono non solo avere una solida padronanza degli aspetti tecnici del cambiamento, ma anche essere in sintonia con gli elementi umani coinvolti. Raggiungendo questo equilibrio, i leader possono garantire che le iniziative di cambiamento non solo siano tecnicamente valide, ma anche ampiamente accettate e sostenute all'interno dell'organizzazione.

Riconoscere l'importanza delle competenze sia tecniche che umane è fondamentale per una leadership efficace, soprattutto nei periodi di cambiamento organizzativo. Questa duplice attenzione garantisce che, mentre gli aspetti pratici e operativi del cambiamento vengono gestiti con competenza, le esigenze emotive e psicologiche delle persone coinvolte vengono affrontate e alimentate.

Le competenze tecniche sono quelle necessarie per svolgere compiti specifici o per soddisfare i requisiti del settore. Comprendono la conoscenza di strumenti, metodologie, processi o sistemi specifici rilevanti per il cambiamento da attuare. I leader con forti competenze tecniche possono garantire che l'iniziativa di cambiamento sia fondata su una solida comprensione delle realtà pratiche e dei requisiti tecnici. Queste competenze sono essenziali per elaborare strategie, risolvere problemi, prendere decisioni informate e gestire efficacemente gli aspetti operativi del cambiamento. Le competenze tecniche da sole non sono sufficienti per una gestione del cambiamento di successo.

Le competenze delle persone, spesso definite soft skills, svolgono un ruolo fondamentale nel lato umano della gestione del cambiamento. Si tratta della capacità di comunicare efficacemente, di entrare in empatia con gli altri, di gestire le relazioni e di ispirare e motivare un team. Sono fondamentali per comprendere e affrontare le preoccupazioni e le emozioni dei dipendenti, costruire la fiducia, promuovere la collaborazione e creare un ambiente di lavoro positivo. Le competenze umane consentono ai leader di entrare in contatto con i loro team a un livello più profondo, di comprendere le loro prospettive e di coinvolgerli nel processo di cambiamento. Questo legame è fondamentale per superare la resistenza al cambiamento, mantenere il morale e garantire che i dipendenti si sentano apprezzati e supportati durante le transizioni.

I leader migliori sono quelli che riescono a integrare perfettamente le competenze tecniche e quelle umane. Sono in grado di comprendere gli aspetti tecnici del cambiamento e di comunicarli in modo accessibile e in sintonia con il proprio team. Riescono a bilanciare l'esigenza di soddisfare i requisiti tecnici con quella di affrontare le problematiche umane, comprendendo che entrambe sono fondamentali per il successo dell'iniziativa di cambiamento.

In pratica, questo equilibrio potrebbe comportare la traduzione di informazioni tecniche complesse in messaggi chiari e comprensibili, il coinvolgimento dei membri del team nei processi decisionali, l'offerta di opportunità di formazione e sviluppo per colmare eventuali lacune di competenze e l'ascolto attivo e la risposta alle preoccupazioni e ai feedback del team. Riconoscere l'importanza delle competenze tecniche e umane significa comprendere che una gestione efficace del cambiamento richiede una miscela di competenza operativa e intelligenza emotiva. I leader che riescono a combinare queste competenze sono meglio equipaggiati per guidare iniziative di cambiamento di successo, in quanto possono gestire gli aspetti pratici del cambiamento e allo stesso tempo garantire che i loro team siano impegnati, supportati e motivati durante tutto il processo.

Trovare un equilibrio tra competenza tecnica ed efficacia interpersonale è una sfida fondamentale per i leader, soprattutto in ambienti in fase di cambiamento. Questo equilibrio è cruciale perché permette ai leader di gestire gli aspetti pratici del loro ruolo e al tempo stesso di promuovere relazioni positive e produttive con i loro team e gli stakeholder.

La competenza tecnica comprende una profonda comprensione delle competenze, dei processi e delle conoscenze specifiche richieste per un determinato ruolo o settore. Comprende la capacità di utilizzare strumenti e tecnologie rilevanti per il lavoro, di comprendere e implementare le best practice e di tenersi aggiornati sulle tendenze del settore. La competenza tecnica assicura che un leader sia competente nella gestione degli aspetti operativi e strategici del suo ruolo, il che è particolarmente cruciale nei periodi di cambiamento, quando possono essere introdotti nuovi sistemi o processi.

L'efficacia interpersonale, invece, riguarda la capacità di comunicare, collaborare e guidare le persone in modo efficace. Comprende abilità come l'empatia, l'ascolto attivo, la risoluzione dei conflitti, la motivazione e il team building. L'efficacia interpersonale è essenziale per creare un ambiente di lavoro positivo, gestire le dinamiche di gruppo e guidare i dipendenti attraverso le sfide del cambiamento. Aiuta a creare fiducia, a risolvere i conflitti e a garantire che i membri del team si sentano apprezzati e supportati.

Bilanciare queste due aree richiede uno sforzo consapevole. I leader non devono concentrarsi solo sul mantenimento delle loro competenze tecniche, ma anche sullo sviluppo continuo delle loro capacità interpersonali. Questo obiettivo può essere raggiunto attraverso:

- Consapevolezza di sé: È fondamentale comprendere i propri punti di forza e di debolezza sia in ambito tecnico che interpersonale. Questa autoconsapevolezza permette ai leader di identificare le aree di miglioramento e di cercare formazione o tutoraggio se necessario.

- Apprendimento continuo: È essenziale mantenersi aggiornati nel proprio settore e sviluppare continuamente sia le competenze tecniche che le soft skills. Ciò può comportare una formazione formale, workshop, letture o l'impegno in reti professionali.

- Adattare gli stili di comunicazione: I leader efficaci adattano la loro comunicazione al pubblico e al contesto. Ciò può significare spiegare i dettagli tecnici con un linguaggio accessibile ai membri del team non esperti o concentrarsi maggiormente sul "perché" dei cambiamenti per favorire l'adesione.

- Delega: I leader devono riconoscere i compiti che richiedono la loro specifica competenza tecnica e quelli che possono essere delegati ad altri. La delega non solo libera il tempo ai leader per concentrarsi sulle loro aree chiave di competenza, ma responsabilizza anche i membri del team, aiutandoli a sviluppare le loro capacità.

- Meccanismi di feedback: L'implementazione di canali di feedback regolari può aiutare i leader a valutare il grado di equilibrio tra responsabilità tecniche e interpersonali. Il feedback dei colleghi, dei superiori e dei diretti interessati può fornire indicazioni preziose.

- Riflettere sull'impatto della leadership: Riflettere regolarmente sull'impatto che il proprio stile di leadership ha sul team e sull'ambiente di lavoro può fornire indicazioni sul mantenimento dell'equilibrio.

Trovare un equilibrio tra competenza tecnica ed efficacia interpersonale significa riconoscere l'importanza di entrambi gli aspetti nella leadership, impegnarsi per un continuo sviluppo personale in entrambe le aree ed essere adattabili e reattivi alle esigenze del team e dell'organizzazione. Questo equilibrio è fondamentale per una leadership efficace, soprattutto in ambienti dinamici e mutevoli.

Creare una sinergia tra competenze tecniche e leadership empatica significa intrecciare la precisione delle competenze tecniche con la comprensione e la compassione insite nella leadership empatica. Questo approccio è sempre più importante negli ambienti organizzativi moderni, dove i leader devono guidare l'eccellenza operativa e allo stesso tempo alimentare un ambiente di lavoro solidale e inclusivo. Il raggiungimento di questa sinergia inizia con la comunicazione empatica delle conoscenze tecniche. Si tratta di tradurre termini tecnici complessi in un linguaggio comprensibile a tutti, tenendo conto dei diversi background dei membri del team. I leader con queste competenze sono abili nello spiegare i concetti tecnici in modo accessibile e sensibile all'impatto che questi concetti possono avere sul benessere emotivo e professionale del team.

Nella leadership empatica si riconosce che dietro ogni compito o progetto tecnico ci sono individui con competenze, motivazioni e sfide personali diverse. I leader che comprendono queste differenze individuali possono guidare efficacemente i loro team, migliorando le dinamiche di gruppo e la produttività complessiva. Questa comprensione si estende all'applicazione delle capacità di risoluzione dei problemi tecnici alle questioni interpersonali, utilizzando le capacità analitiche per identificare e affrontare gli schemi delle dinamiche di gruppo o le inefficienze del flusso di lavoro. I leader che sviluppano continuamente sia il loro acume tecnico che le loro capacità empatiche costituiscono un potente precedente per i loro team. Questo impegno per l'apprendimento continuo dimostra l'importanza di bilanciare l'abilità tecnica con l'intelligenza emotiva e l'inclusività.

Anche il processo decisionale inclusivo è fondamentale per fondere leadership tecnica ed empatica. Coinvolgendo i membri del team nelle decisioni tecniche e valorizzando i loro diversi punti di vista, i leader possono prendere decisioni più informate, facendo sentire i membri del team rispettati e ascoltati. In questo scenario, lo stile di leadership è adattivo, in quanto oscilla tra l'attenzione ai dettagli tecnici e la comprensione empatica in base alla situazione, ad esempio dando la priorità a decisioni tecniche rapide in caso di crisi o concentrandosi sull'empatia durante la risoluzione dei conflitti.

Quando si trovano di fronte a sfide tecniche, i leader empatici considerano non solo il problema in questione, ma anche l'impatto delle potenziali soluzioni sul loro team. Si sforzano di trovare soluzioni tecnicamente valide, promuovendo al contempo il benessere e lo sviluppo professionale del team. La fusione di competenze tecniche e leadership empatica consiste nel padroneggiare l'arte di bilanciare la competenza operativa con una profonda comprensione delle dinamiche del team. Richiede che i leader siano tecnicamente preparati e in sintonia emotiva, in modo da poter guidare efficacemente i loro team attraverso le sfide e creare un ambiente di lavoro positivo e produttivo. Questo approccio equilibrato è fondamentale per raggiungere gli obiettivi organizzativi e promuovere una cultura di collaborazione e rispetto.

Navigare nell'intersezione tra leadership tecnica e leadership del cambiamento è un compito intricato che richiede un approccio sfumato da parte dei leader. Questa intersezione è il punto in cui la precisione e la conoscenza inerente alle competenze tecniche incontrano la natura dinamica e spesso imprevedibile della guida di un'organizzazione attraverso il cambiamento. I leader che riescono a superare questa intersezione sono abili nel gestire non solo gli aspetti logistici del cambiamento, ma anche il suo impatto sulle persone e sulla cultura organizzativa.

Ai leader è richiesta una profonda comprensione degli aspetti tecnici del cambiamento, sia che si tratti di nuove tecnologie, processi o metodologie. Questa comprensione tecnica è fondamentale per prendere decisioni informate, prevedere le potenziali sfide e garantire che gli aspetti operativi del cambiamento siano fattibili e ben pianificati. Tuttavia, il know-how tecnico da solo non basta. I leader devono anche possedere le capacità di gestire il lato umano del cambiamento. Ciò include la comprensione dell'impatto del cambiamento sui dipendenti, la risposta alle loro preoccupazioni e la motivazione ad abbracciare i nuovi metodi di lavoro. Si tratta di comunicare il cambiamento in modo efficace, costruire il consenso e promuovere un ambiente di fiducia e sostegno.

Una sfida fondamentale in questo incrocio è bilanciare l'attenzione ai dettagli tecnici con la necessità di empatia e flessibilità. I leader devono essere in grado di passare dall'affrontare le questioni tecniche alle preoccupazioni e alle esigenze dei membri del loro team. Questo equilibrio è fondamentale per mantenere il morale del team e garantire che il cambiamento non sia solo tecnicamente riuscito, ma anche accolto dalle persone all'interno dell'organizzazione.

Un altro aspetto importante è la promozione della collaborazione tra esperti tecnici e altre parti interessate. I leader che si trovano in questo punto fungono da ponte, assicurando che i team tecnici e le altre parti dell'organizzazione lavorino insieme in modo coeso. Ciò comporta la facilitazione della comunicazione tra i gruppi, l'allineamento degli obiettivi e la garanzia che tutte le voci siano ascoltate e considerate nel processo di cambiamento. Il successo di questa intersezione richiede anche capacità di adattamento. Il cambiamento è spesso imprevedibile e i leader devono essere pronti a modificare i loro piani e le loro strategie in risposta a nuove informazioni o sfide. Questa adattabilità consente ai leader di rispondere efficacemente alla natura in evoluzione delle iniziative di cambiamento.

Per navigare nell'intersezione tra leadership tecnica e leadership del cambiamento è necessario che un leader sia ben addentro agli aspetti tecnici, ma anche che sia abile nel gestire gli elementi umani e culturali del cambiamento. Si tratta di trovare un equilibrio tra competenza operativa e intelligenza emotiva, di promuovere la collaborazione tra gruppi diversi e di essere adattabili di fronte al cambiamento. I leader che padroneggiano questa intersezione sono ben attrezzati per guidare le loro organizzazioni attraverso trasformazioni complesse, assicurando sia il successo tecnico che i risultati positivi per le persone.

La comprensione del rapporto dinamico tra leadership tecnica e leadership del cambiamento implica il riconoscimento del modo in cui questi due aspetti della leadership interagiscono e si completano a vicenda nel guidare la trasformazione organizzativa. La leadership tecnica si concentra sulla padronanza di abilità, processi e conoscenze specifiche relative a una particolare area di competenza. Si tratta di applicare questa competenza per ottenere l'eccellenza operativa e raggiungere gli obiettivi organizzativi. La leadership del cambiamento, invece, si concentra sulla guida di un'organizzazione e delle sue persone attraverso le transizioni, affrontando gli aspetti umani e culturali del cambiamento.

Il rapporto dinamico tra queste due forme di leadership è fondamentale per garantire che il cambiamento non sia solo tecnicamente valido, ma anche ben accolto e integrato nel tessuto organizzativo. I leader tecnici possiedono una profonda conoscenza dei cambiamenti specifici richiesti, che si tratti di tecnologia, sistemi o processi. Sono abili nell'identificare ciò che deve cambiare, nel progettare soluzioni e nel supervisionare l'implementazione di questi aspetti tecnici. Tuttavia, l'implementazione di questi cambiamenti tecnici può avere implicazioni significative per le persone all'interno dell'organizzazione. È qui che la leadership del cambiamento diventa fondamentale. I leader del cambiamento si concentrano sul lato umano di queste trasformazioni. Lavorano per garantire che i cambiamenti tecnici siano in linea con la cultura, i valori e le persone dell'organizzazione. Il loro ruolo consiste nel comunicare le ragioni del cambiamento, affrontare le preoccupazioni e i timori e costruire l'adesione e l'impegno dei dipendenti.

Un aspetto fondamentale della comprensione di questo rapporto è riconoscere che i cambiamenti tecnici non sono solo una serie di attività operative, ma comportano anche cambiamenti nel modo in cui le persone lavorano, collaborano e si impegnano reciprocamente. I leader di successo in questo settore sono quelli che riescono a gestire sia i requisiti tecnici del cambiamento che le sue implicazioni umane. Capiscono che per essere veramente efficaci e sostenibili, i cambiamenti tecnici devono essere integrati nella cultura organizzativa e accolti dalle persone.

Questo rapporto dinamico sottolinea anche l'importanza della collaborazione e della comunicazione. I leader devono facilitare il dialogo tra gli esperti tecnici e le persone interessate dai cambiamenti. In questo modo si garantisce che le soluzioni tecniche siano progettate comprendendo il contesto reale in cui verranno applicate e che si tenga conto di eventuali preoccupazioni o suggerimenti dei dipendenti. Il rapporto tra leadership tecnica e leadership del cambiamento consiste nell'armonizzare gli aspetti tecnici del cambiamento con gli elementi umani. Si tratta di leader competenti nei loro ambiti tecnici e allo stesso tempo attenti e abili nel gestire le dimensioni emotive e culturali del cambiamento. Questo approccio olistico è la chiave per guidare un cambiamento di successo e sostenibile all'interno delle organizzazioni.

Lo sviluppo di strategie per guidare efficacemente i team tecnici attraverso il cambiamento richiede un approccio sfumato che bilanci le esigenze e le dinamiche specifiche di un team tecnico con gli obiettivi più ampi dell'iniziativa di cambiamento. I team tecnici hanno spesso culture, modi di lavorare e linguaggi professionali unici, che devono essere presi in considerazione quando li si guida attraverso periodi di transizione.

1. Comprendere il punto di vista del team tecnico: Iniziate a comprendere a fondo il lavoro del team tecnico, le sfide e l'impatto che il cambiamento avrà sui loro processi e flussi di lavoro. Riconoscete il valore della loro esperienza e coinvolgeteli nelle discussioni sul cambiamento fin dalle prime fasi. Questo approccio non solo porta rispetto, ma garantisce anche che le loro intuizioni contribuiscano al successo del cambiamento.

2. Comunicazione chiara e pertinente: Comunicare il cambiamento in modo che risuoni con il team tecnico. Usate un linguaggio ed esempi che siano rilevanti per il loro lavoro. Illustrare chiaramente come il cambiamento si allinea con gli obiettivi tecnici e spiegare le motivazioni alla base delle decisioni, soprattutto quando hanno un impatto diretto sul lavoro del team.

3. Coinvolgere il team nel processo di cambiamento: Incoraggiare la partecipazione del team alla pianificazione e all'attuazione del cambiamento. Il coinvolgimento dà un senso

di appartenenza e di controllo sul cambiamento, che può ridurre la resistenza e aumentare l'adesione. Inoltre, consente di mettere in comune idee e soluzioni diverse, migliorando potenzialmente l'esito del cambiamento.

4. Rispondere alle esigenze di formazione e sviluppo: Identificare le eventuali lacune di competenze che il cambiamento potrebbe creare all'interno del team e fornire la formazione e le risorse necessarie per colmarle. Le opportunità di sviluppo professionale non solo mettono il team in condizione di gestire il cambiamento in modo più efficace, ma dimostrano anche l'impegno dell'organizzazione per la loro crescita.

5. Favorire un ambiente collaborativo: Incoraggiare la collaborazione all'interno del team e con altri reparti o team interessati dal cambiamento. Ciò può comportare riunioni interfunzionali, sessioni congiunte di risoluzione dei problemi o attività di team building. La collaborazione può abbattere i silos e favorire una comprensione più olistica del cambiamento.

6. Gestire le resistenze con empatia: prestate attenzione ai segnali di resistenza o disagio all'interno del team. Affrontate le preoccupazioni con empatia e comprensione. Offrite ai membri del team uno spazio per esprimere le loro paure o timori riguardo al cambiamento e lavorate in modo collaborativo per trovare soluzioni o compromessi.

7. Dare l'esempio: Dimostrare adattabilità e resilienza nella vostra leadership. Siate aperti al feedback e disposti a modificare le strategie, se necessario. Il vostro comportamento dà un tono al team e mostrare entusiasmo e fiducia nel cambiamento può ispirare atteggiamenti simili tra i membri del team.

8. Monitorare e regolare regolarmente la strategia: La gestione del cambiamento non è un processo che si imposta e si dimentica. Valutate regolarmente l'impatto del cambiamento

sul team e preparatevi a modificare le strategie in risposta a nuove sfide o feedback. Il monitoraggio continuo aiuta a garantire che il cambiamento rimanga sulla buona strada e sia gestito in modo efficace.

Guidare i team tecnici attraverso il cambiamento richiede una strategia che combini una comunicazione chiara e pertinente, il coinvolgimento attivo del team, l'attenzione alle esigenze di formazione e sviluppo, un ambiente collaborativo, la gestione empatica delle resistenze, il dare l'esempio e il monitoraggio e l'adeguamento continui. Adottando questi approcci, i leader possono guidare efficacemente i loro team tecnici attraverso il cambiamento, garantendo sia il successo tecnico dell'iniziativa che il benessere del team.

Per concludere il capitolo sul superamento del divario tra ruoli tecnici e ruoli focalizzati sul cambiamento all'interno delle organizzazioni, occorre sintetizzare i concetti chiave e le strategie discusse e fornire una guida conclusiva su come armonizzare efficacemente queste due aree critiche.

Nel cambiamento organizzativo, i ruoli tecnici e quelli focalizzati sul cambiamento operano spesso in ambiti diversi. I ruoli tecnici si basano su competenze e conoscenze specifiche legate a particolari funzioni o tecnologie. Questi ruoli si concentrano sugli aspetti pratici dell'implementazione del cambiamento, assicurando l'allineamento con gli standard tecnici e le esigenze operative. I ruoli incentrati sul cambiamento, invece, si concentrano sull'impatto più ampio del cambiamento sull'organizzazione, sulla sua cultura e sulle sue persone. Questi ruoli si occupano di guidare l'organizzazione attraverso la transizione, assicurando che il cambiamento sia compreso, accettato e integrato nel tessuto organizzativo.

Colmare il divario tra questi ruoli richiede uno sforzo concertato per favorire la comprensione, la comunicazione e la collaborazione tra questi diversi ambiti. I leader svolgono un ruolo cruciale in questo processo. Devono avere un piede in entrambi i campi, comprendendo gli aspetti tecnici del cambiamento e apprezzandone le implicazioni più ampie. Una comunicazione efficace è fondamentale per colmare questo divario. I leader devono facilitare le conversazioni tra i team tecnici e quelli focalizzati sul cambiamento, assicurandosi che ciascun gruppo comprenda la prospettiva dell'altro e come il loro lavoro si intersechi. Questa comunicazione deve essere continua, con regolari opportunità di pianificazione e risoluzione dei problemi comuni.

La collaborazione tra questi ruoli deve essere incoraggiata attivamente. Workshop congiunti, team interfunzionali e progetti di collaborazione possono aiutare a rompere i silos, consentendo un approccio più integrato al cambiamento. Questi sforzi collaborativi possono portare a soluzioni più innovative, in quanto le diverse prospettive e competenze vengono messe a disposizione per affrontare le sfide del cambiamento. Anche la formazione e lo sviluppo possono contribuire a colmare il divario. I programmi di formazione trasversale, in cui i dipendenti vengono esposti a diversi aspetti dell'organizzazione, possono essere particolarmente efficaci. Questo non solo crea una forza lavoro più versatile, ma favorisce anche l'empatia e la comprensione tra le diverse aree.

I leader del cambiamento devono anche concentrarsi sull'allineamento degli obiettivi dei ruoli tecnici e di quelli focalizzati sul cambiamento con gli obiettivi generali dell'organizzazione. Questo allineamento garantisce che tutti gli sforzi siano diretti verso uno scopo comune, riducendo al minimo i conflitti e massimizzando l'impatto dell'iniziativa di cambiamento. Colmare il divario tra i ruoli tecnici e quelli focalizzati sul cambiamento è essenziale per il successo di qualsiasi iniziativa di cambiamento. Richiede leader in grado di comprendere e comunicare tra i diversi ambiti, di promuovere la collaborazione, di offrire opportunità di formazione trasversale e di allineare gli obiettivi di tutti i ruoli con quelli più ampi dell'organizzazione. Riuscendo a colmare questo divario, le organizzazioni possono garantire che le iniziative di cambiamento non solo siano tecnicamente valide, ma anche ampiamente supportate ed efficacemente integrate nella cultura organizzativa.

Capitolo 4: Iniziare la rivoluzione

In questo capitolo, l'attenzione si concentra sui primi passi cruciali di qualsiasi iniziativa di cambiamento: la creazione di una visione e di una strategia di cambiamento convincenti. Una visione chiara e stimolante è la pietra angolare di un cambiamento di successo, in quanto fornisce una direzione e uno scopo. Articola uno stato futuro desiderabile che motiva e allinea gli stakeholder intorno a un obiettivo comune.

La creazione di questa visione richiede una profonda comprensione dello stato attuale dell'organizzazione, dei suoi valori e delle sue aspirazioni. Si tratta di immaginare come sarà il successo dopo il cambiamento e come migliorerà l'organizzazione. La visione deve essere ambiziosa ma realizzabile, in equilibrio tra realismo e ispirazione. Una volta stabilita la visione, il passo successivo è sviluppare una strategia che guidi l'organizzazione verso questo stato futuro. Questa strategia deve delineare le fasi o le iniziative chiave necessarie per raggiungere la visione. Ciò comporta l'identificazione delle risorse, la definizione delle scadenze, la definizione di indicatori di performance chiave e la definizione di responsabilità chiare.

La strategia deve essere abbastanza dettagliata da fornire una tabella di marcia per l'azione, ma sufficientemente flessibile da adattarsi a sfide o opportunità impreviste. Deve considerare le varie sfaccettature dell'organizzazione, comprese le persone, i processi, la tecnologia e la cultura, garantendo un approccio olistico e completo.

Un aspetto fondamentale di questo processo è la comunicazione efficace della visione e della strategia a tutti gli stakeholder. Questa comunicazione non deve solo informare, ma anche coinvolgere e ispirare. È essenziale illustrare i benefici del cambiamento, affrontando sia i vantaggi organizzativi che l'impatto sui singoli individui all'interno dell'organizzazione.

Anche il coinvolgimento degli stakeholder nello sviluppo della visione e della strategia può essere utile. Questo approccio collaborativo può fornire prospettive diverse, aumentare il coinvolgimento e incoraggiare un senso di appartenenza tra coloro che saranno interessati dal cambiamento.

Creare una visione e una strategia di cambiamento convincenti significa dipingere un quadro chiaro del futuro e delineare un percorso pratico per raggiungerlo. Richiede una profonda comprensione dell'organizzazione, una mentalità lungimirante, una comunicazione efficace e un approccio collaborativo. Queste basi gettano le basi per un'implementazione di successo dell'iniziativa di cambiamento, guidando l'organizzazione verso lo stato futuro desiderato.

La visione funge da faro, guidando e motivando tutte le persone coinvolte verso un futuro condiviso. Racchiude l'essenza di ciò che l'organizzazione aspira a diventare dopo il cambiamento, delineando un quadro convincente del futuro. La creazione di una visione di questo tipo richiede una profonda comprensione delle realtà attuali dell'organizzazione, dei suoi valori fondamentali e delle sue aspirazioni a lungo termine. È un processo che richiede non solo lungimiranza, ma anche un'attenta considerazione dell'identità unica dell'organizzazione e del suo potenziale di crescita. La visione deve risuonare con tutti i membri dell'organizzazione, dal team esecutivo ai dipendenti in prima linea, diventando una forza unificante che guida lo sforzo collettivo.

Una visione del cambiamento ben articolata non si limita a delineare lo stato finale desiderato, ma accende l'entusiasmo e l'impegno. Fornisce alle persone un motivo per abbracciare il cambiamento, chiarendo perché il cambiamento è necessario e come porterà a un futuro migliore. Questa chiarezza è fondamentale per superare l'inerzia della soddisfazione per lo status quo e per combattere la resistenza al cambiamento. Una visione ispiratrice funge da quadro di riferimento per lo sviluppo di strategie e piani. Stabilisce i parametri di ciò che deve essere raggiunto e diventa un punto di riferimento per il processo decisionale durante tutto il processo di cambiamento. Ogni strategia, azione e decisione è allineata a questa visione, garantendo coerenza e uniformità agli sforzi di cambiamento dell'organizzazione.

Comunicare questa visione in modo efficace è importante quanto crearla. La visione deve essere trasmessa in modo non solo chiaro ma anche evocativo. Dovrebbe essere comunicata attraverso storie ed esempi che le diano vita, rendendola tangibile e relazionabile per ogni individuo dell'organizzazione. Anche il coinvolgimento degli stakeholder nella creazione e nel perfezionamento della visione può aumentarne la rilevanza e l'attrattiva. Quando le persone partecipano alla definizione della visione, è più probabile che la comprendano, ci credano e si impegnino. Questo approccio partecipativo favorisce un senso di appartenenza e di responsabilizzazione tra coloro che saranno determinanti nel portare a compimento la visione.

Il ruolo centrale di una visione del cambiamento chiara e stimolante nell'avviare una rivoluzione all'interno di un'organizzazione non può essere sopravvalutato. È la base su cui si costruisce un cambiamento di successo, fornendo direzione, motivazione e uno scopo unificante per l'intera organizzazione. Questa visione, se comunicata in modo efficace e abbracciata da tutti, diventa un potente catalizzatore per un cambiamento trasformativo.

La definizione di una strategia di cambiamento convincente è un passo fondamentale per garantire il successo dell'implementazione di una trasformazione organizzativa. Questa strategia funge da tabella di marcia, delineando le modalità di realizzazione del cambiamento, le fasi coinvolte e i metodi utilizzati per facilitare la transizione. Il primo passo per sviluppare questa strategia è allinearla strettamente alla visione del cambiamento. La strategia deve riflettere le aspirazioni e gli obiettivi della visione, traducendoli in passi concreti. Questo allineamento garantisce che ogni aspetto della strategia contribuisca direttamente alla realizzazione del futuro immaginato. L'analisi e la pianificazione approfondite sono fondamentali. Si tratta di comprendere lo stato attuale dell'organizzazione, lo stato futuro desiderato e i cambiamenti specifici necessari per colmare questo divario. La strategia deve affrontare le varie dimensioni del cambiamento, tra cui le persone, i processi, la tecnologia e la cultura.

La valutazione dei rischi e la pianificazione degli imprevisti sono componenti essenziali di una strategia di cambiamento convincente. L'identificazione di potenziali sfide, ostacoli e resistenze in anticipo consente di sviluppare piani di emergenza per affrontare questi problemi se si presentano. Questo approccio proattivo riduce al minimo le interruzioni e garantisce la resilienza del processo di cambiamento. Una comunicazione efficace svolge un ruolo centrale nell'articolazione della strategia. La strategia di cambiamento deve essere comunicata in modo chiaro, conciso e trasparente, assicurando che tutti gli stakeholder comprendano come avverrà il cambiamento, il loro ruolo nel processo e i benefici del cambiamento. La comunicazione deve essere continua, con aggiornamenti regolari e opportunità di feedback.

Il coinvolgimento e l'impegno degli stakeholder nello sviluppo della strategia possono migliorarne notevolmente l'efficacia. Coinvolgere i dipendenti, i manager e gli altri principali stakeholder nel processo di pianificazione garantisce che vengano prese in considerazione diverse prospettive e aumenta l'adesione e l'impegno nei confronti della strategia. Flessibilità e adattabilità sono caratteristiche importanti di una strategia di cambiamento convincente. Se da un lato è importante avere un piano chiaro, dall'altro la strategia deve essere abbastanza flessibile da adattarsi a circostanze mutevoli o a nuove intuizioni. Questa adattabilità garantisce che la strategia rimanga pertinente ed efficace durante il processo di cambiamento. Anche la misurazione dei progressi e del successo è un aspetto critico di una strategia di cambiamento. Stabilire metriche chiare e indicatori chiave di performance per misurare il successo del cambiamento consente una valutazione continua e una correzione di rotta, se necessario.

Articolare una strategia di cambiamento convincente significa allineare la strategia con la visione del cambiamento, condurre un'analisi e una pianificazione approfondite, valutare i rischi, comunicare efficacemente, coinvolgere gli stakeholder, mantenere la flessibilità e misurare i progressi. Queste strategie garantiscono che il processo di cambiamento sia ben guidato, strategicamente valido e in grado di realizzare la trasformazione desiderata.

In qualsiasi iniziativa di cambiamento, è fondamentale allineare la visione e la strategia con la missione e i valori dell'organizzazione. Questo allineamento assicura che il cambiamento non sia solo un cambiamento strategico, ma anche una riaffermazione dell'identità e degli scopi fondamentali dell'organizzazione. Per raggiungere questo obiettivo, è essenziale iniziare con una chiara comprensione della missione e dei valori attuali dell'organizzazione. Questa comprensione fornisce un quadro di riferimento all'interno del quale è possibile sviluppare la visione e la strategia di cambiamento. L'iniziativa di cambiamento deve riflettere e rafforzare ciò che l'organizzazione rappresenta, garantendo coerenza e autenticità nel suo approccio al cambiamento.

Incorporare la missione e i valori dell'organizzazione nella visione del cambiamento significa tradurre questi elementi fondamentali in una prospettiva orientata al futuro. La visione deve articolare il modo in cui il cambiamento consentirà all'organizzazione di adempiere meglio alla sua missione e di sostenere i suoi valori. Questo approccio aiuta a posizionare il cambiamento come un'evoluzione naturale e necessaria dell'organizzazione. La strategia per l'attuazione del cambiamento deve essere sviluppata tenendo conto della missione e dei valori dell'organizzazione. Ogni aspetto della strategia, dai processi e sistemi da modificare al modo in cui questi cambiamenti vengono comunicati e attuati, deve essere coerente con questi principi guida. Questa coerenza assicura che il cambiamento non solo abbia successo dal punto di vista operativo, ma sia anche coerente dal punto di vista culturale.

Coinvolgere gli stakeholder in discussioni su come il cambiamento si allinea con la missione e i valori dell'organizzazione può essere vantaggioso. Questo coinvolgimento non solo aiuta a perfezionare la visione e la strategia, ma crea anche un legame più profondo tra i dipendenti e l'iniziativa di cambiamento. Quando le persone vedono come il cambiamento si allinea con i valori fondamentali dell'organizzazione, sono più propense ad abbracciarlo. Anche comunicare questo allineamento in modo chiaro e coerente è fondamentale. Gli stakeholder devono capire non solo cosa sta cambiando e come, ma anche perché questi cambiamenti sono in linea con la missione e i valori dell'organizzazione. Questa comprensione può stimolare un senso di motivazione e di scopo, rendendo il cambiamento più significativo per le persone coinvolte.

È importante rivedere e rafforzare regolarmente questo allineamento durante il processo di cambiamento. Con il progredire dell'iniziativa di cambiamento, l'allineamento continuo garantisce che il cambiamento rimanga fedele alla missione e ai valori dell'organizzazione, anche quando vengono apportate modifiche alla strategia. L'allineamento della visione e della strategia di cambiamento con la missione e i valori dell'organizzazione è fondamentale per l'autenticità e il successo dell'iniziativa di cambiamento. Assicura che il cambiamento non sia solo uno sforzo strategico, ma anche un riflesso di ciò che l'organizzazione rappresenta, promuovendo un senso di scopo, coerenza e impegno tra tutti gli stakeholder coinvolti.

Nel processo di avvio di un cambiamento organizzativo significativo, identificare e affrontare le preoccupazioni e le resistenze è un passo fondamentale. La resistenza al cambiamento è una reazione umana naturale, che spesso deriva dalla paura dell'ignoto, dalla comodità dello stato attuale o dalla percezione di minacce agli interessi personali o professionali. Gestire efficacemente questa resistenza è essenziale per una corretta attuazione delle iniziative di cambiamento.

Il primo passo di questo processo consiste nell'identificare in modo proattivo le potenziali aree di resistenza. Ciò implica la comprensione delle prospettive delle varie parti interessate, dai dipendenti a tutti i livelli alla direzione e ai partner esterni. Impegnarsi in dialoghi aperti e onesti, condurre sondaggi o organizzare focus group può rivelare preoccupazioni che potrebbero non essere immediatamente evidenti. Riconoscere tempestivamente queste preoccupazioni consente una gestione e una riduzione più efficaci. Una volta identificate le preoccupazioni, è fondamentale affrontarle direttamente. Questo spesso richiede una comunicazione chiara ed empatica che riconosca la validità delle preoccupazioni e al tempo stesso fornisca rassicurazioni e informazioni. La trasparenza sulle ragioni del cambiamento, sui benefici che esso intende apportare e sulle modalità di attuazione può attenuare i timori e le incomprensioni.

Per affrontare le resistenze occorre anche evidenziare il supporto e le risorse disponibili per aiutare gli stakeholder ad adattarsi al cambiamento. Ciò potrebbe includere programmi di formazione, servizi di consulenza o opportunità di mentorship. Fornire un supporto adeguato non solo aiuta le persone a gestire il cambiamento, ma dimostra anche l'impegno dell'organizzazione per il loro benessere. Coinvolgere le parti interessate nel processo di cambiamento può anche ridurre la resistenza. Quando le persone sentono di avere voce in capitolo nell'attuazione del cambiamento, è più probabile che provino un senso di appartenenza e di controllo. Incoraggiare i contributi e i feedback e, ove possibile, incorporarli nel piano di cambiamento, può favorire un senso di collaborazione e di adesione. Un altro aspetto fondamentale è quello di modellare comportamenti e atteggiamenti positivi verso il cambiamento da parte dei vertici dell'organizzazione. L'impegno e l'entusiasmo della leadership per il cambiamento possono essere contagiosi, creando un tono positivo che si trasmette a tutti i livelli. È anche importante monitorare l'impatto continuo del cambiamento ed essere pronti ad apportare modifiche, se necessario. Controlli regolari e meccanismi di feedback possono aiutare a identificare le aree in cui la resistenza è ancora forte e dove potrebbe essere necessario un ulteriore supporto o comunicazione.

Identificare e affrontare le preoccupazioni e le resistenze al cambiamento è un processo multiforme che prevede l'identificazione proattiva delle potenziali resistenze, una comunicazione empatica e trasparente, la fornitura di supporto e risorse adeguate, il coinvolgimento delle parti interessate nel processo, la modellazione di atteggiamenti positivi nei confronti del cambiamento e il mantenimento di un atteggiamento flessibile e reattivo nei confronti del feedback continuo. Questo approccio non solo facilita la transizione per le persone interessate dal cambiamento, ma aumenta anche la probabilità di un'implementazione riuscita e sostenibile.

In qualsiasi iniziativa di cambiamento, riconoscere e affrontare in modo proattivo le preoccupazioni degli stakeholder è fondamentale per il successo. Anticipare e rispondere tempestivamente a queste preoccupazioni può prevenire i malintesi, ridurre la resistenza e creare fiducia nel processo di cambiamento. Le parti interessate, che vanno dai dipendenti e dalla direzione ai clienti e ai partner, possono avere preoccupazioni diverse e significative su come il cambiamento li riguarderà. Il processo inizia con l'ascolto attivo delle parti interessate. Ciò comporta la creazione di opportunità di dialogo aperto, come forum, sondaggi o incontri individuali, in cui gli stakeholder possano esprimere le loro opinioni e preoccupazioni. Queste interazioni non solo rivelano potenziali problemi, ma dimostrano anche l'impegno dell'organizzazione alla trasparenza e all'inclusione.

Una volta identificate le preoccupazioni, è fondamentale affrontarle in modo tempestivo ed efficace. Ciò richiede una comunicazione chiara che riconosca le preoccupazioni e fornisca informazioni pertinenti. È importante spiegare le motivazioni alla base del cambiamento, il suo allineamento con gli obiettivi dell'organizzazione e i benefici attesi. Per rispondere alle preoccupazioni occorre anche fornire risposte dettagliate alle domande e dissipare eventuali idee sbagliate o dicerie. Nei casi in cui le preoccupazioni sono legate a potenziali impatti negativi, è essenziale discutere il supporto e le risorse disponibili per aiutare gli stakeholder ad adattarsi al cambiamento. Ciò può includere formazione, risorse aggiuntive o programmi di supporto transitorio. In questo modo, l'organizzazione dimostra il proprio impegno a garantire una transizione senza problemi per tutte le parti interessate.

È anche utile coinvolgere le parti interessate nello sviluppo di soluzioni ai loro problemi. Questo approccio collaborativo può portare a soluzioni più efficaci e pratiche e aumenta l'adesione e il coinvolgimento degli stakeholder nel processo di cambiamento. La leadership svolge un ruolo fondamentale in questo processo. I leader devono dimostrare empatia e comprensione, dimostrando di avere veramente a cuore le preoccupazioni degli stakeholder e di impegnarsi a risolverle. Questo approccio empatico può contribuire a creare fiducia e buona volontà. È importante anche monitorare costantemente l'opinione degli stakeholder durante l'avanzamento del cambiamento. Regolari check-in e meccanismi di feedback permettono di identificare tempestivamente le nuove preoccupazioni che possono emergere, consentendo all'organizzazione di affrontarle rapidamente.

Riconoscere e affrontare in modo proattivo le preoccupazioni degli stakeholder implica un ascolto attivo, una comunicazione chiara ed empatica, la fornitura di supporto e risorse, il coinvolgimento degli stakeholder nello sviluppo di soluzioni, una leadership empatica e un monitoraggio continuo dell'opinione degli stakeholder. Questo approccio proattivo e inclusivo non solo aiuta a mitigare la resistenza, ma favorisce anche un ambiente positivo e favorevole al cambiamento. Affrontare efficacemente la resistenza al cambiamento è una componente fondamentale per una gestione del cambiamento di successo. La resistenza è una risposta naturale, spesso radicata nella paura, nell'incertezza o nella mancanza di comprensione. Affrontare questa resistenza con empatia e comunicazione chiara può trasformare i potenziali ostacoli in opportunità di coinvolgimento e crescita.

L'empatia svolge un ruolo centrale nell'affrontare la resistenza. Comporta la comprensione e il riconoscimento delle emozioni e dei punti di vista di coloro che sono resistenti al cambiamento. Dimostrare empatia significa ascoltare attivamente le preoccupazioni, convalidare i sentimenti e mostrare un interesse genuino per i punti di vista degli altri. Questo approccio aiuta a creare fiducia e relazione, che sono essenziali per superare le resistenze. Una comunicazione efficace è altrettanto importante. Una comunicazione chiara, coerente e trasparente aiuta a demistificare il processo di cambiamento, dissipando paure e idee sbagliate. È importante comunicare non solo il cosa e il come del cambiamento, ma anche il perché. Spiegare le ragioni alla base del cambiamento, i suoi benefici e il suo allineamento con gli obiettivi dell'organizzazione può aiutare gli stakeholder a vedere il quadro generale e a comprendere il loro ruolo in esso.

Anche lo sviluppo di strategie di comunicazione personalizzate può essere efficace. Le diverse parti interessate possono avere preoccupazioni diverse e rispondere a stili di comunicazione diversi. Personalizzare il messaggio e il mezzo di comunicazione per adattarlo ai vari gruppi garantisce la massima efficacia della comunicazione. Coinvolgere le persone resistenti nel processo di cambiamento può portare a risultati più positivi. Il coinvolgimento può assumere diverse forme, dalla partecipazione al processo decisionale alla partecipazione a un team di implementazione del cambiamento. Il coinvolgimento dà alle parti interessate un senso di controllo e di appartenenza al cambiamento, riducendo i sentimenti di impotenza e resistenza.

Un'altra strategia fondamentale è quella di fornire formazione e supporto. La resistenza spesso deriva dalla paura di non essere in grado di adattarsi ai nuovi metodi di lavoro. L'offerta di sessioni di formazione, workshop o tutoraggio può contribuire a creare fiducia e competenza, riducendo la resistenza. Anche il riconoscimento e la celebrazione dei primi successi e dei risultati positivi del cambiamento possono contribuire a mitigare la resistenza. Questi successi forniscono una prova tangibile dei benefici del cambiamento e possono servire a motivare e incoraggiare i resistenti.

È fondamentale essere pazienti e perseveranti. Il cambiamento può essere un processo lento e la resistenza non può scomparire da un giorno all'altro. L'applicazione costante di empatia e comunicazione efficace, rafforzando i benefici e i successi del cambiamento, può ridurre gradualmente la resistenza.

Affrontare la resistenza al cambiamento con l'empatia e la comunicazione implica la comprensione e il riconoscimento delle emozioni, una comunicazione chiara e trasparente, strategie di comunicazione su misura, il coinvolgimento delle parti interessate nel processo, la formazione e il supporto, la celebrazione dei successi, la pazienza e la perseveranza. Queste strategie possono aiutare a trasformare la resistenza in accettazione e impegno, aprendo la strada a un'iniziativa di cambiamento di successo.

Nella fase di avvio di qualsiasi iniziativa di cambiamento, è essenziale costruire una base di fiducia e trasparenza. Questa base dà il tono all'intero processo di cambiamento e ne influenza in modo significativo il successo. La fiducia e la trasparenza sono fondamentali per garantire che le parti interessate si sentano rispettate, valorizzate e coinvolte, favorendo così un ambiente positivo e aperto che favorisca il cambiamento. La costruzione della fiducia inizia con la leadership. I leader devono dimostrare integrità, affidabilità e sincerità. Le loro azioni, decisioni e interazioni devono riflettere coerentemente i valori dell'organizzazione e gli obiettivi dell'iniziativa di cambiamento. Quando i leader agiscono in modo conforme alle loro parole, rafforzano la fiducia dei membri del team e degli altri stakeholder. La trasparenza è altrettanto cruciale durante la fase di avvio. Ciò significa essere aperti sulle ragioni del cambiamento, sui risultati attesi, sulle potenziali sfide e su come queste saranno affrontate. La trasparenza implica la condivisione delle informazioni in modo libero e proattivo, assicurando che le parti interessate abbiano una chiara comprensione del processo di cambiamento e del loro ruolo in esso.

Una comunicazione efficace è la chiave di volta per costruire fiducia e trasparenza. Una comunicazione regolare, chiara e onesta aiuta a demistificare il processo di cambiamento e a ridurre la paura dell'ignoto. È importante stabilire canali di comunicazione accessibili a tutti gli stakeholder e incoraggiare una comunicazione bidirezionale, in cui i feedback e le preoccupazioni possano essere sollevati e affrontati. Coinvolgere gli stakeholder nelle prime fasi dell'iniziativa di cambiamento può anche creare fiducia. Quando gli stakeholder sentono che le loro opinioni sono ascoltate e valorizzate e vedono che il loro contributo può influenzare il processo di cambiamento, si crea un senso di appartenenza e di impegno nei confronti del cambiamento.

La definizione di aspettative realistiche è un altro aspetto importante. Promettere troppo o sorvolare sulle sfide può erodere rapidamente la fiducia quando la realtà è inferiore alle aspettative. Essere realistici sulle sfide e sui potenziali ostacoli, mantenendo un atteggiamento positivo e orientato alla soluzione, aiuta a costruire credibilità e fiducia. Anche riconoscere e affrontare direttamente le preoccupazioni e i timori è fondamentale. Ignorare o minimizzare queste preoccupazioni può generare sfiducia e aumentare la resistenza. I leader dovrebbero fornire forum in cui le preoccupazioni possano essere sollevate e discusse apertamente e in cui vengano fornite risposte oneste ed empatiche. Dimostrare impegno per il benessere degli stakeholder durante tutto il processo di cambiamento rafforza la fiducia. Ciò può includere la fornitura di risorse di supporto, il mantenimento dell'attenzione al benessere dei dipendenti e la garanzia che il processo di cambiamento tenga conto dell'impatto sulle persone in ogni fase.

La costruzione di una base di fiducia e trasparenza durante la fase di avvio di un'iniziativa di cambiamento implica la dimostrazione di una leadership coerente e orientata ai valori, la pratica di una comunicazione aperta e proattiva, il coinvolgimento degli stakeholder, la definizione di aspettative realistiche, la risposta diretta alle preoccupazioni e l'impegno per il benessere degli stakeholder. Queste basi sono fondamentali per creare un ambiente favorevole che faciliti il successo del cambiamento.

Nel percorso di avvio di una rivoluzione, l'utilizzo efficace di diversi strumenti e mezzi gioca un ruolo cruciale nel gettare solide basi per il cambiamento. Questi strumenti sono fondamentali per pianificare, attuare, monitorare e comunicare il cambiamento, garantendo un approccio sistematico e organizzato. Il software di gestione dei progetti è indispensabile per organizzare i vari aspetti di un'iniziativa di cambiamento. Strumenti come Asana, Trello o Microsoft Project aiutano a tracciare i progressi, a gestire le scadenze e a garantire che le attività vengano completate nei tempi previsti. Forniscono una piattaforma centrale dove tutti gli elementi del processo di cambiamento possono essere monitorati e gestiti in modo efficiente.

Le piattaforme di comunicazione sono essenziali per mantenere una comunicazione chiara e coerente durante il processo di cambiamento. Strumenti come Slack, Microsoft Teams o le reti di comunicazione interna facilitano l'interazione in tempo reale, consentendo una rapida diffusione delle informazioni e un feedback tempestivo. Svolgono un ruolo fondamentale nel mantenere tutti allineati e informati.

Strumenti di indagine e feedback come SurveyMonkey o Google Forms sono fondamentali per capire il polso dell'organizzazione. Sondaggi e meccanismi di feedback regolari forniscono indicazioni su come il cambiamento viene percepito dai diversi stakeholder e aiutano a risolvere i problemi in modo proattivo. Gli strumenti di analisi dei dati offrono preziose informazioni sui progressi e sull'impatto dell'iniziativa di cambiamento. Strumenti come Google Analytics o Tableau aiutano a misurare gli indicatori chiave di performance, ad analizzare le tendenze e a prendere decisioni basate sui dati.

I quadri e i modelli di gestione del cambiamento forniscono un approccio strutturato alla gestione del cambiamento. Modelli come ADKAR, il Processo in 8 fasi di Kotter o la Teoria del cambiamento di Lewin offrono metodologie comprovate per pianificare e attuare il cambiamento in modo efficace.
Le piattaforme di formazione e sviluppo sono necessarie quando il cambiamento richiede nuove abilità o competenze. Le piattaforme di e-learning, i webinar e i workshop online possono essere utilizzati per dotare i dipendenti delle conoscenze e delle competenze necessarie per la transizione.

Strumenti di collaborazione come Miro o Microsoft Whiteboard facilitano il brainstorming e la generazione di idee, consentendo la risoluzione collaborativa dei problemi e il pensiero innovativo. I sistemi di gestione dei documenti garantiscono l'organizzazione e l'accessibilità di tutta la documentazione relativa all'iniziativa di cambiamento. Piattaforme come SharePoint o Google Drive sono utili per archiviare, condividere e gestire i documenti in modo efficiente. L'utilizzo di questi strumenti nella fase di avvio del cambiamento è fondamentale per il successo dell'iniziativa. Essi apportano struttura, efficienza e chiarezza al processo, consentendo alle organizzazioni di navigare nelle complessità del cambiamento con sicurezza e precisione.

L'utilizzo di strumenti specifici durante la fase di avvio di un'iniziativa di cambiamento è fondamentale per gettare le basi di un'implementazione di successo. Questi strumenti sono stati creati su misura per affrontare le sfide uniche dell'avvio di un processo di cambiamento, assicurando che le fondamenta dell'iniziativa siano solide e ben pianificate.

In questa fase è fondamentale la valutazione della disponibilità al cambiamento. Gli strumenti progettati per misurare la preparazione dell'organizzazione al cambiamento aiutano a identificare tempestivamente le potenziali sfide e le aree di resistenza. Queste valutazioni possono assumere la forma di sondaggi, interviste o workshop e forniscono indicazioni preziose sulla preparazione dell'organizzazione al cambiamento imminente. Analisi degli stakeholder Gli strumenti vengono utilizzati per identificare e classificare gli individui e i gruppi interessati dal cambiamento. Comprendere l'influenza, l'interesse e l'impatto potenziale dei vari stakeholder è fondamentale per sviluppare strategie efficaci di coinvolgimento e comunicazione.

I workshop e gli strumenti di visioning aiutano a definire e articolare chiaramente la visione del cambiamento. Queste sessioni interattive incoraggiano la partecipazione e i contributi dei vari stakeholder, assicurando che la visione risuoni in tutta l'organizzazione. Gli strumenti di pianificazione della comunicazione sono essenziali per definire una strategia di comunicazione efficace. Aiutano a delineare i messaggi chiave, i canali di comunicazione, la frequenza e i destinatari, assicurando che la comunicazione sul cambiamento sia coerente, chiara e raggiunga tutte le parti interessate.

Il software di roadmapping aiuta a creare un piano dettagliato per l'iniziativa di cambiamento. Questi strumenti aiutano a visualizzare la tempistica, le tappe fondamentali e gli obiettivi da raggiungere, fornendo un percorso chiaro e assicurando che tutti gli aspetti del cambiamento siano presi in considerazione. Gli strumenti di gestione del rischio vengono utilizzati per identificare, valutare e mitigare i potenziali rischi associati al cambiamento. Anticipando e pianificando le possibili sfide, questi strumenti aiutano a minimizzare le interruzioni durante il processo di cambiamento. Le piattaforme di collaborazione facilitano un lavoro di squadra efficace durante la fase di avvio del cambiamento. Offrono ai membri del team uno spazio per condividere idee, lavorare su documenti in modo collaborativo e mantenere una comunicazione continua. I quadri decisionali aiutano a fare scelte informate durante le fasi iniziali del processo di cambiamento. Questi quadri forniscono approcci strutturati per valutare le opzioni, considerare gli impatti potenziali e prendere decisioni in linea con gli obiettivi del cambiamento.

Facendo leva su questi strumenti specifici, le organizzazioni possono navigare efficacemente nelle complessità dell'avvio del cambiamento. Questi strumenti non solo forniscono struttura e chiarezza, ma garantiscono anche che l'iniziativa di cambiamento sia allineata con gli obiettivi dell'organizzazione e risponda alle esigenze e alle preoccupazioni dei suoi stakeholder. Nella fase di avvio di una rivoluzione, garantire una comunicazione e una collaborazione efficaci è fondamentale per gettare solide basi al processo di cambiamento. Questa fase è fondamentale per stabilire il tono con cui il cambiamento viene percepito e accolto all'interno dell'organizzazione.

Una comunicazione efficace in questa fase implica chiarezza, coerenza e trasparenza. È essenziale illustrare chiaramente le ragioni del cambiamento, gli obiettivi da raggiungere e l'impatto che avrà sui vari stakeholder. Una comunicazione coerente a tutti i livelli dell'organizzazione aiuta ad allineare la comprensione e le aspettative di tutti. La trasparenza è fondamentale per creare fiducia; essere aperti sulle sfide e le incertezze, nonché sui potenziali benefici del cambiamento, aiuta a promuovere una cultura di onestà e apertura.

La collaborazione è altrettanto importante in questa fase. Si tratta di riunire gruppi diversi all'interno dell'organizzazione per discutere, pianificare ed eseguire le fasi iniziali dell'iniziativa di cambiamento. La collaborazione assicura che venga presa in considerazione un'ampia gamma di prospettive, che possono portare a soluzioni più innovative ed efficaci. Inoltre, contribuisce a creare un senso di appartenenza e di impegno tra coloro che sono coinvolti nel processo di cambiamento. La creazione di piattaforme e opportunità di dialogo è un elemento chiave per facilitare una comunicazione e una collaborazione efficaci. Queste possono assumere la forma di riunioni cittadine, workshop, focus group o piattaforme digitali in cui condividere idee e raccogliere feedback. Questi forum incoraggiano la partecipazione e consentono una comunicazione bidirezionale, in cui le preoccupazioni possono essere sollevate e affrontate.

I leader giocano un ruolo fondamentale in questa fase, dando l'esempio di una comunicazione e di una collaborazione efficaci. Ascoltando attivamente, essendo aperti al feedback e mostrando la volontà di adattarsi, i leader possono dimostrare il loro impegno per un processo di cambiamento collaborativo e inclusivo. Un altro aspetto per garantire una comunicazione e una collaborazione efficaci è riconoscere e affrontare l'aspetto emotivo del cambiamento. Il cambiamento può provocare ansia e incertezza ed è importante che i leader riconoscano e affrontino queste emozioni. Ciò potrebbe comportare la fornitura di risorse di supporto, il riconoscimento delle difficoltà della transizione e la celebrazione dei primi successi per aumentare il morale.

Garantire una comunicazione e una collaborazione efficaci durante la fase di avvio di un'iniziativa di cambiamento implica una comunicazione chiara, coerente e trasparente, la promozione di un ambiente di collaborazione, la creazione di piattaforme per il dialogo, la leadership attraverso l'esempio e il riconoscimento degli aspetti emotivi del cambiamento. Questi elementi sono fondamentali per costruire una solida base per il processo di cambiamento e per garantirne l'attuazione con successo. Nella fase cruciale di avvio di un'iniziativa di cambiamento, l'applicazione strategica della tecnologia e delle risorse svolge un ruolo fondamentale nella semplificazione del processo. Questo approccio aumenta l'efficienza, facilita una migliore organizzazione e garantisce che tutti gli aspetti dell'iniziativa siano affrontati in modo efficace.

L'applicazione della tecnologia in questa fase comporta l'utilizzo di strumenti digitali per gestire e coordinare le varie componenti del processo di cambiamento. I software di gestione dei progetti, ad esempio, possono essere utilizzati per creare piani dettagliati, assegnare compiti, fissare scadenze e monitorare i progressi. Questi strumenti forniscono una piattaforma centralizzata per il monitoraggio di tutte le attività relative all'iniziativa di cambiamento, rendendo più facile tenere tutto sotto controllo.

Le tecnologie di comunicazione sono un'altra risorsa fondamentale. L'utilizzo di piattaforme come la posta elettronica, la messaggistica istantanea e le videoconferenze può facilitare una comunicazione chiara e coerente in tutta l'organizzazione. Queste tecnologie assicurano che le informazioni sul cambiamento vengano diffuse in modo rapido ed efficace, raggiungendo tutti gli stakeholder indipendentemente dalla loro posizione. Gli strumenti di analisi dei dati possono essere utilizzati per analizzare vari aspetti dello stato attuale dell'organizzazione e prevedere i potenziali impatti del cambiamento. Questo approccio basato sui dati aiuta a prendere decisioni informate e a prevedere le sfide che potrebbero sorgere durante la fase di avvio. Gli strumenti di collaborazione sono essenziali per promuovere il lavoro di squadra e la risoluzione collettiva dei problemi durante il processo di avvio. Le piattaforme che supportano la condivisione di documenti, la modifica in tempo reale e le sessioni di brainstorming virtuale consentono ai team di lavorare insieme senza problemi, anche quando non sono fisicamente in sede.

Oltre alla tecnologia, è fondamentale allocare le giuste risorse umane. A tal fine, si potrebbe formare un team o una task force dedicata alla gestione del cambiamento, composta da persone con le competenze e l'esperienza necessarie per guidare efficacemente il processo di avvio. Questi team svolgono un ruolo fondamentale nella pianificazione, nell'esecuzione e nel monitoraggio dei vari aspetti del cambiamento. Anche le risorse per la formazione e lo sviluppo sono fondamentali per preparare l'organizzazione al cambiamento. L'offerta di sessioni di formazione, workshop o corsi online può fornire ai dipendenti le competenze e le conoscenze necessarie per adattarsi a nuovi sistemi, processi o modi di lavorare.

Sfruttare le risorse finanziarie in modo oculato è fondamentale per garantire che la fase di avvio sia ben supportata. Si tratta di prevedere i vari costi associati all'avvio, come gli investimenti tecnologici, i programmi di formazione e le risorse umane. Una pianificazione finanziaria efficace garantisce la disponibilità dei fondi necessari per sostenere le attività di avvio. La mobilitazione dei team e degli stakeholder per l'azione trasformativa è una fase critica del processo di cambiamento. Questa fase consiste nel galvanizzare l'intera organizzazione verso un obiettivo comune, assicurando che tutti i soggetti coinvolti siano allineati, motivati e preparati al viaggio che li attende.

Il processo inizia con la comunicazione chiara della visione e degli obiettivi del cambiamento. Questa comunicazione deve essere convincente, dipingendo un quadro del futuro che sia desiderabile e realizzabile. È importante che tutti capiscano non solo cosa sta cambiando, ma anche perché il cambiamento è necessario e in che modo porterà benefici all'organizzazione e ai suoi dipendenti. Coinvolgere i team e le parti interessate nel processo di cambiamento è fondamentale. L'inclusione favorisce un senso di appartenenza e di impegno, in quanto le persone sono più propense a sostenere un cambiamento che hanno contribuito a creare. Le opportunità di coinvolgimento possono includere sessioni di pianificazione partecipativa, meccanismi di feedback e assegnazione di ruoli nell'iniziativa di cambiamento. I leader svolgono un ruolo chiave nel mobilitare i team e gli stakeholder.

Devono essere visibili, accessibili e attivamente coinvolti, dimostrando il loro impegno nel cambiamento. I leader efficaci ispirano e motivano i loro team, fornendo il supporto e le risorse necessarie per affrontare la transizione. La creazione di una coalizione di sostenitori e campioni del cambiamento può amplificare l'impatto dello sforzo di mobilitazione. Si tratta di persone entusiaste del cambiamento e in grado di influenzare i loro colleghi. Possono fungere da modelli, aiutando a diffondere messaggi positivi sul cambiamento e affrontando eventuali resistenze o scetticismi.

Per preparare i team al cambiamento è fondamentale fornire la formazione e lo sviluppo necessari. Ciò potrebbe comportare programmi di sviluppo delle competenze, workshop o sessioni informative per garantire che tutti abbiano le conoscenze e le capacità necessarie per adattarsi ai nuovi metodi di lavoro. Anche i riconoscimenti e le ricompense possono essere strumenti potenti per mobilitare i team e le parti interessate. Riconoscere e celebrare i contributi e i risultati, anche piccoli, può aumentare il morale e rafforzare gli aspetti positivi del cambiamento.

Un follow-up regolare e coerente è importante per mantenere lo slancio. Tenere informati i team e gli stakeholder sui progressi, le sfide e i successi mantiene l'iniziativa di cambiamento in primo piano, rafforzandone l'importanza e mantenendo l'impegno. Mobilitare i team e gli stakeholder per un'azione trasformativa implica una chiara comunicazione della visione e degli obiettivi, l'impegno e il coinvolgimento delle persone nel processo di cambiamento, la visibilità e il coinvolgimento della leadership, la costruzione di una coalizione di sostenitori, l'erogazione della formazione e dello sviluppo necessari, l'utilizzo di riconoscimenti e premi per motivare e un follow-up regolare per mantenere lo slancio. Questi elementi sono cruciali per mobilitare l'organizzazione intorno al cambiamento e portarlo avanti con uno sforzo e un entusiasmo collettivi.

Ispirare e motivare i team ad abbracciare la visione del cambiamento è un compito fondamentale nel processo di gestione del cambiamento. Si tratta di creare una comprensione condivisa del cambiamento e di promuovere un ambiente in cui i membri del team non solo sono pronti ad accettare il cambiamento, ma sono anche entusiasti di contribuire al suo successo. Per ispirare i team, è fondamentale comunicare la visione del cambiamento in un modo che risuoni con loro. Ciò significa collegare la visione ai valori, agli obiettivi e alle aspirazioni del team. Quando i membri del team vedono come il cambiamento si allinea con i loro obiettivi personali e professionali, è più probabile che si sentano legati alla visione e motivati a contribuire alla sua realizzazione.

La narrazione coinvolgente può essere uno strumento potente in questo processo. La condivisione di storie che illustrano i benefici del cambiamento, o che mettono in evidenza esempi di successo di altre organizzazioni, può rendere la visione più tangibile e relazionabile. Le storie aiutano a dipingere un'immagine vivida del futuro e possono essere più stimolanti di concetti o dati astratti. I leader devono incarnare la visione del cambiamento nelle loro azioni e nei loro comportamenti. Quando i leader dimostrano il loro impegno verso la visione, danno un esempio potente al team. Questo impegno può essere dimostrato attraverso le decisioni, le azioni e il modo in cui i leader comunicano e interagiscono con i loro team.

Anche la creazione di opportunità di coinvolgimento significativo è fondamentale per ispirare e motivare i team. Quando i membri del team hanno un ruolo nel dare forma al cambiamento, sia fornendo un feedback, sia partecipando alla pianificazione o all'attuazione, sentono un senso di appartenenza e sono più coinvolti nel risultato. Riconoscere e celebrare i primi successi può aumentare il morale e motivare i team. Anche i piccoli successi possono essere significativi per creare slancio e rafforzare la convinzione che il cambiamento sia realizzabile e vantaggioso. Fornire supporto e risorse è essenziale per garantire che i team si sentano pronti a gestire il cambiamento. Ciò include formazione, tutoraggio e accesso alle informazioni. Quando i membri del team si sentono supportati e sanno di avere a disposizione le risorse di cui hanno bisogno, sono più fiduciosi nella loro capacità di adattarsi e contribuire. È importante anche promuovere una cultura di squadra positiva e inclusiva. Una cultura che valorizza l'apertura, la collaborazione e l'innovazione crea un ambiente in cui abbracciare il cambiamento diventa un'inclinazione naturale piuttosto che una direttiva forzata.

Ispirare e motivare i team ad abbracciare la visione del cambiamento richiede una comunicazione efficace che colleghi la visione ai valori del team, una narrazione coinvolgente, leader che modellino la visione, opportunità di coinvolgimento significativo, riconoscimento dei successi, fornitura di supporto e risorse e promozione di una cultura di team positiva. Queste strategie aiutano a trasformare la visione del cambiamento da un concetto a un obiettivo condiviso che i team sono desiderosi di raggiungere.

Promuovere un senso di appartenenza e di responsabilità tra gli stakeholder è un aspetto essenziale per facilitare un cambiamento efficace. Quando gli stakeholder sentono un senso di investimento personale e di responsabilità nei confronti dell'iniziativa di cambiamento, aumentano notevolmente le probabilità di successo della sua attuazione. La creazione di questo senso di appartenenza inizia con il coinvolgimento degli stakeholder nel processo di cambiamento fin dall'inizio. Cercando attivamente il loro contributo e incoraggiando la loro partecipazione al processo decisionale e alla pianificazione, è più probabile che gli stakeholder sentano di avere un interesse nel successo del cambiamento.

È inoltre fondamentale comunicare i benefici del cambiamento in modo che risuonino con gli obiettivi personali e professionali degli stakeholder. Quando gli stakeholder capiscono come il cambiamento si allinea ai loro interessi e contribuisce al loro successo, è più probabile che assumano un ruolo attivo nel garantirne il successo. La trasparenza è fondamentale per costruire la titolarità e la responsabilità. Tenere informati gli stakeholder sui progressi del cambiamento, sulle sfide incontrate e sulle strategie per affrontarle aiuta a creare fiducia e a rafforzare il loro impegno nell'iniziativa.

La definizione di aspettative e ruoli chiari è essenziale. Gli stakeholder devono avere una chiara comprensione di ciò che ci si aspetta da loro e di come i loro contributi si inseriscono nel più ampio sforzo di cambiamento. Questa chiarezza aiuta a prevenire la confusione e la sovrapposizione di responsabilità, che possono compromettere la titolarità e la responsabilità. Dare agli stakeholder l'autonomia di prendere decisioni e intraprendere azioni nell'ambito delle loro aree di responsabilità incoraggia il senso di appartenenza. Quando gli stakeholder si sentono responsabilizzati, è più probabile che prendano l'iniziativa e siano proattivi nell'affrontare le sfide.

Riconoscere e celebrare i contributi degli stakeholder rafforza il senso di appartenenza e di responsabilità. Riconoscere i loro sforzi e i loro risultati, sia pubblicamente che privatamente, può aumentare il morale e motivare un impegno costante. Un feedback regolare e canali di comunicazione aperti consentono agli stakeholder di esprimere le proprie preoccupazioni, offrire suggerimenti e sentirsi ascoltati. Questa comunicazione bidirezionale favorisce un ambiente collaborativo in cui le parti interessate si sentono valorizzate e responsabilizzate.

Promuovere un senso di appartenenza e di responsabilità tra gli stakeholder significa coinvolgerli nel processo di cambiamento, comunicare benefici che rispondano ai loro interessi, mantenere la trasparenza, stabilire aspettative e ruoli chiari, responsabilizzare gli stakeholder, riconoscere i loro contributi e garantire un feedback regolare e una comunicazione aperta. Queste strategie contribuiscono a creare un ambiente in cui gli stakeholder sono motivati a contribuire attivamente e ad assumersi la responsabilità del successo dell'iniziativa di cambiamento.

La responsabilizzazione degli individui a intraprendere azioni trasformative allineate con l'iniziativa di cambiamento è un passo cruciale per garantire l'efficacia e la sostenibilità del cambiamento. Questa responsabilizzazione implica che i membri del team siano in grado di sostenere il cambiamento e di partecipare attivamente al suo avanzamento.

L'elemento centrale di questa responsabilizzazione è fornire alle persone gli strumenti, le risorse e le informazioni necessarie per comprendere appieno il cambiamento e le sue implicazioni. Quando i membri del team sono ben informati, possono prendere decisioni migliori e intraprendere azioni che contribuiscono positivamente al processo di cambiamento. La formazione e lo sviluppo svolgono un ruolo significativo nell'empowerment. Offrire opportunità di miglioramento delle competenze e di apprendimento assicura che le persone siano attrezzate per gestire le nuove sfide e le responsabilità derivanti dal cambiamento. Ciò potrebbe includere sessioni di formazione, workshop o l'accesso a risorse di apprendimento online.

È fondamentale anche creare un ambiente che incoraggi l'iniziativa e l'innovazione. Quando gli individui sentono che le loro idee sono apprezzate e che hanno la libertà di sperimentare e rischiare, sono più propensi a prendere iniziative e a proporre soluzioni creative. Il sostegno della leadership è fondamentale per dare potere agli individui. I leader che dimostrano di avere fiducia nelle capacità dei propri collaboratori e che offrono loro autonomia favoriscono un senso di empowerment. Una leadership di supporto significa anche essere disponibili a fornire indicazioni, rispondere alle domande e offrire feedback. Stabilire obiettivi e aspettative chiare aiuta i singoli a capire cosa devono raggiungere e come le loro azioni contribuiscono al successo complessivo dell'iniziativa di cambiamento. Quando gli obiettivi sono allineati con quelli del cambiamento, i singoli possono vedere l'impatto diretto dei loro sforzi sul progresso dell'organizzazione.

Riconoscere e premiare gli sforzi e i risultati ottenuti è un modo efficace per responsabilizzare le persone. Il riconoscimento dei contributi, sia attraverso programmi di riconoscimento formali che attraverso espressioni di apprezzamento informali, rafforza il valore degli sforzi individuali e motiva a continuare a impegnarsi. Incoraggiare la collaborazione e il sostegno tra pari è un altro aspetto dell'empowerment. Quando gli individui lavorano insieme, condividono le conoscenze e si sostengono a vicenda, si crea un senso di empowerment collettivo in cui tutti si sentono parte del percorso di cambiamento.

Mettere le persone in condizione di intraprendere azioni trasformative in linea con l'iniziativa di cambiamento significa fornire gli strumenti e le informazioni necessarie, offrire opportunità di formazione e sviluppo, incoraggiare l'iniziativa e l'innovazione, sostenere la leadership, fissare obiettivi chiari, riconoscere e premiare i contributi, promuovere la collaborazione e il sostegno tra pari. L'insieme di questi elementi crea un ambiente in cui le persone sono motivate e attrezzate per contribuire attivamente e guidare l'iniziativa di cambiamento.

Capitolo 5: Guidare la trasformazione

Navigare nelle complessità della leadership del cambiamento implica la comprensione e la gestione delle molteplici sfide che si presentano durante il processo di trasformazione di un'organizzazione. Questo aspetto della leadership è fondamentale per guidare i team e l'intera organizzazione attraverso l'intricato percorso del cambiamento. Il fulcro della navigazione in queste complessità è la capacità di bilanciare i vari elementi dell'organizzazione: persone, processi, tecnologia e cultura.

I leader devono capire come i cambiamenti in un'area possano avere un impatto sulle altre e devono essere abili nell'allineare queste componenti in modo da sostenere gli obiettivi generali dell'iniziativa di cambiamento. Un altro aspetto fondamentale è la gestione dell'incertezza e dell'ambiguità che spesso accompagnano il cambiamento. I leader devono essere a proprio agio nell'operare in ambienti in cui non tutte le variabili sono note e in cui i piani possono dover essere modificati al volo. Ciò richiede una combinazione di lungimiranza strategica, adattabilità e resilienza.

I leader del cambiamento efficaci riconoscono anche l'importanza di gestire il percorso emotivo dei loro team. Il cambiamento può suscitare una serie di emozioni, dall'eccitazione e dall'attesa alla paura e alla resistenza. I leader devono essere abili nell'empatizzare con queste emozioni, nell'affrontare le preoccupazioni e nel mantenere il morale e la motivazione durante il processo di cambiamento. La comunicazione svolge un ruolo fondamentale nella gestione delle complessità della leadership del cambiamento. Non si tratta solo di diffondere informazioni, ma di creare un dialogo, favorire la comprensione e costruire il consenso. I leader devono essere in grado di articolare la visione e il percorso da seguire in modo chiaro, convincente e comprensibile.

La gestione degli stakeholder è un altro elemento cruciale. I leader devono identificare e coinvolgere i vari stakeholder, comprendendo le loro prospettive, i loro interessi e il loro potenziale impatto sul processo di cambiamento. Costruire e mantenere relazioni solide con questi stakeholder è fondamentale per garantire il sostegno e ridurre al minimo la resistenza. Anche la gestione del rischio è una parte importante della navigazione nelle complessità del cambiamento. I leader devono anticipare i rischi e le sfide potenziali e disporre di strategie per mitigarli. Ciò comporta un monitoraggio continuo e la preparazione a prendere decisioni rapide per affrontare i problemi che si presentano. La gestione delle complessità del cambiamento richiede una mentalità di apprendimento continuo. I leader devono essere aperti al feedback, disposti a imparare sia dai successi che dai fallimenti e ad adattare continuamente le loro strategie e i loro approcci.

Navigare nelle complessità della leadership del cambiamento richiede il bilanciamento di più elementi dell'organizzazione, la gestione dell'incertezza, la gestione degli aspetti emotivi del cambiamento, una comunicazione efficace, la gestione degli stakeholder, la gestione del rischio e una mentalità di apprendimento continuo. La padronanza di questi aspetti consente ai leader di guidare con successo le loro organizzazioni attraverso il viaggio trasformativo del cambiamento.

L'intricato panorama della leadership del cambiamento è un'arena dinamica e sfaccettata che richiede ai leader di navigare in una varietà di sfide e opportunità. In sostanza, questo panorama è definito dalla necessità di guidare un'organizzazione attraverso la trasformazione, gestendo al contempo le complessità che tale processo inevitabilmente comporta. I leader si trovano di fronte alla sfida di allineare diversi aspetti dell'organizzazione all'iniziativa di cambiamento. Ciò comporta la sincronizzazione di processi, tecnologia, persone e cultura, assicurando che ogni elemento non solo si adatti al cambiamento, ma vi contribuisca positivamente. La capacità di vedere come questi pezzi si incastrano tra loro e di regolarli in armonia è fondamentale.

I leader in questo ambiente devono anche confrontarsi con l'incertezza e l'ambiguità insite nel cambiamento. I processi di cambiamento spesso comportano l'avventurarsi in un territorio inesplorato, il che richiede che il leader si senta a proprio agio nel non avere tutte le risposte e nell'essere in grado di prendere decisioni in un panorama in cui i fattori e i risultati potrebbero non essere del tutto prevedibili.

La gestione del percorso emotivo della forza lavoro è un altro aspetto critico di questo panorama. Il cambiamento può suscitare nel personale un'ampia gamma di emozioni, dall'eccitazione e dal coinvolgimento alla paura e alla resistenza. Un leader deve navigare in queste correnti emotive, fornendo supporto, comprensione e motivazione per aiutare i membri del team ad attraversare questi sentimenti. Una comunicazione efficace è una pietra miliare nel panorama della leadership del cambiamento. È il mezzo con cui i leader articolano la visione, condividono gli aggiornamenti importanti, affrontano le preoccupazioni e costruiscono una narrazione che mantiene tutti allineati e impegnati nel processo di cambiamento.

Anche la gestione degli stakeholder è una componente vitale. I leader devono identificare i principali stakeholder, comprendere le loro prospettive e preoccupazioni e impegnarsi con loro in modo da creare sostegno e ridurre al minimo l'opposizione. Ogni gruppo di stakeholder può avere esigenze e preoccupazioni diverse, e affrontarle efficacemente è fondamentale per mantenere lo slancio. La gestione del rischio è parte integrante della navigazione nel paesaggio del cambiamento. Anticipare, identificare e mitigare i rischi potenziali assicura che l'iniziativa di cambiamento rimanga in carreggiata e possa adattarsi alle sfide che si presentano.

Questo panorama è caratterizzato da un continuo apprendimento e adattamento. I leader devono essere aperti al feedback, disposti a modificare le proprie strategie e capaci di imparare sia dai successi che dalle sconfitte. Questa capacità di adattamento è essenziale in un panorama in continua evoluzione. L'intricato panorama della leadership del cambiamento è caratterizzato dalla necessità di allineare gli elementi organizzativi, gestire l'incertezza, gestire le dinamiche emotive, comunicare efficacemente, gestire gli stakeholder, affrontare i rischi e mantenere una posizione di continuo apprendimento e adattamento. Navigare con successo in questo panorama è fondamentale per guidare un'organizzazione attraverso il viaggio di trasformazione del cambiamento.

Nel guidare la trasformazione, uno dei compiti più critici è quello di bilanciare gli aspetti tecnici del cambiamento con l'aspetto umano. Questo equilibrio è essenziale per garantire che, mentre i cambiamenti operativi e strategici sono gestiti in modo efficiente, l'impatto emotivo e psicologico sulle persone dell'organizzazione sia affrontato con cura e considerazione.

Gli aspetti tecnici del cambiamento comportano tipicamente l'implementazione di nuovi sistemi, processi o strutture. I leader devono avere una chiara comprensione di questi elementi e del modo in cui miglioreranno le prestazioni dell'organizzazione. Devono assicurarsi che i cambiamenti tecnici siano fattibili, ben pianificati e allineati con gli obiettivi generali dell'organizzazione. Ciò richiede spesso un approccio dettagliato, incentrato su dati, logistica e risultati misurabili. Tuttavia, concentrarsi solo sugli aspetti tecnici può far trascurare l'elemento umano, che è fondamentale per il successo di qualsiasi iniziativa di cambiamento. L'aspetto umano del cambiamento riguarda il modo in cui le modifiche influiscono sui dipendenti, dalle loro mansioni quotidiane ai loro ruoli e responsabilità all'interno dell'organizzazione. Si tratta di gestire le emozioni, le aspettative e le reazioni al cambiamento.

I leader devono quindi concentrarsi anche sul percorso emotivo dei loro team. Ciò include la comprensione e la gestione delle preoccupazioni, delle paure e delle resistenze che potrebbero sorgere. Una comunicazione efficace è fondamentale in questo caso, in quanto aiuta a spiegare le ragioni del cambiamento, i suoi benefici e il modo in cui i singoli e i team si inseriscono nella nuova struttura. L'empatia svolge un ruolo importante nel bilanciare questi due aspetti. I leader devono immedesimarsi nelle sfide che i loro team devono affrontare e fornire sostegno e incoraggiamento. Ciò potrebbe comportare l'offerta di opportunità di formazione e sviluppo per aiutare i membri del team ad acquisire le competenze necessarie e a sentirsi più sicuri nei loro nuovi ruoli.

Coinvolgere i dipendenti nel processo di cambiamento può anche aiutare a bilanciare gli aspetti tecnici e umani. Quando i dipendenti partecipano alle fasi di pianificazione e attuazione, è più probabile che sentano un senso di appartenenza e di impegno nei confronti del cambiamento. Questo coinvolgimento può anche fornire preziose indicazioni su potenziali problemi o sfide da parte di coloro che sono direttamente interessati dal cambiamento. Il riconoscimento e l'apprezzamento degli sforzi e dei risultati ottenuti durante il processo di cambiamento aiutano a mantenere il morale e la motivazione. Riconoscere il duro lavoro e la capacità di adattamento dei team può rafforzare il comportamento positivo e favorire una transizione più agevole.

Per bilanciare gli aspetti tecnici del cambiamento con il suo lato umano è necessaria una combinazione di pianificazione strategica e leadership empatica. Questo equilibrio garantisce che, mentre si raggiungono gli obiettivi operativi, le persone che compongono l'organizzazione siano preparate, sostenute e motivate ad abbracciare e guidare il cambiamento. La gestione della complessità delle dinamiche dei diversi stakeholder è un aspetto critico della guida della trasformazione. Il successo delle iniziative di cambiamento richiede la comprensione e la gestione degli interessi, delle prospettive e delle influenze dei diversi gruppi di stakeholder. Queste parti interessate possono essere i dipendenti, il management, i clienti, i fornitori e persino la comunità in generale.

Il primo passo per navigare in queste dinamiche è identificare e comprendere le varie parti interessate coinvolte nel cambiamento. Si tratta di riconoscere i loro ruoli, le loro aspettative e l'impatto che il cambiamento avrà su di loro. Ogni gruppo può avere preoccupazioni e priorità diverse, e la comprensione di queste sfumature è fondamentale per rispondere efficacemente alle loro esigenze. Una comunicazione efficace è essenziale per gestire le dinamiche degli stakeholder. I leader devono sviluppare strategie di comunicazione su misura per i diversi gruppi di stakeholder, assicurando che i messaggi siano pertinenti e risuonino con ogni pubblico. Una comunicazione chiara, coerente e trasparente contribuisce a creare fiducia e a ridurre i fraintendimenti o la disinformazione. Anche il coinvolgimento degli stakeholder nel processo di cambiamento è fondamentale. Ciò può avvenire attraverso forum, focus group o coinvolgimento diretto nel processo decisionale. Quando gli stakeholder sentono di avere voce in capitolo nel processo, è più probabile che sostengano e contribuiscano positivamente al cambiamento.

La gestione delle aspettative è un altro aspetto importante. I leader devono essere realistici su ciò che il cambiamento può o non può raggiungere e comunicarlo chiaramente per evitare delusioni o resistenze. Stabilire obiettivi raggiungibili e mantenere le promesse aiuta a costruire credibilità e fiducia. La capacità di risolvere i conflitti è importante per navigare nelle dinamiche degli stakeholder. Le differenze di opinioni e di interessi possono portare a conflitti e i leader devono essere in grado di gestire queste situazioni in modo costruttivo. Ciò comporta l'ascolto di tutte le parti, la comprensione delle cause del conflitto e la ricerca di soluzioni reciprocamente accettabili.

Costruire e mantenere relazioni è fondamentale per una gestione efficace degli stakeholder. Interazioni regolari, dimostrazione di apprezzamento per i contributi degli stakeholder e risposta alle loro preoccupazioni possono rafforzare questi rapporti. Relazioni forti possono essere preziose, soprattutto quando si affrontano aspetti difficili del processo di cambiamento. Anche la flessibilità e l'adattabilità sono importanti. Le dinamiche degli stakeholder possono cambiare con il progredire dell'iniziativa di cambiamento e i leader devono essere in grado di adattare le loro strategie di conseguenza. Essere aperti al feedback e disposti ad apportare modifiche dimostra un impegno verso gli interessi degli stakeholder.

La gestione della complessità delle dinamiche degli stakeholder implica la comprensione delle prospettive degli stakeholder, una comunicazione efficace e personalizzata, il coinvolgimento degli stakeholder, la gestione delle aspettative, la risoluzione dei conflitti, la costruzione di relazioni e la flessibilità. Gestire con successo queste dinamiche è fondamentale per ottenere il sostegno e garantire il successo delle iniziative di cambiamento. Riconoscere e mitigare le insidie comuni nei processi di cambiamento è un'abilità essenziale per i leader che guidano la trasformazione. Le iniziative di cambiamento, nonostante siano ben pianificate, spesso incontrano ostacoli che possono impedire il progresso. Essere consapevoli di queste potenziali insidie e disporre di strategie per affrontarle può aumentare significativamente le possibilità di successo dell'implementazione del cambiamento.

Un'insidia comune è la resistenza al cambiamento. Questa resistenza spesso deriva dalla paura dell'ignoto, dalla comodità dello status quo o dalla percezione di una minaccia al proprio ruolo o al proprio status. Per attenuarla, i leader devono concentrarsi su una comunicazione chiara ed empatica, coinvolgere attivamente i dipendenti nel processo di cambiamento e fornire un supporto e una formazione adeguati. Un'altra insidia è rappresentata dalla comunicazione inadeguata. L'incapacità di comunicare in modo efficace la visione, i benefici e i progressi del cambiamento può portare a disinformazioni, voci e a una maggiore resistenza. I leader devono garantire una comunicazione regolare, trasparente e bidirezionale per tenere tutti informati e impegnati.

Anche la mancanza di coinvolgimento degli stakeholder è un ostacolo frequente. Senza il sostegno attivo e il coinvolgimento dei principali stakeholder, le iniziative di cambiamento possono perdere slancio e direzione. I leader dovrebbero identificare e coinvolgere tutte le parti interessate fin dall'inizio, comprendendo le loro preoccupazioni e motivazioni. Sottovalutare le risorse necessarie per il cambiamento è un altro problema comune. Si tratta di tempo, budget e risorse umane. Una pianificazione e un'allocazione adeguate delle risorse sono necessarie per garantire che l'iniziativa di cambiamento abbia il sostegno necessario per avere successo.

Anche il mancato allineamento del cambiamento con la cultura dell'organizzazione può far deragliare il processo. Se il cambiamento è percepito come in contrasto con i valori e le norme dell'organizzazione, incontrerà una maggiore resistenza. I leader dovrebbero sforzarsi di allineare il cambiamento con la cultura dell'organizzazione o lavorare per far evolvere la cultura in linea con il cambiamento. Trascurare la necessità di ottenere risultati rapidi è un'insidia che può compromettere il morale e lo slancio. La dimostrazione dei primi successi, anche se piccoli, può creare fiducia e sostegno all'iniziativa di cambiamento. I leader devono identificare le opportunità di ottenere risultati immediati e comunicarli all'organizzazione.

Ignorare l'impatto emotivo del cambiamento sui dipendenti può portare a una diminuzione del morale e dell'impegno. I leader devono riconoscere e affrontare gli aspetti emotivi, fornendo supporto laddove necessario e riconoscendo gli sforzi di coloro che sono coinvolti nel cambiamento. Trascurare la necessità di un continuo monitoraggio e adattamento può portare l'iniziativa di cambiamento fuori rotta. La verifica regolare dei progressi, la ricerca di feedback e la disponibilità ad apportare modifiche sono fondamentali per il successo a lungo termine del cambiamento.

Riconoscere e mitigare le insidie comuni nei processi di cambiamento significa affrontare la resistenza al cambiamento, garantire un'adeguata comunicazione, coinvolgere gli stakeholder, allocare risorse sufficienti, allineare il cambiamento alla cultura organizzativa, ottenere risultati rapidi, gestire l'impatto emotivo e monitorare e adattare continuamente il processo di cambiamento. Conoscendo e gestendo in modo proattivo queste insidie, i leader possono affrontare le complessità del cambiamento in modo più efficace.

Nelle iniziative di cambiamento, riconoscere le sfide e le insidie più comuni è fondamentale per i leader che vogliono affrontare efficacemente il processo di trasformazione. Una profonda comprensione di questi potenziali problemi consente ai leader di sviluppare in modo proattivo le strategie per mitigarli, aumentando le possibilità di un risultato positivo. La resistenza al cambiamento è forse la sfida più frequente. Può manifestarsi per vari motivi, tra cui la paura dell'ignoto, il disagio per i nuovi processi o la percezione di minacce alla sicurezza del lavoro. Individuare precocemente questa resistenza e comprenderne le cause è essenziale per affrontarla in modo efficace. Una comunicazione inadeguata spesso porta a fraintendimenti sugli obiettivi e sui benefici del cambiamento, con conseguente confusione o mancanza di adesione. Assicurarsi che la comunicazione sia chiara, coerente e raggiunga tutti i livelli dell'organizzazione è fondamentale per mantenere tutti allineati e impegnati. Un'altra insidia comune è quella di non riuscire a garantire una sufficiente adesione da parte degli stakeholder. Le iniziative di cambiamento possono vacillare senza il sostegno attivo di individui o gruppi chiave, tra cui la leadership senior, il middle management o i dipendenti in prima linea. Identificare e coinvolgere questi stakeholder fin dall'inizio è fondamentale.

Sottovalutare i requisiti di risorse, sia in termini di tempo, che di budget o di personale, può portare ad aspettative irrealistiche e a tensioni sull'organizzazione. Una valutazione e un'allocazione accurata delle risorse sono necessarie per una corretta esecuzione del processo di cambiamento. Trascurare l'allineamento dell'iniziativa di cambiamento con la cultura dell'organizzazione può causare attriti e resistenze. I leader devono assicurarsi che il cambiamento sia compatibile con il tessuto culturale esistente dell'organizzazione o vi si integri in modo ponderato. Trascurare la necessità di ottenere risultati rapidi può compromettere lo slancio e il morale dell'iniziativa di cambiamento. Identificare e celebrare i primi successi aiuta a creare fiducia e a dimostrare i benefici del cambiamento. Un'altra sfida è la gestione dell'impatto emotivo del cambiamento. Il cambiamento può essere sconvolgente per i dipendenti e non affrontare l'aspetto emotivo può portare al disimpegno o all'abbandono. I leader devono avere un approccio empatico e solidale.

L'incapacità di adattare e modificare la strategia di cambiamento di fronte a nuove informazioni o sfide può far sì che l'iniziativa diventi irrilevante o inefficace. Il monitoraggio continuo e la flessibilità sono fondamentali per garantire che il cambiamento rimanga sulla buona strada e raggiunga i suoi obiettivi.

L'identificazione delle sfide e delle insidie comuni nelle iniziative di cambiamento implica il riconoscimento e la gestione della resistenza al cambiamento, la garanzia di una comunicazione efficace, l'acquisizione da parte degli stakeholder, la valutazione accurata del fabbisogno di risorse, l'allineamento del cambiamento con la cultura organizzativa, il raggiungimento di risultati rapidi, la gestione dell'impatto emotivo, la flessibilità e l'adattabilità. La consapevolezza e la gestione proattiva di questi aspetti sono fondamentali per il successo del cambiamento.

Imparare da esempi reali di insuccessi nei processi di cambiamento è inestimabile. Questi esempi forniscono potenti lezioni che possono informare le strategie future e aiutare a evitare insidie simili. Analizzare i casi in cui le iniziative di cambiamento non sono andate come previsto offre spunti di riflessione sulle complessità della gestione del cambiamento e mette in evidenza l'importanza dell'adattabilità e della resilienza. Uno dei principali insegnamenti tratti da questi esempi è il ruolo critico di una comunicazione chiara e coerente. Molte iniziative di cambiamento vacillano quando le ragioni del cambiamento non vengono comunicate efficacemente a tutti gli stakeholder, generando confusione e resistenza. Comprendere le sfumature di come non sono state implementate strategie di comunicazione di successo può guidare gli sforzi futuri.

Un'altra lezione è l'importanza del coinvolgimento degli stakeholder. Le battute d'arresto si verificano spesso quando i principali stakeholder non vengono adeguatamente coinvolti nel processo di cambiamento. L'analisi di questi scenari può far luce sull'importanza di comprendere le esigenze degli stakeholder e di coinvolgerli attivamente nella pianificazione e nell'attuazione. L'allocazione delle risorse è un'altra area in cui molti processi di cambiamento incontrano difficoltà. Gli insuccessi del mondo reale dimostrano le conseguenze della sottovalutazione delle risorse necessarie per il cambiamento, tra cui il tempo, le finanze e il capitale umano. L'apprendimento da questi casi sottolinea la necessità di una pianificazione accurata e di un budget realistico. Molti insuccessi sono legati al mancato allineamento dell'iniziativa di cambiamento con la cultura dell'organizzazione. Questi esempi evidenziano le difficoltà di introdurre cambiamenti che non risuonano con i valori e le pratiche esistenti dell'organizzazione, sottolineando la necessità di considerazioni culturali nella pianificazione del cambiamento. La resistenza al cambiamento è un tema comune a molte battute d'arresto. Lo studio di questi casi rivela diversi fattori che contribuiscono alla resistenza, tra cui la paura dell'ignoto, la percezione di minacce alla sicurezza del lavoro e il disagio nei confronti di nuovi modi di lavorare. Gli insegnamenti tratti da questi esempi sottolineano l'importanza di gestire la resistenza attraverso l'empatia, il sostegno e strategie efficaci di gestione del cambiamento.

La leadership gioca un ruolo fondamentale nel successo o nel fallimento delle iniziative di cambiamento. Le battute d'arresto si verificano spesso quando i leader non sono pienamente impegnati o non hanno le competenze necessarie per guidare il processo di cambiamento. L'analisi di queste situazioni può fornire indicazioni sulle qualità e le azioni di leader efficaci nel cambiamento. La flessibilità e l'adattabilità sono fondamentali nella gestione del cambiamento, come dimostrano le battute d'arresto delle iniziative gestite in modo rigido. L'apprendimento da questi esempi evidenzia l'importanza di essere reattivi al feedback, disposti ad apportare modifiche e capaci di affrontare sfide impreviste.

Imparare da esempi reali di insuccessi nei processi di cambiamento fornisce lezioni preziose sulla comunicazione efficace, sul coinvolgimento degli stakeholder, sull'allocazione delle risorse, sull'allineamento culturale, sulla gestione della resistenza, sulla leadership e sulla necessità di flessibilità. Queste intuizioni sono fondamentali per dare forma a strategie più solide e resistenti per le future iniziative di cambiamento. Mantenere lo slancio nelle iniziative di cambiamento è fondamentale per il loro successo e la loro sostenibilità. L'utilizzo di vari strumenti può aiutare in modo significativo a mantenere lo slancio, assicurando che il processo di cambiamento rimanga dinamico e sulla buona strada.

Gli strumenti di tracciamento delle prestazioni sono fondamentali per monitorare i progressi dell'iniziativa di cambiamento. Strumenti come i cruscotti e i software di gestione dei progetti consentono ai leader e ai team di tenere sotto controllo le tappe principali, i risultati e le scadenze. Forniscono informazioni in tempo reale sull'andamento del cambiamento, aiutando a identificare le aree in cui l'iniziativa è in regola e quelle che richiedono maggiore attenzione. Le piattaforme di comunicazione svolgono un ruolo costante nel mantenere lo slancio del cambiamento. Aggiornamenti regolari, storie di successo e discussioni trasparenti sulle sfide mantengono l'iniziativa di cambiamento visibile e in primo piano per tutti i soggetti coinvolti. Queste piattaforme assicurano che tutte le parti interessate rimangano informate e impegnate nel corso del processo.

I meccanismi di feedback sono essenziali per valutare l'efficacia del cambiamento e il livello di coinvolgimento degli stakeholder. Sondaggi, moduli di feedback e cassette dei suggerimenti consentono agli stakeholder di esprimere le proprie opinioni, preoccupazioni e suggerimenti, fornendo input preziosi che possono aiutare a perfezionare e migliorare il processo di cambiamento. Gli strumenti di formazione e sviluppo rimangono fondamentali durante tutto il processo di cambiamento. Con il progredire del cambiamento, potrebbero essere necessarie nuove competenze o conoscenze. Piattaforme di e-learning, workshop e sessioni di formazione assicurano che tutti gli individui abbiano le competenze necessarie per supportare e sostenere il cambiamento.

Gli strumenti di collaborazione facilitano il lavoro di gruppo e la risoluzione dei problemi. Gli strumenti che supportano le riunioni virtuali, gli spazi di lavoro condivisi e l'editing collaborativo dei documenti consentono ai team di lavorare insieme in modo efficace, anche se sono geograficamente dispersi. I sistemi di riconoscimento e di ricompensa aiutano a mantenere il morale e la motivazione. Il riconoscimento dei contributi individuali e di gruppo all'iniziativa di cambiamento rafforza i comportamenti positivi e incoraggia il coinvolgimento e il sostegno continui.

Il software per la gestione del cambiamento può offrire quadri strutturati per la gestione di vari aspetti del processo di cambiamento. Questi strumenti possono aiutare nella gestione del rischio, nella mappatura degli stakeholder e nell'analisi dell'impatto del cambiamento, fornendo un approccio completo per mantenere lo slancio del cambiamento. Gli strumenti di analisi continuano a essere importanti per prendere decisioni basate sui dati. Possono fornire informazioni sull'impatto del cambiamento sui vari aspetti dell'organizzazione, aiutando i leader a prendere decisioni informate sul futuro corso dell'iniziativa.

L'utilizzo di strumenti e mezzi per mantenere lo slancio del cambiamento implica l'uso di strumenti di monitoraggio delle prestazioni, piattaforme di comunicazione, meccanismi di feedback, strumenti di formazione e sviluppo, strumenti di collaborazione, sistemi di riconoscimento e ricompensa, software di gestione del cambiamento e strumenti di analisi. Queste risorse aiutano a mantenere il processo di cambiamento focalizzato, dinamico e allineato agli obiettivi, assicurando un impegno e un successo continui.

L'utilizzo degli strumenti e dei mezzi giusti è fondamentale per sostenere lo slancio delle iniziative di cambiamento. Queste risorse svolgono un ruolo chiave nel mantenere il processo di cambiamento attivo, coinvolgente e allineato agli obiettivi. I cruscotti di gestione del cambiamento sono strumenti potenti per mantenere la visibilità del processo di cambiamento. Forniscono un'istantanea delle metriche chiave e degli indicatori di progresso, aiutando i leader e i team a rimanere informati sullo stato delle varie attività e tappe del cambiamento. Le piattaforme di coinvolgimento facilitano la comunicazione e l'interazione continua tra gli stakeholder. Aggiornamenti regolari, forum di discussione e sessioni di domande e risposte ospitate su queste piattaforme aiutano a mantenere viva la conversazione sul cambiamento e a promuovere un senso di comunità intorno all'iniziativa di cambiamento.

Gli strumenti di feedback e di indagine sono essenziali per cogliere il polso dell'organizzazione. Sondaggi e canali di feedback regolari forniscono indicazioni su come il cambiamento viene percepito e vissuto a diversi livelli, consentendo di adeguare tempestivamente le strategie e gli approcci. Gli strumenti di apprendimento e sviluppo sono importanti per rafforzare le nuove competenze e i nuovi comportamenti. L'accesso continuo alle risorse di formazione, ai moduli di e-learning e ai programmi di sviluppo delle competenze assicura che i dipendenti rimangano equipaggiati e sicuri di sé per gestire le esigenze in evoluzione del processo di cambiamento.

Gli spazi di lavoro collaborativi, sia fisici che digitali, incoraggiano il lavoro di squadra e la risoluzione collettiva dei problemi. Questi spazi sono fondamentali per il brainstorming, l'innovazione e la collaborazione interfunzionale, tutti elementi che contribuiscono a mantenere lo slancio. I programmi di riconoscimento e incentivazione aiutano a sostenere l'entusiasmo e la motivazione. La celebrazione delle tappe fondamentali, il riconoscimento dei contributi individuali e di squadra e gli incentivi per i comportamenti desiderati rafforzano il valore del cambiamento e incoraggiano la partecipazione continua.

Gli strumenti analitici svolgono un ruolo significativo nella misurazione dell'impatto del cambiamento. I dati raccolti da varie fonti possono essere analizzati per comprendere l'efficacia delle iniziative di cambiamento, identificare le aree di miglioramento e informare le azioni future. Le applicazioni mobili e le notifiche possono essere utilizzate per fornire aggiornamenti e promemoria tempestivi. Le notifiche push e l'accesso mobile alle informazioni relative al cambiamento assicurano che le parti interessate rimangano connesse e impegnate, anche in viaggio. I social media e i blog interni possono essere utilizzati per condividere storie di successo, best practice e testimonianze relative al cambiamento. Queste piattaforme possono generare un'eco intorno al cambiamento e contribuire a creare una narrazione positiva. Gli strumenti di gestione del rischio rimangono importanti durante tutto il processo di cambiamento. La continua identificazione, valutazione e mitigazione dei rischi garantisce che l'iniziativa di cambiamento mantenga la rotta e sia resistente a potenziali interruzioni.

Per sostenere lo slancio del cambiamento è necessario utilizzare una serie di strumenti, tra cui cruscotti di gestione del cambiamento, piattaforme di coinvolgimento, strumenti di feedback, risorse di apprendimento e sviluppo, spazi di lavoro collaborativi, programmi di riconoscimento, strumenti analitici, applicazioni mobili, social media e strumenti di gestione del rischio. Queste risorse aiutano a mantenere gli stakeholder impegnati, informati e attrezzati per guidare e sostenere l'iniziativa di cambiamento. Il rafforzamento dei comportamenti e delle pratiche positive di cambiamento è un elemento critico per sostenere lo slancio e garantire il successo a lungo termine delle iniziative di cambiamento. Si tratta di incoraggiare e consolidare i comportamenti e le attività che si allineano agli obiettivi di cambiamento, rendendoli parte integrante e naturale della cultura dell'organizzazione.

Un modo efficace per rafforzare i comportamenti positivi è il riconoscimento e i premi. Riconoscere e premiare gli individui e i team che dimostrano i comportamenti e le pratiche desiderate non solo li motiva a proseguire in queste azioni, ma costituisce anche un esempio per gli altri. Ciò può avvenire attraverso programmi di riconoscimento formale, riconoscimenti informali o incentivi basati sulle prestazioni. Una comunicazione coerente gioca un ruolo fondamentale nel rafforzamento. Sottolineare regolarmente l'importanza dei comportamenti di cambiamento, condividere storie di successo e dimostrare l'impatto di questi comportamenti sugli obiettivi dell'organizzazione li mantiene in primo piano nella mente di tutti. Questo messaggio coerente rafforza il valore e l'importanza dei nuovi comportamenti. Anche le opportunità di formazione e sviluppo continuo sono fondamentali. Con l'evoluzione dell'organizzazione, è fondamentale garantire che i dipendenti abbiano le competenze e le conoscenze necessarie per adattarsi ai nuovi processi e sistemi. Gli ambienti di apprendimento continuo incoraggiano l'adozione di nuovi comportamenti e ne sostengono l'integrazione nel lavoro quotidiano.

Il modeling della leadership è un altro potente strumento di rinforzo. Quando i leader esemplificano i comportamenti e le pratiche che l'iniziativa di cambiamento cerca di promuovere, inviano un messaggio forte sulla loro importanza. I leader devono dimostrare costantemente questi comportamenti nelle loro azioni e decisioni. È essenziale creare un ambiente favorevole che incoraggi i nuovi comportamenti. Ciò include la fornitura delle risorse e degli strumenti necessari, la creazione di politiche e procedure in linea con il cambiamento e la promozione di una cultura che valorizzi l'innovazione, la flessibilità e il miglioramento continuo.

I circuiti di feedback sono importanti per rafforzare i comportamenti positivi di cambiamento. Un feedback regolare permette alle persone di capire come le loro azioni si allineano con gli obiettivi del cambiamento e dove potrebbero essere necessari degli aggiustamenti. Il feedback costruttivo aiuta a perfezionare i comportamenti e le pratiche per un migliore allineamento con gli obiettivi del cambiamento. Celebrare le pietre miliari e i successi associati ai comportamenti di cambiamento aiuta a mantenere l'entusiasmo e l'impegno. Il riconoscimento di questi risultati, grandi o piccoli che siano, rafforza i progressi compiuti e lo sforzo collettivo verso il cambiamento.

Il rafforzamento dei comportamenti e delle pratiche di cambiamento positive passa attraverso il riconoscimento e la ricompensa, la comunicazione costante, la formazione e lo sviluppo continui, la modellazione della leadership, la creazione di un ambiente di supporto, la creazione di anelli di feedback e la celebrazione di tappe e successi. Queste strategie sono fondamentali per rendere i comportamenti desiderati una parte duratura della cultura dell'organizzazione, garantendo così il successo e la sostenibilità dell'iniziativa di cambiamento.

Nel contesto di una trasformazione di primo piano, la capacità di adattare ed evolvere gli strumenti per soddisfare le mutevoli esigenze dell'organizzazione è fondamentale. Con il progredire delle iniziative di cambiamento, le esigenze e le sfide dell'organizzazione possono cambiare, richiedendo strumenti e approcci flessibili e reattivi. L'adattamento degli strumenti per soddisfare l'evoluzione delle esigenze comporta la revisione e la valutazione periodica dell'efficacia degli strumenti attualmente in uso. Questa valutazione può basarsi sul feedback degli utenti, sulle metriche di performance e sull'andamento generale dell'iniziativa di cambiamento. Capire in che misura questi strumenti stiano supportando gli obiettivi di cambiamento è fondamentale per determinare se siano necessari aggiustamenti o sostituzioni.

I progressi tecnologici e le tendenze emergenti devono essere monitorati costantemente. Il rapido ritmo dell'evoluzione tecnologica implica il costante sviluppo di strumenti nuovi e più efficaci. Tenersi aggiornati su questi sviluppi può offrire l'opportunità di incorporare strumenti più efficienti o più facili da usare nel processo di cambiamento. Spesso è necessario personalizzare gli strumenti per adattarli al contesto specifico dell'organizzazione. Le soluzioni disponibili non sempre si adattano perfettamente alle esigenze specifiche dell'organizzazione. La personalizzazione di questi strumenti, o lo sviluppo di soluzioni su misura, garantisce un maggiore allineamento con i requisiti specifici dell'iniziativa di cambiamento.

I sistemi di formazione e di supporto devono evolvere insieme agli strumenti. Quando si introducono nuovi strumenti o si modificano quelli esistenti, è fondamentale garantire ai dipendenti la formazione necessaria per utilizzarli in modo efficace. Ciò potrebbe comportare la creazione di nuovi moduli di formazione, l'aggiornamento dei materiali di supporto o l'offerta di ulteriori canali di assistenza. I cicli di feedback sono essenziali per adattare gli strumenti. Un feedback regolare da parte degli utenti di questi strumenti fornisce indicazioni su come migliorarli o adattarli. Incoraggiare un feedback aperto e onesto e agire di conseguenza dimostra l'impegno a migliorare continuamente il processo di cambiamento.

La scalabilità e l'integrazione sono considerazioni importanti. Gli strumenti devono essere scalabili per adattarsi alla crescita e all'espansione dell'organizzazione o dell'iniziativa di cambiamento. Devono inoltre essere in grado di integrarsi perfettamente con altri sistemi e strumenti utilizzati nell'organizzazione per garantire un approccio coeso. Lo sviluppo e l'implementazione iterativi degli strumenti consentono un miglioramento e un adattamento graduale. Piuttosto che apportare grandi modifiche agli strumenti, un approccio iterativo consente di apportare modifiche piccole e gestibili nel tempo, riducendo le interruzioni e consentendo un miglioramento continuo.

L'adattamento e l'evoluzione degli strumenti per soddisfare le esigenze di cambiamento implicano una valutazione e una revisione regolari, l'aggiornamento sui progressi tecnologici, la personalizzazione, l'evoluzione della formazione e del supporto, la creazione di anelli di feedback, la considerazione della scalabilità e dell'integrazione e l'adozione di un approccio iterativo allo sviluppo e all'implementazione. Queste strategie garantiscono che gli strumenti utilizzati nel processo di cambiamento rimangano efficaci, pertinenti e di supporto alle esigenze in evoluzione dell'organizzazione.

Comunicare efficacemente i messaggi di cambiamento è un aspetto critico della guida alla trasformazione. Si tratta di trasmettere le informazioni sul cambiamento in modo chiaro, persuasivo e con una buona risonanza presso il pubblico. Una comunicazione efficace non solo informa, ma coinvolge e motiva gli stakeholder, contribuendo a costruire il sostegno al cambiamento.

La chiarezza è fondamentale nella comunicazione del cambiamento. I messaggi devono essere concisi, specifici e facilmente comprensibili. Evitare il gergo e il linguaggio tecnico assicura che il messaggio sia accessibile a tutti i membri dell'organizzazione, indipendentemente dal loro ruolo o livello. La coerenza dei messaggi rafforza gli obiettivi del cambiamento e contribuisce a creare fiducia. Messaggi diversi o contrastanti possono generare confusione e scetticismo. Messaggi coerenti, trasmessi attraverso vari canali e da diversi leader, rafforzano la credibilità dell'iniziativa di cambiamento.

È fondamentale adattare i messaggi ai diversi destinatari. I diversi gruppi di stakeholder possono avere preoccupazioni, priorità e livelli di comprensione del cambiamento diversi. Personalizzare il messaggio per rispondere alle esigenze e alle prospettive specifiche di ciascun gruppo garantisce una maggiore rilevanza e impatto. L'utilizzo di una varietà di canali di comunicazione aiuta a raggiungere un pubblico più ampio e a soddisfare le diverse preferenze. Tra questi vi sono le e-mail, le riunioni, i social media, le newsletter interne e le interazioni faccia a faccia. Un approccio multicanale garantisce che il messaggio venga recepito e assorbito con maggiore probabilità.

Lo storytelling e l'uso di esempi di vita reale possono rendere i messaggi sul cambiamento più coinvolgenti e memorabili. La condivisione di storie di successo, di sfide superate o dell'impatto potenziale del cambiamento può aiutare a illustrare i benefici e a dare vita al messaggio. La trasparenza è essenziale nella comunicazione del cambiamento. Essere aperti sulle ragioni del cambiamento, sui risultati attesi e sulle sfide aiuta a creare fiducia e rispetto. Riconoscere l'incertezza ed essere onesti su ciò che è noto e su ciò che deve ancora essere determinato può prevenire la disinformazione e le voci di corridoio.

La comunicazione bidirezionale è importante per il coinvolgimento. Offrire opportunità di feedback, domande e dialogo permette agli stakeholder di sentirsi ascoltati e valorizzati. Ciò può essere facilitato da sessioni di domande e risposte, moduli di feedback, riunioni cittadine o workshop interattivi. Aggiornamenti regolari mantengono lo slancio dell'iniziativa di cambiamento e il coinvolgimento degli stakeholder. Fornire informazioni continue sui progressi, celebrare le tappe fondamentali e discutere i prossimi passi mantiene l'iniziativa di cambiamento visibile e al centro dell'attenzione.

Comunicare efficacemente i messaggi di cambiamento implica chiarezza, coerenza, messaggistica specifica per il pubblico, utilizzo di più canali, narrazione, trasparenza, comunicazione bidirezionale e aggiornamenti regolari. Questi elementi sono fondamentali per garantire che i messaggi di cambiamento non solo siano ascoltati, ma anche compresi, accettati e sostenuti da tutte le parti interessate. L'arte di creare e trasmettere messaggi di cambiamento d'impatto è al centro di una gestione efficace del cambiamento. Si tratta di creare una narrazione che risuoni con il pubblico, ispiri l'azione e promuova un atteggiamento positivo verso il cambiamento. Questo processo coinvolge sia il contenuto del messaggio che il modo in cui viene comunicato.

La creazione di messaggi d'impatto inizia con una profonda comprensione dello scopo e dei benefici del cambiamento. Il messaggio deve spiegare chiaramente perché il cambiamento è necessario e come si allinea con gli obiettivi e i valori più ampi dell'organizzazione. Deve trasmettere una visione del futuro che sia convincente e auspicabile. Il linguaggio utilizzato per creare questi messaggi è fondamentale. Deve essere semplice, chiaro e privo di gergo, in modo da rendere il messaggio accessibile a tutti i membri dell'organizzazione. Il tono deve essere positivo e inclusivo, sottolineando le opportunità e i vantaggi piuttosto che soffermarsi sulle sfide e sui rischi.

L'empatia è una componente fondamentale nella creazione di messaggi di cambiamento. Comprendere le preoccupazioni e le prospettive del pubblico permette di creare un messaggio che riconosce questi sentimenti e li affronta direttamente. L'empatia contribuisce a creare fiducia e a ridurre la resistenza. Come abbiamo già detto, la narrazione può essere uno strumento potente per trasmettere messaggi di cambiamento. Storie di successo, esempi di risultati positivi o narrazioni a cui le persone possono riferirsi possono rendere il cambiamento più tangibile e coinvolgente. Le storie aiutano a illustrare le implicazioni pratiche del cambiamento e possono essere più persuasive delle descrizioni astratte.

Anche il momento e il contesto in cui viene trasmesso il messaggio sono importanti. I messaggi devono essere trasmessi nel momento in cui sono più rilevanti e in un contesto che abbia senso per il pubblico. Ciò potrebbe significare allineare il messaggio con eventi o tappe fondamentali dell'organizzazione. La scelta del mezzo giusto per trasmettere il messaggio è essenziale. Un pubblico diverso può preferire canali di comunicazione diversi, come le e-mail, i social media, le riunioni faccia a faccia o le trasmissioni interne. L'utilizzo di una varietà di canali garantisce una portata più ampia e un impatto maggiore.

Una comunicazione coinvolgente e interattiva può aumentare l'efficacia dei messaggi di cambiamento. Incoraggiare il dialogo, invitare a porre domande e chiedere feedback rende il processo di comunicazione più dinamico e partecipativo. La coerenza dei messaggi è fondamentale. Ripetere i temi e i messaggi chiave aiuta a rafforzare la narrazione del cambiamento e garantisce che venga ricordata e compresa. Tuttavia, la ripetizione deve essere equilibrata per evitare la stanchezza da messaggio.

L'arte di creare e trasmettere messaggi di cambiamento d'impatto implica la comprensione dello scopo del cambiamento, l'uso di un linguaggio chiaro ed empatico, la narrazione di storie, la considerazione dei tempi e del contesto, la scelta di mezzi di comunicazione appropriati, l'impegno nella comunicazione interattiva e il mantenimento della coerenza. Questi elementi contribuiscono collettivamente a creare messaggi di cambiamento che non solo vengono ascoltati, ma risuonano profondamente con il pubblico, motivandolo ad abbracciare e partecipare al processo di cambiamento. Coinvolgere e ispirare le parti interessate attraverso una comunicazione efficace è un aspetto fondamentale del successo della gestione del cambiamento. Si tratta di creare un legame con gli stakeholder che va oltre la semplice condivisione delle informazioni: si tratta di motivarli, di ottenere il loro sostegno e di incoraggiare la loro partecipazione attiva al processo di cambiamento.

Per coinvolgere efficacemente gli stakeholder, è fondamentale capire le loro prospettive, le loro preoccupazioni e i loro interessi. Questa comprensione consente di creare messaggi pertinenti e significativi per i diversi gruppi. Sapere cosa conta per ogni gruppo di stakeholder aiuta a creare una narrazione che risuoni con le loro specifiche motivazioni e preoccupazioni. La personalizzazione della comunicazione è fondamentale per il coinvolgimento. Sebbene i messaggi di ampio respiro siano importanti per garantire la coerenza, l'adattamento della comunicazione alle domande e alle esigenze specifiche dei diversi gruppi di stakeholder rende la comunicazione più pertinente e d'impatto. Ciò potrebbe comportare la segmentazione del pubblico e lo sviluppo di messaggi mirati per ciascun segmento I metodi di comunicazione interattiva possono aumentare significativamente il coinvolgimento. Invece di una comunicazione unidirezionale, metodi interattivi come workshop, town hall e forum di discussione incoraggiano il dialogo e permettono agli stakeholder di esprimere le proprie opinioni e preoccupazioni. Questa comunicazione bidirezionale favorisce un senso di coinvolgimento e di investimento nel processo di cambiamento.

La trasparenza è essenziale per costruire fiducia e credibilità. Condividere apertamente le informazioni sul processo di cambiamento, comprese le sfide e il modo in cui vengono affrontate, aumenta la fiducia degli stakeholder. La trasparenza dimostra che la leadership è impegnata nell'onestà e nell'integrità, elementi cruciali per conquistare la fiducia degli stakeholder. Una comunicazione coerente e regolare mantiene il coinvolgimento. Fornire aggiornamenti continui sullo stato di avanzamento del cambiamento, sui prossimi passi e celebrare le tappe fondamentali mantiene gli stakeholder informati e coinvolti. Una comunicazione regolare aiuta a mantenere l'interesse e lo slancio verso l'iniziativa di cambiamento.

Gli elementi visivi e multimediali possono aumentare il fascino e la chiarezza della comunicazione. L'uso di infografiche, video e presentazioni può rendere più comprensibili e coinvolgenti informazioni complesse. Questi elementi possono abbattere le barriere alla comprensione e aggiungere un livello coinvolgente alla comunicazione. Il riconoscimento dei contributi degli stakeholder rafforza il coinvolgimento. Riconoscere i contributi e gli sforzi degli stakeholder, sia attraverso programmi di riconoscimento formale che attraverso apprezzamenti informali, dimostra che i loro contributi sono apprezzati e importanti.

Coinvolgere e ispirare gli stakeholder attraverso una comunicazione efficace implica la comprensione delle loro prospettive, la personalizzazione della comunicazione, l'uso di metodi interattivi, la trasparenza, la coerenza della comunicazione, l'utilizzo di elementi visivi e multimediali e il riconoscimento dei contributi. Queste strategie aiutano a creare un forte legame con gli stakeholder, incoraggiando il loro sostegno entusiasta e la loro partecipazione attiva all'iniziativa di cambiamento.

Mantenere la trasparenza e l'apertura durante tutto il processo di trasformazione è fondamentale per creare fiducia, gestire le aspettative e promuovere una cultura di inclusione. La trasparenza nella gestione del cambiamento incoraggia l'adesione degli stakeholder e aiuta a mitigare la resistenza, assicurando che tutti comprendano il cosa, il perché e il come del cambiamento.

1. Canali di comunicazione aperti: Stabilire e mantenere linee di comunicazione aperte in tutta l'organizzazione. Ciò include aggiornamenti regolari, politiche di porte aperte e forum in cui i dipendenti possano porre domande ed esprimere dubbi. Assicurare che la comunicazione fluisca in entrambe le direzioni, dalla leadership ai dipendenti e viceversa, è essenziale per mantenere la trasparenza.

2. Aggiornamenti regolari: Fornire aggiornamenti regolari sui progressi della trasformazione, compresi i risultati, le sfide affrontate e le misure adottate per affrontarle. Ciò può avvenire sotto forma di newsletter, bollettini e-mail o riunioni periodiche. La trasparenza sui successi e sugli insuccessi mantiene tutti informati e impegnati.

3. Onestà nella comunicazione: Siate onesti in tutte le comunicazioni riguardanti il cambiamento. Ciò significa discutere apertamente le sfide e i potenziali svantaggi, non solo i vantaggi. L'onestà crea fiducia e mostra rispetto per l'intelligenza e la maturità di tutte le parti interessate.

4. Coinvolgere gli stakeholder: Coinvolgere attivamente le parti interessate nel processo di cambiamento. Ciò può includere sondaggi per raccogliere input, sessioni di pianificazione collaborativa e meccanismi di feedback. Quando gli stakeholder sentono che le loro opinioni sono apprezzate e prese in considerazione, aumentano la trasparenza e creano un senso di appartenenza.

5. Meccanismi di feedback: Implementare meccanismi di feedback efficaci per raccogliere risposte e reazioni al processo di cambiamento. Tra questi potrebbero esserci cassette per i suggerimenti, moduli di feedback o focus group. Esaminare e rispondere attivamente ai feedback dimostra un impegno all'apertura.

6. Cambiamenti culturali: Lavorare per incorporare la trasparenza e l'apertura nella cultura dell'organizzazione. Ciò comporta la modellazione di questi comportamenti a livello di leadership e il riconoscimento e la ricompensa della trasparenza negli altri. La creazione di una cultura in cui l'apertura è apprezzata è fondamentale per mantenerla.

7. Formazione sulla trasparenza: Fornire formazione e risorse ai dirigenti e ai team leader su come comunicare in modo trasparente ed efficace. Fornite loro le competenze necessarie per gestire conversazioni difficili, condividere informazioni sensibili e impegnarsi nell'ascolto attivo.

8. Celebrare la trasparenza: Riconoscere e celebrare i casi in cui la trasparenza ha portato a risultati positivi. La condivisione di queste storie di successo può incoraggiare altri a praticare la trasparenza e rafforzarne il valore nell'organizzazione.

9. Documentare il processo: Conservare una documentazione dettagliata del processo di trasformazione, comprese le decisioni prese, le azioni intraprese e le motivazioni alla base. Questa documentazione può fornire chiarezza e fungere da preziosa risorsa per comprendere il percorso del cambiamento.

Mantenere la trasparenza e l'apertura durante tutto il processo di trasformazione comporta canali di comunicazione aperti, aggiornamenti regolari, onestà, coinvolgimento degli stakeholder, meccanismi di feedback efficaci, cambiamenti culturali verso l'apertura, formazione sulla comunicazione trasparente, celebrazione della trasparenza e documentazione accurata. Queste strategie favoriscono un ambiente di fiducia e collaborazione, essenziale per il successo di qualsiasi iniziativa di trasformazione.

Capitolo 6: Sostenere lo slancio

Il mantenimento di uno slancio continuo nelle iniziative di cambiamento è fondamentale per il loro successo. Lo slancio mantiene viva l'energia e la spinta dell'iniziativa di cambiamento, garantendo che il processo di trasformazione vada avanti e raggiunga i suoi obiettivi. Quando lo slancio è sostenuto, aiuta a superare le resistenze, previene la stagnazione e crea un senso di progresso e di realizzazione tra tutti i soggetti coinvolti. Lo slancio sostenuto assicura che l'iniziativa di cambiamento rimanga una priorità all'interno dell'organizzazione. Impedisce che l'iniziativa venga messa in ombra da altre operazioni quotidiane o da nuovi progetti, mantenendo l'attenzione sul raggiungimento degli obiettivi di cambiamento. Questa focalizzazione è fondamentale per garantire che le risorse, sia temporali che finanziarie, siano continuamente assegnate allo sforzo di cambiamento.

Quando si mantiene lo slancio, si favorisce anche il radicamento del cambiamento nella cultura organizzativa. L'impegno e la concentrazione continui rendono i nuovi modi di lavorare più familiari e abituali, aumentando la probabilità che il cambiamento venga integrato con successo nelle pratiche standard dell'organizzazione. Lo slancio sostenuto aiuta a costruire e mantenere il coinvolgimento degli stakeholder. Quando gli stakeholder vedono un continuo progresso e impegno nell'iniziativa di cambiamento, la loro fiducia e il loro sostegno al cambiamento vengono rafforzati. Questo impegno continuo è fondamentale per il successo complessivo del cambiamento.

Lo slancio continuo offre anche opportunità di apprendimento e miglioramento. Man mano che l'iniziativa di cambiamento procede, lo sforzo continuo consente di raccogliere intuizioni e feedback, che possono essere utilizzati per perfezionare e migliorare il processo di cambiamento. Questo apprendimento è essenziale per la sostenibilità e l'efficacia a lungo termine del cambiamento. Inoltre, mantenere lo slancio è importante per il morale e la motivazione. Progressi e risultati regolari forniscono un rinforzo positivo a chi è coinvolto nell'iniziativa di cambiamento. Questo rinforzo aumenta il morale e la motivazione, incoraggiando uno sforzo continuo e il sostegno al cambiamento.

1. Comunicazione continua: Mantenere aperte e attive le linee di comunicazione. Aggiornamenti regolari sullo stato di avanzamento dell'iniziativa di cambiamento, sulle fasi successive e su eventuali modifiche al piano aiutano a mantenere tutti allineati e informati. Questo flusso continuo di informazioni aiuta a prevenire le voci e le informazioni errate, che possono far deragliare l'iniziativa.

2. Impegno visibile della leadership: I leader devono continuare a dimostrare il loro impegno nel cambiamento. Ciò può essere ottenuto attraverso il loro coinvolgimento attivo nelle attività legate al cambiamento, con una comunicazione coerente sull'importanza del cambiamento e modellando visibilmente i comportamenti e le pratiche che il cambiamento sta promuovendo.

3. Rafforzare la visione e gli obiettivi: Ribadire regolarmente la visione e gli obiettivi dell'iniziativa di cambiamento aiuta a ricordare a tutti il "quadro generale" e il motivo per cui il cambiamento è importante. Questo rafforzamento può essere integrato nelle riunioni periodiche, nelle comunicazioni interne e negli obiettivi di performance.

4. Celebrare le pietre miliari e i successi: Riconoscere e celebrare le pietre miliari e i successi più importanti, per quanto piccoli, può aumentare il morale e motivare a proseguire gli sforzi verso il cambiamento. Le celebrazioni e i riconoscimenti servono come rinforzo positivo e aiutano a mantenere l'entusiasmo.

5. Affrontare le sfide in modo proattivo: Rimanere vigili sulle nuove sfide e sugli ostacoli che possono emergere. Affrontarli in modo proattivo e trasparente assicura che non diventino un ostacolo al progresso. Incoraggiare una cultura della risoluzione dei problemi e della resilienza aiuta a mantenere lo slancio.

6. Responsabilizzazione dei campioni del cambiamento: Identificare e potenziare i campioni del cambiamento all'interno dell'organizzazione: persone entusiaste e influenti sul cambiamento. Questi campioni possono agire come sostenitori, aiutando a diffondere messaggi positivi e incoraggiando i loro colleghi ad abbracciare il cambiamento.

7. Formazione e supporto continui: Man mano che il cambiamento diventa più radicato, continuate a fornire formazione e supporto al personale. Questo assicura che tutti abbiano le competenze e le conoscenze necessarie per lavorare efficacemente nel nuovo ambiente e aiuta a mitigare eventuali cali di rendimento legati al cambiamento.

8. Monitoraggio e feedback: Implementare meccanismi per il monitoraggio regolare dei progressi del cambiamento e per la raccolta di feedback. Utilizzate questi dati per apportare modifiche informate alla strategia di cambiamento, assicurando che rimanga pertinente ed efficace.

9. Costruire sul cambiamento: Cercare le opportunità di costruire sul cambiamento iniziale, sfruttando i suoi successi per ulteriori miglioramenti e innovazioni. Questo approccio può aiutare a mantenere un ambiente dinamico e di miglioramento continuo.

Nelle iniziative di cambiamento, l'attuazione di strategie per prevenire la stagnazione e la regressione è essenziale per mantenere lo slancio e garantire un progresso continuo. La stagnazione può verificarsi quando l'entusiasmo iniziale del cambiamento svanisce, mentre la regressione può verificarsi quando si tende a tornare alle vecchie abitudini e pratiche. Una strategia efficace consiste nel fissare e comunicare obiettivi a breve termine accanto agli obiettivi a lungo termine dell'iniziativa di cambiamento. Questi obiettivi, più piccoli e raggiungibili, forniscono traguardi e tappe continue, mantenendo il team concentrato e creando un senso di realizzazione e progresso continui. È fondamentale rivedere e regolare regolarmente la strategia di cambiamento in base alle circostanze e ai feedback attuali. Questo approccio consente la flessibilità necessaria per affrontare le sfide emergenti e adattarsi alle condizioni mutevoli, evitando la stagnazione e mantenendo la strategia pertinente ed efficace.

Anche la creazione di una cultura del miglioramento continuo, in cui il feedback viene incoraggiato e preso in considerazione, può prevenire la stagnazione. In una cultura di questo tipo, i dipendenti sono motivati a cercare modi per migliorare continuamente i processi e le pratiche, contribuendo allo slancio in avanti dell'iniziativa di cambiamento. Un'altra strategia importante è quella di responsabilizzare i dipendenti su alcune parti del processo di cambiamento. Quando i membri del team sentono un senso di responsabilità e autonomia, è più probabile che prendano l'iniziativa e guidino il progresso, evitando così di regredire a vecchi modi di lavorare.

Una comunicazione regolare sui benefici e sui successi del cambiamento aiuta a mantenere l'entusiasmo e l'impegno. Evidenziare come i cambiamenti abbiano un impatto positivo sull'organizzazione e sugli individui aiuta a rafforzare il valore dei nuovi approcci e delle nuove pratiche. L'offerta di formazione e sviluppo continui assicura che i dipendenti abbiano le competenze e le conoscenze necessarie per adattarsi ai nuovi metodi di lavoro. Questo investimento continuo nello sviluppo del personale aiuta a prevenire la regressione, dotando i dipendenti degli strumenti necessari per avere successo nel nuovo ambiente.

Riconoscere e premiare gli sforzi e i risultati legati all'iniziativa di cambiamento può anche prevenire la stagnazione. Il riconoscimento e l'apprezzamento del duro lavoro e dell'adattabilità dei dipendenti rafforzano i comportamenti positivi e incoraggiano un impegno costante nel cambiamento. La promozione di un ambiente favorevole in cui le sfide e le difficoltà possano essere discusse e affrontate apertamente è fondamentale per prevenire la regressione. Questa atmosfera di sostegno fa sì che i dipendenti si sentano a proprio agio nel chiedere aiuto e siano meno propensi a ritornare a pratiche familiari ma obsolete di fronte alle sfide.

Per evitare la stagnazione e la regressione nelle iniziative di cambiamento occorre fissare e comunicare gli obiettivi a breve termine, rivedere e adeguare regolarmente la strategia, promuovere una cultura del miglioramento continuo, responsabilizzare i dipendenti, comunicare regolarmente i vantaggi e i successi, fornire una formazione continua, riconoscere e premiare gli sforzi compiuti e favorire un ambiente favorevole. Mantenere l'entusiasmo e il coinvolgimento delle parti interessate è essenziale per il successo continuo delle iniziative di cambiamento. L'entusiasmo degli stakeholder alimenta lo slancio del processo di cambiamento, mentre il loro impegno assicura che il cambiamento sia sostenuto e abbracciato da tutta l'organizzazione.

Una comunicazione regolare e trasparente è fondamentale per mantenere l'entusiasmo e il coinvolgimento degli stakeholder. Tenere informati gli stakeholder sull'andamento del cambiamento, sulle fasi successive e sul modo in cui il loro contributo sta influenzando il processo di cambiamento li aiuta a sentirsi legati e valorizzati. La comunicazione non deve concentrarsi solo sui successi, ma anche affrontare apertamente le sfide e il modo in cui vengono gestite. Il coinvolgimento degli stakeholder nel processo di cambiamento favorisce un senso di coinvolgimento più profondo. Quando gli stakeholder hanno l'opportunità di contribuire con le loro idee e i loro feedback, è più probabile che sentano un senso di appartenenza e di impegno nei confronti del cambiamento. Questo coinvolgimento può andare da ruoli decisionali alla partecipazione a sessioni di feedback o a team di implementazione del cambiamento.

Riconoscere e celebrare le pietre miliari, anche quelle piccole, aiuta a mantenere l'entusiasmo. Riconoscere il duro lavoro e i risultati ottenuti da coloro che sono coinvolti nel processo di cambiamento rafforza i loro sforzi e motiva i continui progressi. Le celebrazioni e i riconoscimenti possono assumere varie forme, dalle cerimonie di premiazione formali ai riconoscimenti informali del team. Fornire supporto e risorse continue è fondamentale per mantenere il coinvolgimento. Gli stakeholder potrebbero aver bisogno di ulteriore formazione, strumenti o informazioni per adattarsi efficacemente al cambiamento. Garantire che queste esigenze siano soddisfatte dimostra l'impegno dell'organizzazione a sostenere il personale durante il cambiamento.

Anche la creazione di una narrazione positiva del cambiamento può sostenere l'entusiasmo. Questa narrazione deve evidenziare i vantaggi del cambiamento, le storie di successo e il modo in cui il cambiamento si allinea ai valori e alla visione dell'organizzazione. Una storia avvincente e positiva può essere un potente motivatore. Promuovere una cultura di collaborazione e inclusione migliora il coinvolgimento degli stakeholder. Incoraggiare il dialogo aperto, il lavoro di squadra interfunzionale e il senso di comunità intorno all'iniziativa di cambiamento fa sentire gli stakeholder parte di qualcosa di significativo e positivo.

La leadership svolge un ruolo cruciale nel mantenere l'entusiasmo e il coinvolgimento. I leader che sono visibilmente impegnati nel cambiamento, che comunicano in modo efficace e che dimostrano empatia e sostegno ai loro team possono ispirare e motivare gli stakeholder durante tutto il processo di cambiamento. La valutazione continua del sentimento degli stakeholder attraverso sondaggi, meccanismi di feedback e conversazioni dirette consente di apportare modifiche per mantenere gli stakeholder impegnati. Capire le loro preoccupazioni, le sfide e le percezioni del cambiamento aiuta ad apportare modifiche tempestive e pertinenti alla strategia di cambiamento.

Mantenere l'entusiasmo e l'impegno degli stakeholder nelle iniziative di cambiamento implica una comunicazione regolare e trasparente, il coinvolgimento degli stakeholder nel processo, il riconoscimento e la celebrazione delle tappe fondamentali, il supporto continuo, la creazione di una narrazione positiva, la promozione di una cultura collaborativa e inclusiva, una leadership visibile ed efficace e la valutazione continua dell'opinione degli stakeholder.

Superare le battute d'arresto e le sfide è parte integrante del mantenimento dello slancio nelle iniziative di cambiamento. Le battute d'arresto sono inevitabili in qualsiasi processo di trasformazione, ma il modo in cui vengono gestite può avere un impatto significativo sul successo e sulla resistenza del cambiamento.

1. Anticipare e pianificare i contrattempi: L'identificazione proattiva delle potenziali sfide e la pianificazione per affrontarle possono mitigarne l'impatto. Ciò comporta la valutazione del rischio e la pianificazione di emergenza. Anticipando i possibili ostacoli, i leader possono preparare strategie per affrontarli efficacemente, riducendo la probabilità di essere colti di sorpresa.

2. Comunicazione aperta e sincera: Quando si verificano delle battute d'arresto, è fondamentale una comunicazione trasparente. Informare le parti interessate sulla natura del contrattempo, sulle sue implicazioni e sulle misure adottate per affrontarlo favorisce la fiducia e mantiene tutti allineati. È importante mantenere un equilibrio tra l'onestà nei confronti delle sfide e il mantenimento di una visione positiva.

3. Imparare dalle battute d'arresto: Ogni sfida rappresenta un'opportunità per imparare e crescere. Analizzare il motivo della battuta d'arresto e cosa si può imparare da essa aiuta a perfezionare le strategie e i processi. Questa mentalità di apprendimento trasforma le sfide in esperienze preziose che rafforzano l'iniziativa di cambiamento.

4. Flessibilità e adattabilità: È fondamentale essere flessibili e adattabili di fronte alle sfide. A volte, le battute d'arresto

possono richiedere modifiche al piano o all'approccio originario. La disponibilità a fare questi aggiustamenti e ad adattare le strategie in base a nuove informazioni o a circostanze mutevoli mantiene l'iniziativa dinamica e reattiva.

5. Coinvolgere gli stakeholder nella risoluzione dei problemi: Coinvolgere gli stakeholder nell'affrontare le battute d'arresto può essere fonte di energia e generare soluzioni innovative. La risoluzione collettiva dei problemi non solo sfrutta le diverse prospettive, ma rafforza anche l'impegno degli stakeholder nel processo di cambiamento.

6. Mantenere positività e resilienza: Mantenere un atteggiamento positivo e dimostrare resilienza di fronte alle difficoltà ispira le stesse qualità negli altri. I leader dovrebbero adottare un approccio positivo al superamento delle sfide, sottolineando la visione a lungo termine e i benefici complessivi del cambiamento.

7. Rafforzare la visione e gli obiettivi: Ricordare agli stakeholder gli obiettivi finali e la visione del cambiamento aiuta a mettere in prospettiva le battute d'arresto. Rafforza l'importanza del cambiamento e il motivo per cui vale la pena perseverare nelle sfide.

8. Fornire supporto e risorse: È importante garantire ai team il supporto e le risorse necessarie per superare le sfide. Ciò potrebbe includere una formazione aggiuntiva, l'accesso alla consulenza di esperti o l'assegnazione di più tempo o risorse a determinate aree dell'iniziativa di cambiamento.

Per sostenere lo slancio delle iniziative di cambiamento, è fondamentale identificare le battute d'arresto e le sfide comuni che possono impedire la sostenibilità a lungo termine. Comprendere questi potenziali problemi aiuta a sviluppare strategie per affrontarli in modo proattivo. La resistenza al cambiamento spesso persiste o riemerge, soprattutto se gli stakeholder non vedono benefici immediati o se il processo di cambiamento si prolunga. Questa resistenza può manifestarsi come scetticismo, diminuzione della produttività o opposizione palese ai nuovi metodi di lavoro. La perdita di attenzione e di priorità può verificarsi quando l'entusiasmo iniziale si affievolisce o emergono altre priorità organizzative. Questo può portare a mettere in secondo piano l'iniziativa di cambiamento, ostacolandone il progresso e l'attuazione.

Le limitazioni delle risorse, come i tagli al budget, la rotazione del personale o i progetti concorrenti, possono influire sulla capacità di sostenere il cambiamento. Le risorse limitate possono rallentare o bloccare il progresso delle iniziative di cambiamento, provocando frustrazione e scetticismo tra gli stakeholder. La stanchezza e il burnout dei membri del team e dei leader possono insorgere, soprattutto in processi di cambiamento lunghi e impegnativi. Questo può portare a una diminuzione dell'impegno, a un abbassamento dei livelli di energia e a un calo dello slancio generale dell'iniziativa di cambiamento. Una comunicazione e un follow-up inadeguati possono portare a malintesi, disinformazione o mancanza di chiarezza sullo stato attuale e sulla direzione futura del cambiamento. Questo può portare le parti interessate a sentirsi scollegate dal processo. Il mancato inserimento del cambiamento nella cultura organizzativa può minacciare la sostenibilità del cambiamento. Se i nuovi comportamenti, processi o sistemi non sono pienamente integrati nelle operazioni quotidiane e nei valori dell'organizzazione, c'è il rischio di tornare alle vecchie abitudini.

La mancanza di un sostegno visibile da parte della leadership e di un rafforzamento del cambiamento può portare a un calo dell'impegno e del coinvolgimento degli stakeholder. Il sostegno continuo della leadership è essenziale per mantenere lo slancio e rafforzare l'importanza del cambiamento. La difficoltà di misurare e dimostrare l'impatto del cambiamento può portare a interrogarsi sul suo valore e sulla sua efficacia. Senza metriche chiare e risultati tangibili, può essere difficile mantenere il sostegno e l'entusiasmo per l'iniziativa.

Costruire la resilienza e l'adattabilità di fronte agli ostacoli è un fattore chiave per mantenere lo slancio delle iniziative di cambiamento. Si tratta di alimentare una mentalità che vede le sfide come opportunità di apprendimento e crescita, trasformando il modo in cui gli ostacoli vengono percepiti e affrontati. È essenziale creare una cultura organizzativa di supporto, in cui l'assunzione di rischi sia incoraggiata e l'apprendimento dai fallimenti sia considerato parte del viaggio. Questo tipo di ambiente favorisce l'innovazione e la sperimentazione, fondamentali per l'adattabilità. La flessibilità nella pianificazione e nell'esecuzione consente ai team di modificare i loro approcci in risposta a nuove informazioni o a sfide inaspettate, mantenendo le strategie pertinenti ed efficaci.

È inoltre fondamentale dotare i team delle competenze necessarie per adattarsi ai cambiamenti. La formazione alla risoluzione dei problemi, al pensiero critico e alla gestione del cambiamento aumenta la loro capacità di affrontare le sfide in modo efficace. La comunicazione aperta e il feedback sono fondamentali in questo processo, in quanto consentono di identificare tempestivamente i problemi e di risolverli in modo collaborativo. Impegnarsi nella pianificazione dello scenario aiuta ad anticipare le sfide potenziali e a sviluppare strategie per affrontarle. Questo approccio proattivo prepara l'organizzazione a varie eventualità, riducendo l'impatto degli ostacoli quando si presentano. Inoltre, incoraggiare la creazione di forti reti di supporto, sia all'interno che all'esterno dell'organizzazione, può fornire prospettive e soluzioni diverse.

È inoltre fondamentale riconoscere l'importanza del benessere fisico e mentale nella costruzione della resilienza. Le pratiche che favoriscono il benessere, come il mantenimento dell'equilibrio tra vita privata e lavoro e le tecniche di gestione dello stress, sono fondamentali per mantenere lo slancio. Celebrare i casi in cui i team riescono a superare le sfide rafforza il valore della resilienza e dell'adattabilità, motivando a proseguire gli sforzi. L'implementazione di un processo di revisione delle battute d'arresto per trarre insegnamenti è fondamentale. Capire cosa è andato storto e come è stato affrontato affina le strategie e aiuta a evitare problemi simili in futuro, trasformando le battute d'arresto in preziose opportunità di apprendimento.

Imparare dalle battute d'arresto come opportunità di crescita è un aspetto essenziale per sostenere lo slancio delle iniziative di cambiamento. Questa prospettiva aiuta a trasformare le sfide in esperienze preziose che contribuiscono alla resilienza complessiva e al successo dell'organizzazione.

Considerare le battute d'arresto come opportunità di apprendimento richiede un cambiamento di mentalità. Invece di vederli come fallimenti o perdite, vengono percepiti come parti integranti del viaggio verso il cambiamento. Questo approccio incoraggia un'analisi più approfondita di ciò che è andato storto, favorendo una cultura del miglioramento continuo e dell'innovazione. Quando si verificano delle battute d'arresto, è importante condurre debriefing approfonditi o autopsie per capire le cause alla radice. Queste analisi forniscono informazioni sui processi decisionali, sulle strategie utilizzate e sui fattori esterni che possono aver influenzato il risultato. L'obiettivo è quello di trarre insegnamenti utili per le strategie future.

È fondamentale incoraggiare discussioni aperte e oneste sulle battute d'arresto e sulle loro implicazioni. Queste discussioni devono essere condotte in un'atmosfera non giudicante, in cui i membri del team si sentano sicuri di condividere le proprie opinioni e intuizioni. Questa apertura favorisce un approccio collaborativo alla risoluzione dei problemi e all'apprendimento. Documentare le lezioni apprese dagli insuccessi e condividerle in tutta l'organizzazione è un altro passo importante. Questo non solo garantisce la conservazione delle conoscenze, ma aiuta anche a prevenire la ripetizione di errori simili. L'apprendimento condiviso contribuisce all'intelligenza collettiva dell'organizzazione. L'implementazione di cambiamenti basati su queste lezioni è fondamentale per trasformare le battute d'arresto in opportunità di crescita. Ciò può comportare l'adeguamento dei processi, l'affinamento delle strategie o l'introduzione di nuove pratiche. L'attuazione di questi cambiamenti dimostra l'impegno ad apprendere e migliorare.

Le battute d'arresto offrono anche l'opportunità di sviluppare la resilienza e l'adattabilità dei membri del team. Superare le sfide e trovare soluzioni rafforza la capacità del team di gestire gli ostacoli futuri, creando un'organizzazione più forte e adattabile. È importante riconoscere e apprezzare lo sforzo e l'apprendimento di fronte alle battute d'arresto. Questo riconoscimento rafforza un approccio positivo alla gestione delle sfide e motiva i membri del team a continuare a dare il meglio di sé.

La celebrazione dei successi e il rafforzamento della cultura del cambiamento sono componenti fondamentali per sostenere lo slancio delle iniziative di cambiamento. Queste pratiche aiutano a radicare profondamente il cambiamento all'interno dell'organizzazione e a mantenere un supporto continuo e l'entusiasmo per la trasformazione.

La celebrazione dei successi, grandi e piccoli, ha un ruolo cruciale nel mantenere il morale e la motivazione. Riconoscere le pietre miliari raggiunte e gli obiettivi raggiunti serve come rinforzo positivo, incoraggiando l'impegno e la dedizione continui. Queste celebrazioni possono essere eventi formali o riconoscimenti informali, ma il loro scopo principale è riconoscere e apprezzare il duro lavoro e i progressi compiuti. Per rafforzare la cultura del cambiamento, è importante comunicare costantemente i valori e i comportamenti che si allineano al cambiamento. Ciò implica non solo parlare di questi valori, ma anche dimostrarli attraverso le azioni e le decisioni. I leader svolgono un ruolo cruciale in questo senso, modellando i comportamenti desiderati e dando un chiaro esempio al resto dell'organizzazione.

L'integrazione del cambiamento nelle pratiche e nei processi quotidiani aiuta a renderlo parte del tessuto organizzativo. Ciò potrebbe comportare l'aggiornamento delle politiche, la revisione delle descrizioni delle mansioni o l'inserimento degli obiettivi legati al cambiamento nelle valutazioni delle prestazioni. Rendere il cambiamento parte integrante delle operazioni quotidiane ne rafforza la permanenza e l'importanza. L'offerta di formazione e sviluppo continui favorisce il rafforzamento della cultura del cambiamento. Le opportunità di apprendimento continuo aiutano i dipendenti ad adattarsi a nuovi modi di lavorare e li mantengono allineati con gli obiettivi del cambiamento. La formazione deve essere allineata alle esigenze che emergono con l'evolversi del cambiamento.

Anche la creazione di opportunità per i dipendenti di condividere le loro esperienze e le loro storie sul cambiamento può rafforzare la cultura. Lo storytelling può essere uno strumento potente per illustrare l'impatto del cambiamento e condividere le best practice. Contribuisce a rendere i benefici del cambiamento più tangibili e relazionabili. La richiesta regolare di feedback e il coinvolgimento dei dipendenti nello sviluppo continuo del cambiamento assicurano che il cambiamento rimanga pertinente ed efficace. Inoltre, favorisce un senso di appartenenza e di coinvolgimento dei dipendenti, rendendoli parte attiva del processo di cambiamento. Riconoscere e premiare i campioni del cambiamento - persone che sostengono e promuovono attivamente il cambiamento - può rafforzare ulteriormente la cultura del cambiamento. Queste persone possono essere determinanti nell'influenzare i loro colleghi e contribuire a creare un ambiente positivo per il cambiamento.

Riconoscere l'importanza di celebrare le pietre miliari e i risultati raggiunti è un elemento fondamentale per mantenere lo slancio delle iniziative di cambiamento. Le celebrazioni non solo riconoscono il duro lavoro e l'impegno delle persone coinvolte, ma servono anche come importanti indicatori di progresso, rafforzando gli obiettivi e i benefici del cambiamento. La celebrazione delle tappe fondamentali contribuisce a creare un senso di realizzazione e di orgoglio tra i membri del team. Riconoscere l'impegno profuso per il raggiungimento di ogni pietra miliare infonde un senso di realizzazione, fondamentale per il morale. Serve anche come strumento motivazionale, in quanto i membri del team sentono che i loro contributi sono apprezzati e di grande impatto. Queste celebrazioni fungono da indicatori tangibili dei progressi, rendendo più concreto il concetto spesso astratto di cambiamento. Offrono l'opportunità di riflettere sul percorso, di capire cosa è stato raggiunto e cosa resta da fare. Questa riflessione è importante per mantenere una chiara concentrazione e direzione. Oltre ai risultati formali, può essere altrettanto importante riconoscere gli sforzi quotidiani e meno visibili che contribuiscono al cambiamento. Il riconoscimento di questi sforzi assicura che anche i passi più piccoli e incrementali siano apprezzati, il che è essenziale per sostenere l'impegno a lungo termine nel cambiamento.

Le celebrazioni possono anche essere un'opportunità per il team-building e il rafforzamento delle relazioni. Riunire le persone in un contesto positivo e informale può favorire un senso di comunità e di solidarietà, a tutto vantaggio degli ambienti di lavoro collaborativi. Incorporare la narrazione in queste celebrazioni può amplificarne l'impatto. La condivisione di storie di sfide superate, soluzioni innovative e crescita personale sperimentata attraverso il processo di cambiamento può ispirare e incoraggiare gli altri. Aiuta a illustrare l'impatto reale e i benefici del cambiamento. Le celebrazioni dei successi offrono anche l'opportunità di ribadire la visione e gli obiettivi dell'iniziativa di cambiamento. Possono essere utilizzati come piattaforme per comunicare i passi successivi e le aspettative per il futuro, allineando così tutti verso il proseguimento del cambiamento. La celebrazione di tappe e risultati contribuisce a creare una cultura che valorizza il progresso e il cambiamento. Dimostra che l'organizzazione si impegna a riconoscere e apprezzare gli sforzi compiuti per raggiungere i propri obiettivi, favorendo così una cultura organizzativa positiva e progressista.

Costruire una cultura che valorizzi e sostenga il cambiamento continuo è fondamentale per la longevità e l'efficacia di qualsiasi iniziativa di trasformazione. Una cultura di questo tipo non solo abbraccia il cambiamento, ma lo considera un aspetto essenziale della crescita e dello sviluppo. La creazione di questa cultura inizia con la leadership. I leader devono incarnare e promuovere una mentalità che valorizzi l'adattabilità, la flessibilità e il miglioramento continuo. Dimostrando un atteggiamento positivo nei confronti del cambiamento ed essendo aperti a nuove idee e approcci, i leader stabiliscono un tono che permea tutta l'organizzazione.

La comunicazione svolge un ruolo fondamentale nella costruzione di questa cultura. Comunicare regolarmente i vantaggi del cambiamento, condividere le storie di successo e discutere le lezioni apprese dalle battute d'arresto aiuta a promuovere una percezione positiva del cambiamento. È importante garantire che la narrazione del cambiamento sia costruttiva e incentrata sui benefici a lungo termine che esso comporta. Coinvolgere i dipendenti nel processo di cambiamento è fondamentale per farli sentire apprezzati e ascoltati. Quando i dipendenti hanno voce in capitolo sulle modalità di attuazione dei cambiamenti, è più probabile che li sostengano e li accolgano. Questo coinvolgimento può andare dal fornire feedback al far parte dei processi decisionali o dei team di implementazione del cambiamento.

Anche la formazione e lo sviluppo sono essenziali per coltivare una cultura favorevole al cambiamento. Fornire ai dipendenti le competenze e le conoscenze necessarie per affrontare il cambiamento in modo efficace li mette in grado di partecipare in modo proattivo piuttosto che essere osservatori passivi. Riconoscere e premiare la flessibilità, l'adattabilità e il pensiero innovativo rafforza il valore attribuito a queste caratteristiche. Quando i dipendenti vedono che i loro sforzi per abbracciare e guidare il cambiamento sono riconosciuti e apprezzati, incoraggiano questi comportamenti.

È fondamentale creare un ambiente che tolleri il rischio e impari dal fallimento. Una cultura che sostiene il cambiamento continuo è quella in cui gli errori sono visti come opportunità di apprendimento e di crescita, non come motivi di punizione o di critica. Anche la promozione della collaborazione e del lavoro di squadra interfunzionale può sostenere una cultura orientata al cambiamento. Quando i dipendenti lavorano insieme tra reparti o specialità diverse, si abbattono i silos e si incoraggia un approccio più olistico e adattabile al modo in cui viene svolto il lavoro.

La revisione e l'aggiornamento regolari di politiche, processi e pratiche per allinearsi alle esigenze in evoluzione dell'organizzazione e del suo ambiente assicurano che la cultura rimanga pertinente e favorevole al cambiamento. Rafforzare i comportamenti e le pratiche di cambiamento per renderli abituali è fondamentale per garantire un impatto duraturo delle iniziative di cambiamento. Questo processo comporta l'inserimento di nuovi comportamenti e pratiche nella routine quotidiana e nella cultura dell'organizzazione, in modo che diventino una seconda natura per i suoi membri.

Il rinforzo costante è fondamentale per rendere abituali i nuovi comportamenti. Ciò può essere ottenuto attraverso messaggi continui, promemoria e incorporando questi comportamenti in processi e procedure regolari. È importante sottolineare costantemente come questi comportamenti siano in linea con gli obiettivi e i valori dell'organizzazione. La leadership svolge un ruolo fondamentale in questo rafforzamento. I leader devono modellare i comportamenti desiderati in modo coerente, dimostrando il loro impegno nel cambiamento. Quando i leader esemplificano il cambiamento, inviano un messaggio forte al resto dell'organizzazione e stabiliscono uno standard da seguire per gli altri.

Le iniziative di formazione e sviluppo sono strumenti importanti per rafforzare i comportamenti di cambiamento. Sessioni di formazione regolari aiutano a mantenere le nuove pratiche fresche nella mente dei dipendenti e offrono l'opportunità di affinare e migliorare queste abilità. La formazione deve essere un processo continuo, non un evento unico all'inizio dell'iniziativa di cambiamento. I meccanismi di feedback, come sondaggi, sessioni di feedback e valutazioni delle prestazioni, possono essere utilizzati per monitorare il grado di adozione dei nuovi comportamenti e per identificare le aree in cui potrebbe essere necessario un ulteriore supporto. Il feedback positivo e le critiche costruttive possono guidare i dipendenti ad apportare le modifiche necessarie ai loro comportamenti.

I sistemi di riconoscimento e di ricompensa possono essere potenti motivatori nel rafforzare i comportamenti di cambiamento. Riconoscere e premiare le persone e i team che mostrano costantemente i comportamenti desiderati incoraggia gli altri a emularli. Ciò può avvenire attraverso programmi di riconoscimento formali o metodi informali, come elogi verbali o festeggiamenti di gruppo. Anche l'influenza dei pari e la riprova sociale sono efficaci per rendere abituali i comportamenti di cambiamento. Incoraggiare la condivisione di storie di successo e best practice tra i dipendenti può ispirare altri ad adottare i nuovi comportamenti. Vedere i colleghi che hanno successo con i nuovi comportamenti rafforza l'idea che questi cambiamenti sono vantaggiosi e realizzabili.

È essenziale creare ambienti di supporto in cui i dipendenti si sentano sicuri di sperimentare nuovi comportamenti e pratiche. Ciò include la fornitura delle risorse, del tempo e del supporto necessari ai dipendenti per adattarsi alle nuove modalità di lavoro. Le revisioni e gli aggiustamenti periodici delle iniziative di cambiamento assicurano che i comportamenti e le pratiche rimangano pertinenti ed efficaci. Man mano che l'organizzazione e il suo ambiente si evolvono, anche i comportamenti e le pratiche introdotti durante il cambiamento devono evolversi.

Imparare dalle iniziative di cambiamento, sia di successo che fallite, è un processo inestimabile nel percorso di trasformazione organizzativa. Si tratta di analizzare e comprendere ciò che ha funzionato e ciò che non ha funzionato, per affinare le strategie e gli approcci futuri. Questa duplice prospettiva assicura un approccio completo e informato alla gestione del cambiamento. Le iniziative di cambiamento di successo forniscono modelli di ciò che funziona. L'analisi di questi successi aiuta a identificare le best practice, le strategie efficaci e le tattiche che sono state determinanti per raggiungere i risultati desiderati. È importante comprendere i fattori che hanno contribuito al successo, come gli stili di leadership, gli approcci comunicativi, il coinvolgimento degli stakeholder e i metodi utilizzati per superare le resistenze. Le iniziative di cambiamento fallite, anche se spesso considerate negativamente, sono una ricca fonte di apprendimento. Offrono spunti per individuare potenziali insidie, strategie inefficaci e sfide impreviste. L'analisi dei fallimenti aiuta a comprendere gli errori e i calcoli sbagliati che si sono verificati, fornendo lezioni cruciali su cosa evitare nelle iniziative future.

È fondamentale documentare e condividere gli insegnamenti tratti dai successi e dagli insuccessi. Questo può essere fatto attraverso studi di casi, sessioni di debriefing o workshop di apprendimento. L'obiettivo è diffondere le conoscenze acquisite in tutta l'organizzazione, trasformando le esperienze individuali in saggezza collettiva. È fondamentale incoraggiare una cultura che valorizzi l'apprendimento dall'esperienza. Questa cultura dovrebbe celebrare i successi e considerare gli insuccessi non come fonti di biasimo, ma come opportunità di crescita. Un ambiente di questo tipo incoraggia l'apertura e l'onestà, rendendo più facile per i team condividere le proprie esperienze e imparare gli uni dagli altri.

Anche l'apprendimento interfunzionale è importante. Spesso gli insegnamenti tratti dalle iniziative di cambiamento sono applicabili a diversi reparti o unità dell'organizzazione. Facilitare discussioni e sessioni di apprendimento interfunzionali può aiutare a diffondere maggiormente i benefici di queste intuizioni. I leader dovrebbero partecipare attivamente al processo di apprendimento, sia condividendo le proprie esperienze sia incoraggiando i propri team a riflettere e imparare dai successi e dagli insuccessi. L'impegno della leadership dimostra il valore attribuito all'apprendimento e al miglioramento continui.

La riflessione e l'adattamento sono componenti fondamentali dell'apprendimento dalle iniziative di cambiamento. Non si tratta solo di capire cosa è successo e perché, ma anche di adattare le strategie e gli approcci sulla base di questi apprendimenti. Questa pratica riflessiva dovrebbe essere un processo continuo, integrato nell'approccio dell'organizzazione alla gestione del cambiamento. L'analisi retrospettiva nelle iniziative di cambiamento è uno strumento potente per comprendere le dinamiche della trasformazione organizzativa. Si tratta di guardare indietro al processo di cambiamento per valutare cosa è andato bene, cosa non è andato bene e perché. Questa riflessione è preziosa per imparare e migliorare i futuri sforzi di cambiamento. Il valore principale dell'analisi retrospettiva risiede nella sua capacità di fornire una visione chiara e completa dell'intero processo di cambiamento. Facendo un passo indietro e riesaminando l'iniziativa dall'inizio alla fine, le organizzazioni possono ottenere informazioni sull'efficacia delle loro strategie, sull'adeguatezza dei loro metodi e sull'impatto delle loro azioni.

L'analisi retrospettiva aiuta a identificare gli elementi di successo del processo di cambiamento. Tra questi, strategie di comunicazione efficaci, una leadership forte, un'allocazione efficiente delle risorse o approcci innovativi alla risoluzione dei problemi. La comprensione di questi fattori di successo consente alle organizzazioni di replicarli e di basarsi su di essi nelle iniziative future. Altrettanto importante è l'analisi delle aree che non sono andate come previsto. L'analisi retrospettiva può rivelare debolezze nella pianificazione, lacune nel coinvolgimento degli stakeholder, carenze di risorse o influenze esterne impreviste. Riconoscere e comprendere queste carenze è fondamentale per evitare problemi simili nei cambiamenti successivi.

Il coinvolgimento di un gruppo eterogeneo di stakeholder nell'analisi retrospettiva può aumentarne il valore. Prospettive diverse forniscono una comprensione più olistica del processo di cambiamento, cogliendo spunti che potrebbero essere trascurati da un singolo gruppo o individuo. L'analisi retrospettiva favorisce inoltre una cultura dell'apprendimento all'interno dell'organizzazione. Dimostra un impegno al miglioramento continuo e segnala che l'organizzazione apprezza l'apprendimento dai suoi successi e dalle sue sfide. Questa cultura incoraggia l'apertura, l'adattabilità e l'innovazione.

La documentazione dei risultati delle analisi retrospettive è fondamentale. Questa documentazione entra a far parte della base di conoscenze dell'organizzazione e serve come riferimento per le future iniziative di cambiamento. Può guidare il processo decisionale, lo sviluppo della strategia e l'esecuzione di progetti futuri. Il valore dell'analisi retrospettiva va oltre le specifiche iniziative di cambiamento. Contribuisce allo sviluppo della saggezza e della maturità organizzativa, migliorando la capacità complessiva dell'organizzazione di gestire efficacemente il cambiamento.

Estrarre lezioni dagli sforzi di cambiamento, sia quelli riusciti che quelli non riusciti, è un passo fondamentale nel percorso di miglioramento continuo di un'organizzazione. Questa pratica riflessiva comporta l'approfondimento dei dettagli delle iniziative passate per capire cosa ha portato ai loro risultati. Dalle iniziative di successo, si tratta di distillare i fattori chiave che hanno contribuito al loro successo, come una comunicazione efficace, una forte leadership, il coinvolgimento degli stakeholder e una gestione efficiente delle risorse. Questi elementi diventano i mattoni per replicare il successo nelle iniziative di cambiamento future.

Al contrario, imparare dagli sforzi di cambiamento non riusciti è altrettanto importante. Richiede una valutazione onesta di ciò che è andato storto. Potrebbe trattarsi di riconoscere i passi falsi nella pianificazione, nell'esecuzione o forse nel sottovalutare la resistenza al cambiamento. La comprensione di queste insidie offre spunti preziosi per evitare che iniziative future incontrino ostacoli simili.

Il processo di estrazione di questi insegnamenti deve essere inclusivo e coinvolgere partecipanti di vari livelli dell'organizzazione. Questo approccio inclusivo assicura una prospettiva completa, catturando le intuizioni di coloro che sono stati direttamente coinvolti nel processo di cambiamento e di coloro che ne sono stati influenzati. Una volta identificate le lezioni, il passo successivo consiste nell'applicare le intuizioni acquisite alle iniziative future. Questa applicazione non è solo un adeguamento reattivo agli errori del passato, ma una strategia proattiva per migliorare le capacità di gestione del cambiamento dell'organizzazione. Si tratta di integrare questi insegnamenti nelle fasi di pianificazione e attuazione dei futuri progetti di cambiamento, di adeguare le metodologie e di affinare le strategie sulla base delle esperienze passate.

Applicare queste intuizioni significa anche aggiornare continuamente i quadri e le pratiche di gestione del cambiamento dell'organizzazione. Ciò comporta la formazione e lo sviluppo del personale, l'aggiornamento delle politiche e forse anche la modifica delle strutture organizzative per supportare meglio il cambiamento. Così facendo, l'organizzazione non solo impara dal suo passato, ma si evolve, diventando più abile nel gestire il cambiamento. Queste intuizioni possono essere utili per prevedere e affrontare meglio le sfide future. L'organizzazione dispone di una comprensione più sfumata del modo in cui il cambiamento si sviluppa all'interno del suo contesto unico, consentendo un approccio più personalizzato ed efficace alla gestione del cambiamento.

La conclusione del capitolo con l'enfasi sull'estrazione di lezioni dagli sforzi di cambiamento, sia di successo che di insuccesso, e sull'applicazione delle intuizioni acquisite dalle esperienze passate alle iniziative future, sottolinea l'importanza dell'apprendimento come processo continuo. Questo apprendimento è parte integrante della costruzione di un'organizzazione resiliente, adattabile e orientata al futuro, in grado di navigare nelle complessità del cambiamento con maggiore sicurezza e successo.

Capitolo 7: Costruire una cultura del cambiamento

Costruire una cultura organizzativa favorevole al cambiamento è un imperativo strategico nell'ambiente aziendale odierno, caratterizzato da ritmi rapidi e in continua evoluzione. L'importanza di una cultura di questo tipo risiede nella sua capacità di consentire a un'organizzazione di rispondere in modo rapido ed efficace alle sfide e alle opportunità emergenti. Questa capacità di adattamento è fondamentale per il successo e la sostenibilità a lungo termine. Una cultura favorevole al cambiamento favorisce un'atmosfera in cui l'innovazione e la creatività sono incoraggiate, rendendo l'organizzazione più dinamica e lungimirante. In un ambiente di questo tipo, i dipendenti non solo sono aperti a nuove idee e approcci, ma li cercano attivamente. Questa mentalità è fondamentale per essere all'avanguardia nei mercati competitivi e per migliorare continuamente. Una cultura che abbraccia il cambiamento è meglio attrezzata per gestire le incertezze e le complessità del mondo degli affari moderno. Consente all'organizzazione di cambiare rapidamente rotta in risposta alle nuove tendenze del mercato, ai progressi tecnologici e ai cambiamenti nelle preferenze dei clienti, mantenendo la propria rilevanza e competitività.

In una cultura favorevole al cambiamento, i dipendenti si sentono più coinvolti e responsabilizzati. Quando il cambiamento fa parte del DNA dell'organizzazione, i dipendenti sono più propensi a contribuire con le loro idee e a svolgere un ruolo attivo nei processi di trasformazione. Questo impegno porta a una maggiore soddisfazione lavorativa, a prestazioni migliori e a un impegno più forte nei confronti dell'organizzazione. Una cultura di questo tipo aiuta anche ad attrarre e trattenere i talenti. I professionisti, soprattutto quelli delle generazioni più giovani, cercano spesso ambienti di lavoro dinamici e all'avanguardia, dove poter crescere e avere un impatto significativo. Un'organizzazione nota per la sua adattabilità e apertura al cambiamento è più attraente per queste persone.

Una cultura adattativa contribuisce anche alla resilienza dell'organizzazione. Contribuisce a creare una forza lavoro che non solo è in grado di gestire i cambiamenti, ma può anche prosperare in essi. Questa resilienza è preziosa per attraversare periodi di incertezza e interruzione. Lo sviluppo di una cultura adattativa ha anche un impatto positivo sulla reputazione dell'organizzazione. Posiziona l'organizzazione come leader e innovatrice nel suo settore, migliorandone l'appeal nei confronti di clienti, partner e investitori.

L'importanza di una cultura organizzativa favorevole al cambiamento risiede nel suo contributo all'adattabilità, all'innovazione, al coinvolgimento dei dipendenti, all'attrazione dei talenti, alla resilienza e alla reputazione complessiva dell'organizzazione. Coltivare una cultura di questo tipo non significa solo rispondere ai cambiamenti immediati, ma anche radicare una mentalità che garantisca all'organizzazione vitalità, rilevanza e successo a lungo termine. Promuovere una cultura che accolga il cambiamento come norma implica una strategia globale incentrata sulla riorganizzazione di atteggiamenti, comportamenti e pratiche organizzative. Questo approccio è essenziale per creare un ambiente in cui il cambiamento sia visto come un aspetto regolare e positivo della vita organizzativa.

1. Impegno e modello di ruolo della leadership: La cultura del cambiamento inizia dai vertici. I leader non devono solo sostenere il cambiamento, ma anche incarnarlo. Dimostrando flessibilità, apertura a nuove idee e disponibilità a sfidare lo status quo, i leader possono ispirare comportamenti simili in tutta l'organizzazione.

2. Comunicazione efficace dei vantaggi del cambiamento: Comunicare regolarmente gli aspetti positivi del cambiamento, compreso il modo in cui esso contribuisce al successo dell'organizzazione e alle opportunità di crescita

personale dei dipendenti. Per illustrare questi vantaggi, è utile mettere in evidenza esempi reali di cambiamenti riusciti.

3. Coinvolgimento e responsabilizzazione dei dipendenti: Coinvolgere attivamente i dipendenti nel processo di cambiamento fin dall'inizio. Ciò può includere la generazione di idee, la pianificazione e l'attuazione. La possibilità per i dipendenti di contribuire e prendere decisioni favorisce un senso di appartenenza e di impegno nei confronti del cambiamento.

4. Formazione e sviluppo: Fornire opportunità di apprendimento continuo che si concentrino sullo sviluppo delle competenze necessarie per adattarsi al cambiamento. Tra queste, la risoluzione dei problemi, il pensiero critico e la capacità di adattamento. La formazione deve riguardare anche come affrontare lo stress e l'incertezza legati al cambiamento.

5. Creare un ambiente sicuro per la sperimentazione: Incoraggiare una cultura che sostenga la sperimentazione e l'assunzione di rischi calcolati. Assicuratevi che i fallimenti non siano puniti, ma considerati come opportunità di apprendimento. Questo ambiente promuove l'innovazione e la creatività, elementi essenziali di una cultura favorevole al cambiamento.

6. Riconoscimento e ricompensa per i campioni del cambiamento: Riconoscere e premiare le persone e i team che abbracciano e sostengono il cambiamento. I programmi di riconoscimento possono essere formali, come premi o promozioni, o informali, come riconoscimenti pubblici in riunioni o comunicazioni interne.

7. Feedback e dialogo regolari: Stabilire meccanismi di feedback regolare sulle iniziative di cambiamento. Creare forum per un dialogo aperto in cui i dipendenti possano esprimere i loro pensieri e le loro preoccupazioni sui cambiamenti, assicurando che la loro voce venga ascoltata e presa in considerazione.

8. Flessibilità delle politiche e delle procedure: Rivedere e adattare le politiche e le procedure organizzative per sostenere una cultura favorevole al cambiamento. Ciò include la creazione di modalità di lavoro più flessibili, la revisione dei parametri di performance e la semplificazione dei processi per incoraggiare una risposta rapida ed efficace al cambiamento.

9. Celebrare le pietre miliari e i successi: Festeggiate regolarmente le pietre miliari e i successi nel percorso di cambiamento. Questo non solo rafforza gli aspetti positivi del cambiamento, ma aiuta anche a creare slancio ed entusiasmo per le iniziative future.

10. Valutazione e adattamento continui: Valutare regolarmente la cultura e la disponibilità al cambiamento dell'organizzazione. Siate pronti ad adattare le strategie, se necessario, in base al feedback e alle circostanze in evoluzione. La valutazione continua garantisce che le strategie rimangano efficaci e pertinenti.

Promuovere una cultura che abbracci il cambiamento come norma implica un modello di leadership, una comunicazione efficace dei benefici del cambiamento, il coinvolgimento dei dipendenti, la formazione e lo sviluppo, la creazione di un ambiente sicuro per la sperimentazione, il riconoscimento dei campioni del cambiamento, il feedback e il dialogo regolari, la flessibilità delle politiche, la celebrazione dei successi e la valutazione e l'adattamento continui. Queste strategie creano complessivamente un ambiente organizzativo in cui il cambiamento non solo è accettato, ma è attivamente accolto e sfruttato per la crescita e l'innovazione.

Coltivare una mentalità in cui il cambiamento è visto come un'opportunità piuttosto che come un'interruzione è un passo fondamentale per promuovere una cultura che abbracci il cambiamento. Questo cambiamento di prospettiva trasforma il modo in cui gli individui e l'organizzazione nel suo complesso percepiscono e rispondono al cambiamento. Per coltivare questa mentalità, è essenziale iniziare a ridefinire la narrazione del cambiamento. Invece di inquadrare il cambiamento come una sfida o una minaccia, dovrebbe essere presentato come un'opportunità di crescita, innovazione e miglioramento. Questa ridefinizione aiuta a modificare le prime reazioni emotive e psicologiche al cambiamento.

Incoraggiare la curiosità e la sete di apprendimento all'interno dell'organizzazione svolge un ruolo importante in questo processo. Quando i dipendenti sono curiosi, sono più propensi a esplorare nuove idee, a porre domande e a cercare nuove soluzioni, considerando il cambiamento come un percorso di apprendimento e di sviluppo personale. La leadership è determinante nel promuovere questa mentalità. Quando i leader affrontano il cambiamento con entusiasmo e un atteggiamento positivo, danno un tono al resto dell'organizzazione. Devono condividere la loro visione di come il cambiamento possa portare a risultati migliori, sia per l'organizzazione che per i suoi dipendenti.

Anche fornire esempi reali di come il cambiamento abbia avuto un impatto positivo sull'organizzazione o su altre organizzazioni può rafforzare questa prospettiva. Storie di successo, casi di studio e testimonianze sui benefici derivanti dall'adozione del cambiamento possono essere strumenti potenti per modificare la percezione. Creare opportunità per i dipendenti di contribuire alle iniziative di cambiamento li aiuta a vedere il cambiamento come qualcosa in cui sono coinvolti piuttosto che come qualcosa che viene loro imposto. Il coinvolgimento nel processo di cambiamento dà ai dipendenti un senso di controllo e di appartenenza, che può trasformare la loro percezione del cambiamento.

L'inserimento di questa mentalità nei programmi di formazione e sviluppo fa sì che diventi parte integrante della cultura organizzativa. Ciò include l'offerta di sessioni di formazione incentrate sull'adattabilità, la resilienza e il pensiero innovativo. Riconoscere e celebrare l'adattabilità e la resilienza rafforza l'idea che queste caratteristiche siano apprezzate e premiate nell'organizzazione. Riconoscere i dipendenti che si adattano bene al cambiamento incoraggia gli altri ad adottare una prospettiva simile. Una comunicazione aperta sui benefici e sulle sfide del cambiamento è fondamentale. È importante affrontare onestamente le preoccupazioni e i timori, evidenziando al contempo le potenziali opportunità che il cambiamento comporta. Questo dialogo aperto può aiutare a bilanciare la narrazione del cambiamento, rendendola più sfumata e realistica.

Coltivare una mentalità in cui il cambiamento è visto come un'opportunità significa ridefinire la narrativa del cambiamento, incoraggiare la curiosità e l'apprendimento, dare modelli di leadership, condividere storie di successo, coinvolgere i dipendenti nei processi di cambiamento, integrare la mentalità nei programmi di formazione, riconoscere l'adattabilità e mantenere una comunicazione aperta. Queste pratiche aiutano collettivamente a spostare la cultura organizzativa verso una cultura che vede il cambiamento non come un'interruzione, ma come una preziosa opportunità di crescita e miglioramento.

La comprensione delle preferenze individuali nelle interazioni con il cambiamento è un aspetto critico della costruzione di una cultura favorevole al cambiamento. Riconosce che ogni dipendente può rispondere in modo diverso al cambiamento in base alla sua personalità, alle sue esperienze e al suo stile di lavoro. Adattare le strategie di cambiamento per soddisfare queste diverse preferenze può migliorare significativamente l'efficacia e l'accettazione delle trasformazioni organizzative. Riconoscere la diversità delle risposte al cambiamento è il primo passo. I dipendenti possono variare da quelli che adottano per primi, desiderosi ed entusiasti di nuove sfide, a quelli più cauti che possono essere resistenti o ansiosi di cambiare. Comprendere queste diverse reazioni è fondamentale per rispondere alle loro esigenze e preoccupazioni specifiche.

Una comunicazione efficace gioca un ruolo fondamentale nella comprensione delle preferenze individuali. Ciò comporta non solo la diffusione di informazioni, ma anche l'ascolto attivo dei feedback e delle preoccupazioni dei dipendenti. Questa comunicazione bidirezionale permette ai leader di valutare le reazioni individuali e di adattare il loro approccio di conseguenza. Il supporto personalizzato è fondamentale per gestire le diverse reazioni al cambiamento. Per alcuni dipendenti potrebbe essere necessaria una formazione supplementare e una rassicurazione, mentre altri potrebbero richiedere maggiore autonomia e responsabilità per abbracciare il cambiamento. Offrire un supporto in linea con le esigenze individuali può aiutare a facilitare la transizione.

Coinvolgendo i dipendenti nel processo di cambiamento si possono anche soddisfare le preferenze individuali. Dando voce ai dipendenti nel modo in cui viene attuato il cambiamento, è più probabile che si sentano valorizzati e compresi. Questo coinvolgimento può andare dalla partecipazione al processo decisionale alla partecipazione a focus group o sessioni di feedback. Gli stili di leadership possono dover essere adattati alle diverse persone. Alcuni dipendenti potrebbero rispondere meglio a un approccio direttivo, mentre altri potrebbero preferire uno stile più collaborativo. I leader in grado di adattare il proprio stile alle esigenze dei membri del team hanno maggiori probabilità di affrontare con successo le complessità del cambiamento.

Un altro aspetto importante è l'offerta di risorse e strumenti che rispondano a diversi stili di apprendimento e di lavoro. Questo potrebbe includere un mix di formazione digitale e in presenza, workshop interattivi o moduli di apprendimento autogestiti. Fornire una varietà di risorse assicura che tutti i dipendenti possano affrontare il cambiamento nel modo a loro più congeniale. Controlli regolari e follow-up possono aiutare a capire come le persone affrontano il cambiamento nel tempo. Questi controlli offrono l'opportunità di affrontare i problemi in corso, offrire ulteriore supporto e apportare le modifiche necessarie.

La creazione di una cultura dell'empatia e della comprensione è essenziale. Incoraggiare un ambiente in cui le differenze siano rispettate e valorizzate aiuta a creare fiducia e apertura, rendendo più facile per i dipendenti adattarsi al cambiamento e abbracciarlo. La comprensione delle preferenze individuali nelle interazioni con il cambiamento implica il riconoscimento della diversità delle risposte al cambiamento, una comunicazione bidirezionale efficace, un supporto personalizzato, il coinvolgimento dei dipendenti, stili di leadership adattabili, l'offerta di risorse e strumenti diversi, controlli regolari e la promozione di una cultura dell'empatia. Affrontando queste differenze individuali, le organizzazioni possono creare un approccio più inclusivo ed efficace alla gestione del cambiamento.

Riconoscere la diversità delle risposte al cambiamento tra gli individui è una componente fondamentale per costruire una cultura del cambiamento che sia efficace e inclusiva. Il cambiamento colpisce le persone in modo diverso e la comprensione di questa diversità è fondamentale per gestire il cambiamento in modo da rispettare e soddisfare le diverse esigenze e reazioni dei dipendenti. Le risposte individuali al cambiamento possono variare notevolmente in base a una serie di fattori, tra cui le esperienze personali, l'atteggiamento verso il rischio, il comfort nei confronti dell'incertezza e l'impatto percepito del cambiamento sul proprio ruolo. Alcuni dipendenti possono vedere il cambiamento come un'entusiasmante opportunità di crescita e apprendimento, mentre altri possono percepirlo come una minaccia al loro benessere e alla loro stabilità.

È importante che i leader e i manager del cambiamento riconoscano che queste diverse reazioni sono normali e valide. Riconoscere che non esiste un approccio unico alla gestione del cambiamento è il primo passo per affrontare efficacemente queste diverse reazioni. La comprensione delle reazioni individuali richiede ascolto attivo ed empatia. L'avvio di conversazioni aperte e oneste con i dipendenti sui loro sentimenti e sulle loro preoccupazioni riguardo al cambiamento può fornire preziose indicazioni sulle loro prospettive. Aiuta a identificare le potenziali aree di resistenza e le opportunità di supporto.

È fondamentale adattare le strategie di gestione del cambiamento per tenere conto di queste diverse reazioni. Per alcuni dipendenti potrebbero essere necessarie ulteriori informazioni e rassicurazioni sul cambiamento. Per altri, essere coinvolti nel processo di cambiamento o avere voce in capitolo sulle modalità di implementazione del cambiamento può contribuire ad attenuare le loro preoccupazioni. Anche i programmi di formazione e sviluppo possono essere adattati ai diversi stili di apprendimento e ai diversi livelli di comfort nei confronti del cambiamento. Offrire una varietà di metodi di formazione, come workshop, e-learning e coaching individuale, assicura che tutti i dipendenti abbiano accesso al supporto di cui hanno bisogno.

I leader e gli agenti del cambiamento devono essere dotati delle competenze necessarie per riconoscere e gestire le diverse reazioni al cambiamento. Ciò include la formazione sull'intelligenza emotiva, sulle capacità di comunicazione e sulla risoluzione dei conflitti. È importante anche creare un ambiente di supporto in cui i dipendenti si sentano sicuri di esprimere le proprie preoccupazioni e porre domande. Un ambiente che favorisce il dialogo aperto e rispetta i diversi punti di vista incoraggia i dipendenti a impegnarsi maggiormente nel processo di cambiamento. Celebrare i successi e i contributi di tutti i dipendenti, indipendentemente dalla loro reazione iniziale al cambiamento, rafforza un messaggio positivo sul valore della diversità sul posto di lavoro. Contribuisce a costruire una cultura in cui le diverse prospettive sono viste come una risorsa, piuttosto che come una sfida.

L'adattamento delle strategie di cambiamento alle diverse preferenze è un approccio essenziale per costruire una cultura del cambiamento inclusiva e di successo. Si tratta di personalizzare i metodi e le tattiche di gestione del cambiamento per allinearsi alle diverse esigenze e ai livelli di comfort dei vari individui all'interno dell'organizzazione. Questo approccio personalizzato riconosce che una strategia uniforme potrebbe non essere efficace per tutti e che la flessibilità e l'adattamento sono fondamentali per il successo dell'implementazione del cambiamento. Per adattare efficacemente le strategie di cambiamento, è fondamentale capire innanzitutto le preferenze, i punti di forza e le sfide uniche della forza lavoro. Questa comprensione può essere ottenuta attraverso sondaggi, interviste e forum aperti in cui i dipendenti sono incoraggiati a condividere i loro pensieri e sentimenti sul cambiamento. La raccolta di questi dati fornisce una base per sviluppare una strategia di cambiamento sfumata e reattiva. Per raggiungere e dare risonanza ai vari gruppi all'interno dell'organizzazione possono essere necessari stili e canali di comunicazione diversi. Per alcuni la comunicazione scritta dettagliata può essere più efficace, mentre altri possono preferire sessioni interattive o presentazioni visive. Offrire una varietà di metodi di comunicazione assicura che tutti ricevano il messaggio nel modo più significativo per loro.

Il coinvolgimento dei dipendenti nella pianificazione e nell'attuazione delle iniziative di cambiamento può anche essere adattato alle preferenze individuali. Alcuni desiderano essere coinvolti nei processi decisionali, mentre altri preferiscono contribuire a ruoli più operativi o orientati al feedback. Fornire diverse possibilità di coinvolgimento permette ai dipendenti di impegnarsi nel cambiamento in un modo che sia in linea con le loro preferenze e i loro punti di forza. I programmi di formazione e sviluppo devono essere personalizzati per rispondere ai diversi stili di apprendimento e ai diversi livelli di preparazione al cambiamento. L'offerta di una serie di formati di formazione, dai workshop in presenza ai moduli online, risponde alle diverse preferenze e garantisce che tutti i dipendenti abbiano le competenze e le conoscenze necessarie per affrontare il cambiamento.

Anche la flessibilità nel ritmo e nell'approccio all'implementazione del cambiamento può essere fondamentale. Mentre alcuni dipendenti possono adattarsi rapidamente a nuovi sistemi o processi, altri possono richiedere più tempo e una transizione graduale. Regolare il ritmo per adattarsi a queste differenze può contribuire a ridurre la resistenza e a migliorare l'accettazione generale del cambiamento. Fornire vari tipi di supporto durante il processo di cambiamento è un altro aspetto delle strategie di adattamento. Questo potrebbe includere un coaching individuale per coloro che hanno bisogno di una guida più personalizzata, sessioni di gruppo per la risoluzione collaborativa dei problemi o risorse self-service per coloro che preferiscono lavorare in modo indipendente.

I leader e i manager del cambiamento devono essere in grado di riconoscere e rispondere alle diverse esigenze e preferenze. La formazione in aree come l'intelligenza emotiva, la competenza culturale e la leadership adattiva può essere preziosa per aiutare i leader ad adattare efficacemente le loro strategie di cambiamento. La creazione di approcci inclusivi alle interazioni di cambiamento è fondamentale per stabilire una cultura del cambiamento che sia rispettosa, efficace e che abbracci la diversità all'interno di un'organizzazione. L'inclusività nella gestione del cambiamento garantisce che tutte le voci siano ascoltate, che tutte le preoccupazioni siano prese in considerazione e che il processo di cambiamento sia rilevante e accessibile a tutti i soggetti coinvolti. Per sviluppare interazioni di cambiamento inclusive, è importante iniziare a riconoscere e valorizzare la diversità all'interno dell'organizzazione. Non si tratta solo di diversità demografica, ma anche di diversità di prospettive, esperienze e modi di pensare. Riconoscere questa diversità pone le basi per un approccio inclusivo. È fondamentale garantire la rappresentanza di tutte le parti dell'organizzazione nel processo di cambiamento. Questa rappresentanza dovrebbe includere persone provenienti da diversi dipartimenti, ruoli, livelli di anzianità e background. Questa rappresentanza diversificata assicura che la strategia di cambiamento sia informata da un'ampia gamma di intuizioni ed esperienze.

Le strategie di comunicazione devono essere progettate per raggiungere e coinvolgere tutti. Ciò potrebbe comportare la fornitura di informazioni in più lingue, l'utilizzo di diversi canali di comunicazione e la garanzia che i materiali siano accessibili alle persone con disabilità. L'obiettivo è garantire che nessuno sia escluso o svantaggiato nel ricevere e comprendere le informazioni sul cambiamento. È fondamentale sollecitare attivamente il feedback e i contributi di un'ampia gamma di dipendenti. Questo obiettivo può essere raggiunto attraverso sondaggi, focus group, riunioni cittadine e cassette dei suggerimenti. Dare a tutti l'opportunità di condividere i propri pensieri e le proprie preoccupazioni non solo fornisce spunti preziosi, ma aiuta anche i dipendenti a sentirsi apprezzati e coinvolti nel processo.

La formazione e il supporto offerti durante il cambiamento devono soddisfare diversi stili ed esigenze di apprendimento. Offrendo un mix di formati di formazione, come sessioni di persona, moduli online e workshop pratici, si garantisce che tutti i dipendenti possano affrontare il cambiamento nel modo a loro più congeniale. È importante creare spazi sicuri per conversazioni aperte e oneste sul cambiamento. Questi spazi devono essere liberi da giudizi e ritorsioni, incoraggiando i dipendenti a esprimere le proprie opinioni e preoccupazioni senza timori.

I leader e gli agenti di cambiamento devono essere formati alle pratiche inclusive. Ciò include la comprensione dei pregiudizi inconsci, delle competenze culturali e di come facilitare i dialoghi inclusivi. I leader dotati di queste competenze possono gestire più efficacemente i team eterogenei durante il processo di cambiamento. Per mantenere l'inclusività è necessario rivedere e regolare regolarmente l'approccio al cambiamento in base al feedback e ai risultati. Ciò implica la disponibilità a modificare le strategie e le tattiche se si scopre che escludono o sfavoriscono alcuni gruppi.

Sviluppare sostenitori e campioni del cambiamento è una mossa strategica per coltivare una cultura che non solo si adatta al cambiamento, ma lo abbraccia. Queste persone svolgono un ruolo cruciale nel guidare il processo di cambiamento, influenzare i loro colleghi e creare uno slancio positivo all'interno dell'organizzazione.

1. Identificare i potenziali campioni del cambiamento: Il primo passo consiste nell'identificare le persone entusiaste del cambiamento e in possesso delle capacità di influenza, rispetto e comunicazione necessarie per guidare gli altri. Queste persone possono provenire da qualsiasi livello dell'organizzazione e devono incarnare gli atteggiamenti e i comportamenti che il cambiamento intende promuovere.

2. Responsabilizzazione dei campioni: Una volta identificati, i campioni del cambiamento devono essere dotati delle conoscenze, delle risorse e dell'autorità necessarie per

sostenere efficacemente il cambiamento. Ciò significa fornire loro informazioni approfondite sull'iniziativa di cambiamento, formazione sui principi di gestione del cambiamento e gli strumenti necessari per comunicare e attuare il cambiamento.

3. Formazione e supporto: I campioni del cambiamento possono richiedere una formazione specifica per migliorare le loro capacità di leadership e di comunicazione. Dovrebbero inoltre ricevere un sostegno e un'assistenza regolari durante l'esercizio del loro ruolo, anche per affrontare le sfide che incontrano durante il processo.

4. Chiarimento dei ruoli: È importante definire chiaramente i ruoli e le responsabilità dei campioni del cambiamento. Ciò include la delineazione dei loro compiti specifici, come la comunicazione dei messaggi chiave, la fornitura di feedback al team di gestione del cambiamento o il tutoraggio dei colleghi durante la transizione.

5. Creare una rete di campioni: La creazione di una rete di campioni del cambiamento in diversi dipartimenti e livelli può migliorare la portata e l'impatto dell'iniziativa di cambiamento. Questa rete può fungere da piattaforma per la condivisione di idee, strategie e feedback, creando un approccio collaborativo all'attuazione del cambiamento.

6. Riconoscimento e ricompensa: Riconoscere e premiare gli sforzi dei campioni del cambiamento è fondamentale. Il riconoscimento può avvenire in varie forme, come riconoscimenti pubblici, premi o opportunità di sviluppo della carriera. Contribuisce a rafforzare il valore che l'organizzazione attribuisce al loro ruolo e ai loro contributi.

7. Incoraggiare l'influenza dei pari: I campioni del cambiamento possono far leva sulla loro influenza tra i colleghi per promuovere un atteggiamento positivo nei confronti del cambiamento. Condividendo le loro esperienze, affrontando le preoccupazioni e dimostrando i vantaggi del cambiamento,

possono svolgere un ruolo chiave nel ridurre la resistenza e aumentare il sostegno.

8. Ciclo di feedback: I campioni del cambiamento possono anche fungere da anello di feedback vitale per la leadership dell'organizzazione. Possono fornire indicazioni su come il cambiamento viene percepito a diversi livelli e offrire suggerimenti per migliorarne l'efficacia.

I sostenitori e i campioni del cambiamento svolgono un ruolo fondamentale nel guidare il cambiamento culturale all'interno delle organizzazioni. Agiscono come catalizzatori e facilitatori del cambiamento, colmando il divario tra l'iniziativa di cambiamento e la base più ampia dei dipendenti. La loro influenza e il loro coinvolgimento sono fondamentali per plasmare e guidare la cultura dell'organizzazione verso l'accettazione e il sostegno del cambiamento. In quanto promotori visibili e attivi del cambiamento, questi individui contribuiscono a creare e mantenere lo slancio. Lo fanno incarnando il cambiamento che sostengono, dimostrando i comportamenti e gli atteggiamenti che la nuova cultura apprezza. Il loro impegno funge da modello da seguire per gli altri, mostrando i benefici e gli aspetti positivi del cambiamento.

I sostenitori e i campioni del cambiamento sono spesso visti come figure accessibili e relazionabili all'interno dell'organizzazione, il che li rende comunicatori efficaci. Possono tradurre la visione e gli obiettivi dell'iniziativa di cambiamento in termini pratici e comprensibili per i loro colleghi. Questa capacità di comunicare efficacemente aiuta a demistificare il processo di cambiamento e ad affrontare eventuali idee sbagliate o paure. Nel loro ruolo, i sostenitori e i campioni del cambiamento fungono anche da risorsa di supporto per i colleghi. Forniscono guida, incoraggiamento e assistenza agli altri nel processo di cambiamento. Questo supporto può essere particolarmente cruciale nei momenti di incertezza o quando il cambiamento presenta sfide significative per i dipendenti.

Essendo in prima linea, i sostenitori e i campioni del cambiamento sono ben posizionati per raccogliere feedback da vari livelli dell'organizzazione. Sono in grado di cogliere il polso della forza lavoro, misurando le reazioni, le preoccupazioni e i suggerimenti relativi al cambiamento. Questo feedback è prezioso per il continuo miglioramento e adattamento della strategia di cambiamento. Nel guidare il cambiamento culturale, questi sostenitori e campioni svolgono anche un ruolo chiave nel promuovere un ambiente collaborativo. Incoraggiano il dialogo, promuovono la condivisione di idee e facilitano le discussioni che consentono di ascoltare diverse prospettive. Questo approccio collaborativo è essenziale per creare un senso di appartenenza e di coinvolgimento dei dipendenti.

I sostenitori e i campioni del cambiamento spesso contribuiscono ad abbattere la resistenza al cambiamento. Rispondendo alle preoccupazioni, condividendo storie di successo e fornendo prove dell'impatto positivo del cambiamento, possono attenuare le paure e lo scetticismo, aiutando i colleghi a passare dalla resistenza all'accettazione e al sostegno. Il loro ruolo si estende al rafforzamento della nuova cultura una volta che le fasi iniziali del cambiamento sono state implementate. Continuando a promuovere e a modellare i comportamenti e le pratiche desiderate, contribuiscono a garantire che il cambiamento non sia solo un cambiamento temporaneo, ma una trasformazione duratura della cultura dell'organizzazione.

Nel percorso di costruzione di una cultura favorevole al cambiamento, identificare e coltivare le persone che promuovono attivamente il cambiamento è un processo critico. Ciò comporta il riconoscimento di coloro che all'interno dell'organizzazione gravitano naturalmente verso il cambiamento e l'innovazione. Questi agenti o campioni del cambiamento sono spesso caratterizzati dall'entusiasmo per le nuove idee, da efficaci capacità di comunicazione e dall'abilità di ispirare e motivare gli altri. In genere sono rispettati dai loro colleghi e hanno la capacità di influenzare positivamente gli altri.

Il processo inizia individuando coloro che mostrano qualità di leadership e propensione al cambiamento, indipendentemente dalla loro posizione formale all'interno dell'organizzazione. Queste persone hanno spesso un'ampia rete di contatti e sono considerate credibili e degne di fiducia dai loro colleghi, il che li rende i candidati ideali per guidare il cambiamento in vari reparti e livelli. Una volta identificate queste persone, il passo successivo è dotarle delle competenze e delle conoscenze necessarie. Ciò si ottiene attraverso una formazione mirata sui principi di gestione del cambiamento, sulle strategie di comunicazione e sulle capacità di leadership. Inoltre, è essenziale per la loro efficacia assicurarsi che abbiano una comprensione approfondita degli obiettivi e dei risultati attesi dell'iniziativa di cambiamento.

Anche il sostegno a questi agenti di cambiamento è fondamentale. Il sostegno può venire dai leader senior e dal team di gestione del cambiamento, fornendo indicazioni, risorse e assistenza durante la gestione del loro ruolo. La possibilità di conferire loro un certo grado di autonomia per prendere decisioni e intraprendere azioni a sostegno dell'iniziativa di cambiamento può migliorare ulteriormente la loro efficacia e la loro motivazione. Anche facilitare le opportunità di connessione e collaborazione tra questi agenti può essere utile. Tale rete consente la condivisione di idee, strategie ed esperienze, favorendo un approccio più coeso e informato alla gestione del cambiamento.

Controlli e feedback regolari sono importanti per valutare i loro progressi e affrontare le eventuali sfide. Riconoscere e valorizzare i loro sforzi è fondamentale per la loro continua motivazione e il loro sviluppo. È importante considerare il ruolo di agente di cambiamento come un percorso di crescita personale e professionale. Individuare opportunità di ulteriore sviluppo e avanzamento di carriera può rafforzare il loro impegno a guidare e sostenere il cambiamento all'interno dell'organizzazione.

La capacità dei sostenitori e dei campioni di influenzare e ispirare gli altri è un aspetto fondamentale per il successo del cambiamento all'interno di un'organizzazione. Queste persone possono avere un impatto significativo sull'accettazione e sul successo delle iniziative di cambiamento, usando la loro influenza per motivare e guidare i loro colleghi attraverso la transizione.

- Fornire loro una conoscenza approfondita: I sostenitori e i campioni del cambiamento devono essere ben informati sui dettagli dell'iniziativa di cambiamento. Fornire loro una conoscenza completa delle ragioni del cambiamento, dei suoi benefici e delle modalità di attuazione consente loro di comunicare con sicurezza e precisione con gli altri.

- Dotarli di competenze comunicative efficaci: È fondamentale dotare i sostenitori del cambiamento di solide capacità comunicative. La formazione in aree come la comunicazione persuasiva, lo storytelling e l'ascolto attivo può migliorare la loro capacità di impegnarsi efficacemente con i colleghi e di articolare la visione del cambiamento in modo convincente.

- Concedere autorità e visibilità: Per essere efficaci, i sostenitori e i campioni devono ottenere un certo livello di autorità e visibilità all'interno dell'organizzazione. Ciò potrebbe comportare l'approvazione pubblica da parte dei dirigenti, il riconoscimento formale del loro ruolo e il coinvolgimento nei processi decisionali relativi al cambiamento.

- Creare piattaforme di condivisione: Creare piattaforme in cui i sostenitori del cambiamento possano condividere le loro intuizioni, esperienze e storie di successo. Ciò può avvenire attraverso canali interni di social media, riunioni aziendali, newsletter o incontri informali. Tali piattaforme consentono di raggiungere un pubblico più ampio e di fungere da fonte di ispirazione e motivazione per gli altri.

- Incoraggiare l'impegno tra pari: Incoraggiate i sostenitori del cambiamento a impegnarsi direttamente con i loro colleghi. Questo può includere conversazioni individuali, discussioni in piccoli gruppi o la facilitazione di workshop. L'impegno da pari a pari può essere uno strumento potente per affrontare le preoccupazioni e costruire il sostegno al cambiamento.

- Sostenere le loro iniziative: Fornite supporto alle iniziative intraprese dai sostenitori del cambiamento. Il sostegno può consistere in risorse, tempo o indicazioni. Quando i sostenitori si sentono supportati nei loro sforzi, è più probabile che intraprendano azioni proattive per promuovere il cambiamento.

- Offrire formazione e sviluppo continui: Il ruolo di un sostenitore del cambiamento può evolversi con il progredire dell'iniziativa di cambiamento. Offrire opportunità di formazione e sviluppo continui aiuta i sostenitori a sviluppare le loro competenze e a mantenere la loro efficacia nel tempo.

- Fornire feedback e riconoscimenti: Un feedback regolare è importante per aiutare i sostenitori del cambiamento a capire l'impatto dei loro sforzi e a perfezionare il loro approccio. Riconoscere pubblicamente i loro contributi può anche aumentare il loro morale e rafforzare l'importanza del loro ruolo all'interno dell'organizzazione.

- Incoraggiare il problem solving collaborativo: Coinvolgere i sostenitori del cambiamento in sessioni di problem solving collaborativo relative al cambiamento. In questo modo non solo si sfruttano le loro conoscenze uniche, ma si rafforza anche il loro ruolo di protagonisti del processo di cambiamento.

Garantire che il cambiamento diventi parte integrante del DNA organizzativo è un processo multiforme che richiede un approccio strategico per radicare il cambiamento in modo profondo e sostenibile all'interno dell'organizzazione. Iniziate allineando le iniziative di cambiamento con i valori e la missione fondamentali dell'organizzazione. Questo allineamento assicura che il cambiamento non sia visto come uno sforzo separato o temporaneo, ma come una naturale estensione della continua evoluzione dell'organizzazione. È importante comunicare come il cambiamento sostenga e rafforzi i principi e gli obiettivi fondamentali dell'organizzazione.

L'impegno e il modello della leadership sono fondamentali per rendere il cambiamento parte del DNA dell'organizzazione. I leader devono dimostrare costantemente i comportamenti e gli atteggiamenti associati al cambiamento, rafforzandone l'importanza e la legittimità. Le loro azioni e decisioni devono riflettere i principi del cambiamento, costituendo un chiaro esempio per il resto dell'organizzazione. Integrare il cambiamento in tutti i livelli dell'organizzazione. Ciò significa incorporare gli obiettivi e i comportamenti legati al cambiamento nelle descrizioni delle mansioni, nelle valutazioni delle prestazioni e nei criteri di promozione. In questo modo, il cambiamento diventa un criterio di successo e di avanzamento all'interno dell'organizzazione.

Sviluppare politiche e procedure che supportino il cambiamento. Ciò potrebbe comportare la revisione delle politiche esistenti o la creazione di nuove che facilitino i comportamenti e le pratiche desiderate. Assicurarsi che le linee guida e i processi operativi siano in sintonia con gli obiettivi del cambiamento aiuta a istituzionalizzarlo. Coinvolgere i dipendenti a tutti i livelli nel processo di cambiamento. Ciò significa non solo informarli del cambiamento, ma anche coinvolgerli attivamente nella sua attuazione. Incoraggiate i contributi e i feedback dei dipendenti e offrite loro l'opportunità di contribuire al processo di cambiamento. Questo coinvolgimento favorisce un senso di appartenenza e di impegno nei confronti del cambiamento.

Programmi regolari di formazione e sviluppo sono essenziali per rafforzare il cambiamento e sviluppare le competenze e le conoscenze necessarie. Le opportunità di apprendimento continuo aiutano i dipendenti ad adattarsi alle nuove modalità di lavoro e li mantengono allineati con gli obiettivi del cambiamento. Misurare e monitorare l'impatto del cambiamento. Utilizzate metriche e indicatori chiave di performance per valutare l'impatto del cambiamento sui vari aspetti dell'organizzazione. Questa valutazione continua aiuta a capire l'efficacia del cambiamento e a identificare le aree di miglioramento.

Celebrare i successi e le tappe fondamentali del cambiamento. Riconoscere e celebrare i risultati ottenuti aiuta a rafforzare il valore del cambiamento e i suoi benefici. Inoltre, mantiene l'entusiasmo e l'impegno nel processo di cambiamento in corso.

L'utilizzo di strumenti e mezzi per l'istituzionalizzazione del cambiamento all'interno delle organizzazioni è fondamentale per incorporare nuovi processi, comportamenti e mentalità nel tessuto organizzativo. Questi strumenti e risorse aiutano a rendere il cambiamento più strutturato, tracciabile e sostenibile nel tempo.

1. Software di gestione del cambiamento: Piattaforme come il Modello ADKAR di Prosci o il Software per la gestione del cambiamento di Kotter offrono solide funzionalità per la pianificazione, l'esecuzione, il monitoraggio e il reporting delle iniziative di cambiamento. Per esempio, il set di strumenti di Prosci include valutazioni, modelli di pianificazione e funzioni di monitoraggio dei progressi, facilitando un migliore coordinamento e una migliore comunicazione all'interno dell'organizzazione.

2. Sistemi di gestione delle prestazioni: L'aggiornamento di sistemi come Performance Management di Oracle o SAP SuccessFactors per riflettere i nuovi obiettivi legati al cambiamento può istituzionalizzare il cambiamento. Allineando le metriche di performance individuali con i risultati desiderati del cambiamento, questi sistemi rafforzano i nuovi comportamenti e le nuove pratiche.

3. Piattaforme di comunicazione interna: Piattaforme come Slack o Microsoft Teams assicurano una diffusione coerente e capillare delle informazioni relative al cambiamento. Questi strumenti possono essere utilizzati per gli aggiornamenti, la condivisione di storie di successo e il rafforzamento dei messaggi chiave, come si vede in aziende come IBM e Google,

dove la comunicazione interna è fondamentale per le loro strategie di cambiamento.

4. Programmi di formazione e sviluppo: Piattaforme di apprendimento online come LinkedIn Learning o Coursera offrono una varietà di moduli per dotare i dipendenti delle competenze necessarie per i nuovi metodi di lavoro. Queste piattaforme offrono flessibilità e un'ampia gamma di argomenti, dalla leadership alle competenze tecniche, essenziali per sostenere il cambiamento.

5. Strumenti di feedback e sondaggio: Strumenti come SurveyMonkey o Google Forms facilitano la raccolta di feedback. Queste piattaforme vengono utilizzate dalle organizzazioni per valutare i sentimenti e le reazioni dei dipendenti al cambiamento, consentendo di apportare continue modifiche alla strategia di cambiamento.

6. Strumenti di collaborazione: Software come Asana o Trello supportano nuovi modi di lavorare e incoraggiano il lavoro di squadra allineato alle iniziative di cambiamento. Questi strumenti vengono utilizzati per la gestione dei progetti, consentendo ai team di collaborare in modo efficace e di rimanere allineati agli obiettivi di cambiamento.

7. Sistemi di riconoscimento e ricompensa: I sistemi che riconoscono e premiano i comportamenti e i risultati legati al cambiamento sono fondamentali. Ad esempio, Salesforce utilizza un sistema di riconoscimento che include premi e riconoscimenti nelle riunioni aziendali, rafforzando l'importanza di adattarsi al cambiamento.

8. Strumenti di analisi dei dati: Strumenti di analisi come Tableau o Google Analytics forniscono informazioni sull'impatto dei cambiamenti. Analizzando i dati relativi alla produttività, al coinvolgimento e ad altre metriche rilevanti, le organizzazioni possono capire l'efficacia dei loro sforzi di cambiamento.

9. Gruppi di sostegno al cambiamento: La creazione di gruppi o comitati formali, simili ai gTeam di Google o ai team interfunzionali di Apple, dedicati alla promozione e alla guida del cambiamento, può essere molto efficace. Questi gruppi forniscono supporto, condividono le migliori pratiche e aiutano a mantenere lo slancio del cambiamento, assicurandone il successo e la sostenibilità.

Questi strumenti e risorse, se sfruttati efficacemente, svolgono un ruolo significativo nell'istituzionalizzazione del cambiamento all'interno delle organizzazioni. Non solo strutturano e tracciano i progressi delle iniziative di cambiamento, ma assicurano anche che questi cambiamenti si radichino nel DNA dell'organizzazione, portando a una trasformazione duratura. La creazione di meccanismi per sostenere la cultura del cambiamento nel tempo implica l'implementazione di una serie di azioni e politiche strategiche che rafforzino e supportino continuamente il cambiamento culturale desiderato. Si tratta di garantire che i cambiamenti diventino aspetti profondamente radicati e duraturi dell'organizzazione.

Un approccio efficace è l'integrazione degli obiettivi di cambiamento nel processo di pianificazione strategica dell'organizzazione. Questo assicura che le iniziative di cambiamento siano allineate con gli obiettivi e la visione a lungo termine dell'organizzazione, rendendole fondamentali per la sua direzione e il suo successo. È inoltre fondamentale rivedere e aggiornare regolarmente le politiche, le procedure e le pratiche dell'organizzazione per riflettere la cultura del cambiamento. Ciò potrebbe includere la revisione delle politiche del personale, delle linee guida operative e delle strategie di comunicazione per garantire che siano coerenti con le nuove norme e i nuovi valori.

La formazione e lo sviluppo continui sono fondamentali per sostenere la cultura del cambiamento. Occorre offrire ai dipendenti opportunità di apprendimento continuo per tenerli aggiornati sulle nuove competenze, tecnologie e metodologie legate al cambiamento. Questo aiuta anche a rafforzare l'importanza dell'adattabilità e della crescita. Il mantenimento di canali di comunicazione aperti è fondamentale per sostenere una cultura favorevole al cambiamento. È necessario condividere con tutta l'organizzazione aggiornamenti regolari sui progressi delle iniziative di cambiamento, sui casi di successo e sulle lezioni apprese. Questa trasparenza aiuta a mantenere vivo lo slancio e incoraggia un senso di viaggio collettivo.

È importante stabilire metriche e indicatori chiave di performance per misurare l'impatto della cultura del cambiamento. Il monitoraggio regolare di queste metriche aiuta a comprendere l'efficacia delle iniziative di cambiamento e a guidare i miglioramenti futuri. La creazione di forum per il feedback e la discussione consente ai dipendenti di esprimere le proprie opinioni e i propri suggerimenti in merito al cambiamento. Ciò può avvenire attraverso sondaggi regolari, riunioni cittadine o focus group. Questi forum promuovono un senso di partecipazione e di appartenenza tra i dipendenti.

Riconoscere e celebrare i risultati relativi alla cultura del cambiamento ne rafforza il valore. Riconoscimenti, premi e celebrazioni regolari delle tappe fondamentali aiutano a mantenere vivo e apprezzato lo spirito del cambiamento. La leadership svolge un ruolo costante nel modellare la cultura del cambiamento. I leader devono dimostrare costantemente i comportamenti e gli atteggiamenti associati alla nuova cultura, rafforzandone l'importanza e la legittimità. Lo sviluppo di una cultura del miglioramento continuo assicura che l'organizzazione rimanga adattabile e reattiva ai cambiamenti futuri. Incoraggiando l'innovazione, la sperimentazione e l'apprendimento dai successi e dai fallimenti, la cultura rimane dinamica e in evoluzione.

Capitolo 8: Imparare dai pionieri del cambiamento

Questo capitolo si apre con un'esplorazione di casi di studio che presentano pionieri del cambiamento, leader e organizzazioni famosi per aver affrontato e realizzato con successo trasformazioni significative.

Grazie a questi casi di studio, possiamo comprendere a fondo le strategie, le sfide e i trionfi incontrati da questi pionieri. Queste storie non servono solo come fonte di ispirazione, ma anche come guide pratiche piene di insegnamenti praticabili. Offrono una finestra sull'applicazione reale delle teorie e dei principi del cambiamento, fornendo un contesto tangibile agli aspetti astratti della gestione del cambiamento.

Le storie di successo dei pionieri del cambiamento variano ampiamente, riflettendo la natura diversa delle iniziative di cambiamento in diversi settori e ambienti. Questi casi di studio evidenziano anche trasformazioni su scala minore, ma di pari impatto, all'interno di organizzazioni non profit, agenzie governative e startup. Essi illustrano come i principi di gestione del cambiamento siano universali e adattabili a varie scale e contesti. Analizzeremo come questi pionieri hanno identificato la necessità di un cambiamento, hanno elaborato la loro visione, hanno coinvolto gli stakeholder, hanno superato le resistenze e infine hanno integrato il cambiamento nel loro tessuto organizzativo.

L'analisi di questi casi di studio è pensata per distillare saggezza pratica e lezioni che possono essere applicate in vari contesti organizzativi. I lettori sono incoraggiati a fare un parallelo tra queste storie e le loro esperienze, estraendo strategie e idee rilevanti che possono essere adattate alle loro iniziative di cambiamento.

Esempi di casi in breve

Un esempio significativo è il percorso di trasformazione di Microsoft sotto la guida di Satya Nadella. Una volta assunto il timone, Nadella ha spostato l'attenzione di Microsoft da un modello incentrato principalmente su Windows a un approccio cloud-first e mobile-first. Questo passaggio ha richiesto non solo innovazione tecnologica, ma anche un significativo cambiamento culturale all'interno dell'organizzazione.

Un altro esempio è la radicale trasformazione di Netflix da servizio di noleggio di DVD a gigante dello streaming e creatore di contenuti. Questo cambiamento è stato guidato dalla lungimiranza e dall'adattabilità, dimostrando come la comprensione e l'anticipazione delle tendenze del mercato possano essere fondamentali per la sopravvivenza e la crescita di un'organizzazione.

Anche la storia del turnaround della LEGO è un caso straordinario di gestione del cambiamento. Di fronte alle difficoltà finanziarie e alla perdita di rilevanza sul mercato, la LEGO ha ristrutturato le sue attività, si è concentrata sulle linee di prodotti principali e si è impegnata più attivamente con la sua base di clienti, con il risultato di una drammatica rinascita del marchio.

Il passaggio di IBM da un'attività incentrata sull'hardware a un'attività incentrata sul software e sui servizi sotto la guida di Lou Gerstner negli anni '90 è un altro classico esempio. Questa trasformazione ha comportato non solo il cambiamento dell'offerta di prodotti dell'azienda, ma anche la modifica della cultura aziendale e dell'approccio al servizio clienti.

Il successo del rebranding e dell'espansione del mercato di Old Spice da parte di Procter & Gamble dimostra come la gestione del cambiamento possa essere efficacemente applicata al marketing e al posizionamento del marchio. Ridefinendo il proprio pubblico di riferimento e rinnovando l'approccio pubblicitario, Old Spice ha

> ampliato in modo significativo il proprio appeal e la propria quota di mercato.

1. Il viaggio di trasformazione di Microsoft sotto Satya Nadella

La trasformazione di Microsoft sotto Satya Nadella è un esempio notevole di come una leadership visionaria possa ridefinire la traiettoria di un'organizzazione. Quando Nadella ha assunto la carica di CEO nel 2014, ha dovuto affrontare la sfida di rivitalizzare un gigante tecnologico che si pensava stesse perdendo il suo vantaggio in un mondo sempre più mobile e basato sul cloud.

La visione di Nadella era quella di spostare Microsoft da un modello incentrato principalmente su Windows a un approccio cloud-first e mobile-first. Questa svolta strategica non riguardava solo la modifica dell'offerta di prodotti dell'azienda, ma anche la trasformazione della sua filosofia e cultura di base.

Uno dei primi grandi cambiamenti è stato lo sviluppo e il miglioramento del servizio di cloud computing di Microsoft, Azure. L'attenzione di Nadella per il cloud computing ha rappresentato un cambiamento significativo rispetto alla tradizionale dipendenza dell'azienda dalle vendite di software. Azure è presto emerso come leader nel mercato dei servizi cloud, in concorrenza con giganti come Amazon Web Services e Google Cloud.

Parallelamente, è stata posta una forte enfasi sulle tecnologie e sulle applicazioni mobili. Riconoscendo il fiorente mercato della telefonia mobile, Microsoft ha iniziato a investire maggiormente nello sviluppo di applicazioni e servizi per diverse piattaforme mobili, anziché concentrarsi esclusivamente su Windows.

Oltre all'innovazione tecnologica, Nadella ha avviato un profondo cambiamento culturale all'interno di Microsoft. Ha incoraggiato una mentalità di "imparare tutto" piuttosto che di "sapere tutto", favorendo un ambiente di apprendimento e crescita continui. Questo cambiamento culturale è stato fondamentale per promuovere l'innovazione e la capacità di adattamento dei dipendenti.

Nadella ha inoltre dato priorità alla collaborazione e all'inclusività, abbattendo i silos all'interno dell'organizzazione. Ha sostenuto l'idea di lavorare in sinergia e di sfruttare i diversi punti di forza della forza lavoro. Questo approccio non solo ha migliorato la collaborazione interna, ma ha anche portato a uno sviluppo dei prodotti più integrato e innovativo.

Sotto la guida di Nadella, Microsoft ha abbracciato anche partnership e collaborazioni con aziende un tempo considerate rivali. Questo approccio aperto ha segnato un cambiamento significativo nella strategia di Microsoft, riflettendo una visione più ampia della tecnologia come ecosistema piuttosto che come campo di battaglia.

L'impatto di questa trasformazione è stato significativo. Microsoft non solo ha riconquistato la sua posizione di leader tecnologico, ma ha anche registrato una sostanziale crescita finanziaria. Il valore di mercato e il prezzo delle azioni dell'azienda sono saliti, riflettendo la fiducia degli investitori nella nuova direzione.

Il percorso di trasformazione di Microsoft sotto la guida di Satya Nadella è un potente esempio di come la visione strategica, unita al cambiamento culturale e tecnologico, possa ringiovanire un'azienda globale. Sottolinea l'importanza di una leadership adattabile e di una cultura organizzativa che abbraccia l'apprendimento continuo e l'innovazione di fronte all'evoluzione del settore.

2. La radicale trasformazione di Netflix

La trasformazione di Netflix da servizio di noleggio di DVD a gigante globale dello streaming e influente creatore di contenuti è un esempio da manuale di adattabilità e lungimiranza aziendale. Questo viaggio è una testimonianza di come la comprensione e l'anticipazione delle tendenze del mercato possano essere cruciali per la sopravvivenza e la crescita di un'organizzazione.

Quando Netflix fu fondata nel 1997, iniziò come servizio di noleggio di DVD per posta. Tuttavia, Reed Hastings e Marc Randolph, i fondatori di Netflix, riconobbero rapidamente il potenziale di Internet nel rivoluzionare il modo in cui le persone accedono e consumano l'intrattenimento. Questa consapevolezza segnò l'inizio di un percorso di trasformazione che avrebbe rimodellato l'industria dell'intrattenimento.

Nel 2007, Netflix ha fatto una mossa coraggiosa introducendo i servizi di streaming, consentendo agli abbonati di guardare spettacoli televisivi e film su Internet. Si è trattato di una svolta significativa rispetto al modello di noleggio dei DVD, soprattutto in un momento in cui la tecnologia dello streaming era ancora agli albori. Questo cambiamento ha sfruttato la crescente disponibilità di Internet ad alta velocità e la crescente preferenza dei consumatori per i contenuti on-demand.

L'introduzione dello streaming ha richiesto non solo innovazioni tecnologiche, ma anche un cambiamento nella strategia aziendale. Netflix ha dovuto concludere accordi con i fornitori di contenuti, sviluppare una solida rete di distribuzione dei contenuti e investire in modo significativo nella propria infrastruttura IT.
La trasformazione di Netflix non si è fermata allo streaming, ma si è ulteriormente evoluta avventurandosi nella creazione di contenuti. Con il lancio della sua prima serie originale, "House of Cards", nel 2013, Netflix ha sconvolto i tradizionali modelli di produzione e distribuzione televisiva. La creazione di contenuti ha permesso a Netflix di avere un maggiore controllo sulle sue offerte e ha contribuito a differenziare il suo servizio in un mercato affollato.

Questo passaggio alla creazione di contenuti è stato guidato dall'analisi dei dati. Netflix ha utilizzato i dati dei suoi milioni di abbonati per capire le preferenze di visione, in base alle quali ha deciso quali tipi di contenuti produrre. Questo approccio alla creazione di contenuti basato sui dati si è rivelato di grande successo, portando a serie acclamate dalla critica come "Stranger Things" e "The Crown".

Il successo della trasformazione di Netflix è evidente nella crescita sostanziale degli abbonati, nell'espansione internazionale e nell'impatto sull'industria dell'intrattenimento. Il modello di Netflix ha sfidato la TV via cavo e le sale cinematografiche tradizionali, costringendo questi settori ad adattarsi e innovare. Il percorso di Netflix evidenzia l'importanza dell'agilità organizzativa. La disponibilità dell'azienda a cambiare rotta, a sperimentare e ad abbracciare nuove tecnologie è stata fondamentale per la sua capacità di rimanere all'avanguardia in un settore in rapida evoluzione.

La trasformazione di Netflix da servizio di noleggio di DVD a potenza di streaming e creazione di contenuti dimostra il potere della lungimiranza, dell'adattabilità e del processo decisionale basato sui dati. È una storia avvincente di come un'azienda possa ridefinire un settore e sostenere la crescita evolvendo continuamente il proprio modello di business per rimanere in sintonia con le dinamiche di mercato e i comportamenti dei consumatori.

3. La storia della svolta di LEGO

Il turnaround del Gruppo LEGO è un caso esemplare di gestione efficace del cambiamento, che dimostra come un'azienda possa risollevare le proprie sorti rifocalizzandosi sui propri punti di forza e impegnandosi a fondo con la propria base di clienti. All'inizio degli anni 2000, LEGO ha dovuto affrontare notevoli difficoltà finanziarie e una perdita di rilevanza sul mercato, che l'hanno portata sull'orlo del fallimento.

Uno dei problemi principali che LEGO ha dovuto affrontare è stata l'eccessiva diversificazione. L'azienda si era espansa in settori come i parchi a tema, i videogiochi e l'abbigliamento, diluendo il suo marchio e mettendo a dura prova le sue risorse finanziarie. Questo eccesso di diversificazione, unito all'aumento della concorrenza e al cambiamento delle abitudini di gioco dei bambini, ha portato a una situazione critica.

La svolta è iniziata con la nomina di Jørgen Vig Knudstorp a CEO nel 2004. Knudstorp ha portato una nuova prospettiva e un'attenzione particolare all'efficienza operativa. Uno dei suoi primi passi fu un'analisi approfondita della situazione finanziaria e del modello di business della LEGO. L'analisi ha rivelato che una parte significativa della linea di prodotti non era redditizia. Knudstorp avviò un importante processo di ristrutturazione. Ha snellito le operazioni tagliando i costi, vendendo attività non essenziali come i parchi a tema LEGO e riducendo la forza lavoro. Si trattava di decisioni difficili, ma necessarie per stabilizzare l'azienda dal punto di vista finanziario.

Ma soprattutto, LEGO si è concentrata sulle sue linee di prodotti principali: gli iconici mattoncini e set LEGO. Questa rifocalizzazione ha comportato una riduzione del portafoglio prodotti per concentrarsi sulle linee che risuonavano con il patrimonio LEGO e che erano popolari tra i clienti. L'azienda ha anche migliorato la catena di approvvigionamento e i processi di produzione, assicurando che i prodotti più popolari fossero sempre disponibili per i consumatori. Un'altra parte significativa della strategia di rilancio di LEGO è stata quella di riallacciare i rapporti con la propria base di clienti, in particolare con la comunità dedicata dei fan LEGO adulti. LEGO ha iniziato a cercare attivamente il feedback dei suoi fan e ha incorporato le loro idee nei nuovi prodotti. Questo ha portato alla creazione della piattaforma LEGO Ideas, dove i fan potevano presentare e votare nuove idee di set, alcune delle quali sono state trasformate in prodotti commerciali.

LEGO ha anche abbracciato nuove strategie di marketing, sfruttando la narrazione e le partnership con franchise popolari come Star Wars, Harry Potter e Batman. Queste collaborazioni hanno dato vita a linee di prodotti di grande successo che hanno conquistato sia i bambini che gli adulti.

Notevoli sono stati anche gli sforzi dell'azienda per entrare nell'era digitale. Sebbene all'inizio abbia faticato a trovare il proprio spazio nel mondo digitale, LEGO lo ha poi abbracciato sviluppando videogiochi, applicazioni per cellulari e persino un franchise cinematografico di grande successo. Queste iniziative hanno permesso a LEGO di rimanere rilevante in un mondo sempre più digitale.

Il risultato di questi sforzi concertati è stato un drammatico rilancio del marchio LEGO. Nel 2015, LEGO è diventata la più grande azienda di giocattoli al mondo in termini di fatturato, superando colossi del settore come Mattel. Il caso LEGO è una potente testimonianza dell'efficacia di concentrarsi sui punti di forza fondamentali, di coinvolgere i clienti e di adattarsi ai cambiamenti.

La storia di LEGO è un esempio straordinario di gestione del cambiamento fatta bene. Dimostra come l'attenzione ai prodotti principali, l'efficienza operativa, il coinvolgimento dei clienti e l'adattamento alle nuove realtà del mercato possano portare a una rinascita drammatica e a un successo continuo di un marchio.

4. La trasformazione dell'IBM sotto Lou Gerstner

La trasformazione dell'IBM negli anni '90 sotto la guida di Lou Gerstner è un classico esempio di come un'azienda sia riuscita ad affrontare con successo un profondo cambiamento nel suo modello di business e nella sua cultura organizzativa. Quando Gerstner assunse la carica di CEO nel 1993, IBM era sull'orlo della disintegrazione, con perdite finanziarie significative e un mercato tecnologico in rapida evoluzione.

L'arrivo di Gerstner segnò l'inizio di un cambiamento cruciale: dalla tradizionale focalizzazione di IBM sull'hardware si passò a una nuova enfasi su software e servizi. Questo cambiamento strategico è stato determinato dalla consapevolezza che il settore tecnologico si stava spostando da un panorama dominato dall'hardware a uno in cui le soluzioni software e i servizi IT erano sempre più apprezzati.

Una delle prime sfide che Gerstner affrontò fu la struttura organizzativa di IBM. All'epoca, l'azienda era altamente decentralizzata, con varie divisioni che operavano in modo quasi indipendente. Gerstner implementò un approccio più integrato, consolidando le operazioni dell'azienda per favorire un migliore coordinamento e una strategia unificata. La modifica dell'offerta di prodotti di IBM ha comportato non solo lo sviluppo di nuove capacità nel software e nei servizi, ma anche la modifica del modo in cui l'azienda considerava il proprio mercato. Gerstner spostò l'attenzione di IBM verso la fornitura di soluzioni integrate a problemi informatici complessi, piuttosto che sulla semplice vendita di prodotti hardware. Ciò ha richiesto un investimento sostanziale per sviluppare le competenze dell'azienda nello sviluppo del software, nella consulenza e nei servizi IT.

Forse uno degli aspetti più significativi della trasformazione di IBM sotto Gerstner è stato il cambiamento della cultura aziendale. Gerstner riconobbe che un approccio incentrato sul cliente era essenziale per la rinascita di IBM. Ha spinto per una cultura che desse priorità al servizio clienti e alla reattività, allontanandosi dalla cultura burocratica e incentrata sull'interno che aveva caratterizzato l'IBM in precedenza. Sotto la guida di Gerstner, IBM ha anche rinnovato il suo approccio all'innovazione. Anziché concentrarsi esclusivamente sulle innovazioni tecnologiche, l'azienda iniziò a porre l'accento sull'applicazione pratica della tecnologia per risolvere i problemi aziendali del mondo reale. Questo cambiamento non solo allineò IBM alle richieste del mercato, ma favorì anche un approccio più collaborativo e pragmatico all'innovazione.

Durante il suo mandato, IBM ha anche effettuato acquisizioni strategiche nei settori del software e dei servizi IT, rafforzando le proprie capacità in queste aree. Queste acquisizioni sono state fondamentali per ampliare il portafoglio e le competenze di IBM nel settore in rapida crescita dei servizi IT. L'impatto di questa trasformazione è stato profondo. IBM si è reinventata con successo, invertendo il suo declino finanziario e ristabilendo la sua posizione di leader nel mercato tecnologico globale. Il successo del passaggio dell'azienda dall'hardware al software e ai servizi è stato ampiamente studiato come modello di adattamento delle grandi aziende ai cambiamenti del settore.

La trasformazione dell'IBM sotto la guida di Lou Gerstner negli anni '90 è una testimonianza del potere del riallineamento strategico e del cambiamento culturale nel rivitalizzare un'azienda in difficoltà. Evidenzia l'importanza dell'attenzione al cliente, dell'integrazione organizzativa e di un approccio pragmatico all'innovazione per realizzare una trasformazione aziendale di successo.

5. Il rebranding e l'espansione del mercato di Old Spice

La trasformazione di Old Spice sotto la guida di Procter & Gamble è un notevole caso di studio sulla gestione del cambiamento, in particolare nel campo del marketing e del posizionamento del marchio. Un tempo percepito come un marchio per una generazione più anziana, Old Spice ha subito un drastico rebranding e un'espansione del mercato che hanno rivitalizzato la sua immagine, ampliato il suo appeal e aumentato la sua quota di mercato.

Prima della sua trasformazione, Old Spice era spesso associata a un pubblico più anziano e la sua posizione di mercato era stagnante. Riconoscendo la necessità di un cambiamento, Procter & Gamble, che ha acquisito Old Spice nel 1990, ha intrapreso una missione per ringiovanire il marchio e rivolgersi a un pubblico più giovane e diversificato.

La pietra miliare della trasformazione di Old Spice è stata un'audace ridefinizione del suo pubblico di riferimento. Procter & Gamble ha spostato l'attenzione del marchio dagli uomini anziani a una fascia demografica più giovane e di tendenza. Questo riposizionamento è stato fondamentale per entrare in un segmento di mercato più ampio e dinamico.

Il rinnovamento dell'approccio pubblicitario di Old Spice ha svolto un ruolo fondamentale in questa trasformazione. Il marchio lanciò una serie di campagne di marketing innovative, umoristiche e taglienti che si distaccavano dagli stereotipi maschili tradizionali. La più importante è stata la campagna "The Man Your Man Could Smell Like", con Isaiah Mustafa. Questa campagna è diventata una sensazione virale, elevando in modo significativo il profilo e l'appeal del marchio tra i consumatori più giovani.

Questi sforzi di marketing sono stati integrati da una diversificazione della linea di prodotti. Old Spice ha introdotto nuove gamme di prodotti, tra cui lavaggi per il corpo e deodoranti, per soddisfare le preferenze in evoluzione del mercato più giovane. Questa diversificazione non solo ha rinfrescato l'immagine del marchio, ma ha anche contribuito a conquistare una quota maggiore del mercato del grooming. Oltre alla pubblicità tradizionale, Old Spice ha sfruttato le piattaforme dei social media per entrare in contatto diretto con i consumatori. Questo approccio ha permesso al marchio di costruire una solida presenza online, consolidando ulteriormente il suo appeal nei confronti di un pubblico giovane e attento alla tecnologia.

Il successo di queste strategie è stato evidente nell'aumento della quota di mercato e del riconoscimento del marchio. Old Spice si è trasformato da un marchio percepito come obsoleto a uno sinonimo di giovinezza, vigore e umorismo. Il successo del rebranding ha contribuito a conquistare nuovi segmenti di clientela e a rivitalizzare la presenza sul mercato.

La trasformazione di Old Spice sotto Procter & Gamble è una testimonianza del potere di un'efficace gestione del cambiamento nel marketing e nel posizionamento del marchio. Evidenzia come la comprensione delle tendenze del mercato, la ridefinizione del pubblico di riferimento, la pubblicità innovativa, la diversificazione dei prodotti e l'uso efficace delle piattaforme digitali possano collettivamente ringiovanire un marchio e guidarne la crescita in un mercato competitivo.

Analizzando i processi di cambiamento dei casi citati - Microsoft, Netflix, LEGO, IBM e Old Spice - emergono alcuni modelli e dinamiche che forniscono una visione più approfondita del successo della gestione del cambiamento.

1. Visione e leadership: Un filo conduttore di questi casi è la presenza di una leadership forte e visionaria. Leader come Satya Nadella, Reed Hastings e Lou Gerstner hanno svolto un ruolo fondamentale nell'immaginare il cambiamento e nel guidare le loro organizzazioni attraverso il processo di trasformazione. La loro leadership non si è limitata a definire una nuova direzione, ma ha anche saputo ispirare e motivare il personale ad abbracciare il cambiamento.

2. Adattabilità alle tendenze del mercato: Ciascuna di queste aziende ha dimostrato una notevole capacità di adattamento alle tendenze del mercato e ai comportamenti dei consumatori. Ad esempio, il passaggio di Netflix ai servizi di streaming è stata una risposta diretta all'evoluzione del modo in cui il pubblico consuma i media. Allo stesso modo, gli sforzi di rebranding di Old Spice sono stati allineati al cambiamento della percezione della mascolinità nella società. Questa capacità di adattamento è stata fondamentale per garantire la loro rilevanza e competitività.

3. Approccio centrato sul cliente: Queste trasformazioni hanno evidenziato una forte attenzione alle esigenze e alle preferenze dei clienti. Il coinvolgimento della LEGO con la sua base di clienti per ottenere feedback e idee sui prodotti e il passaggio di IBM a un modello di servizio incentrato sul cliente sono un esempio di questa attenzione. Comprendere e rispondere alle esigenze dei clienti ha aiutato queste aziende a riallineare efficacemente le loro offerte e strategie.

4. Innovazione e propensione al rischio: L'innovazione ha svolto un ruolo significativo nella trasformazione di queste aziende. L'incursione di Netflix nella creazione di contenuti e le audaci campagne pubblicitarie di Old Spice sono esempi di strategie innovative che hanno infranto le norme del settore. Queste mosse hanno comportato rischi significativi, ma alla fine hanno dato i loro frutti distinguendo queste aziende dai loro concorrenti.

5. Trasformazione culturale: Oltre ai cambiamenti strategici e operativi, una componente fondamentale di queste trasformazioni è stato il cambiamento della cultura organizzativa. Il cambiamento culturale di Microsoft verso un ambiente più collaborativo e aperto sotto la guida di Nadella e la mossa di LEGO di promuovere una cultura dell'innovazione e della creatività sono stati parte integrante del sostegno e della sostenibilità del cambiamento.

6. Comunicazione efficace: Una comunicazione efficace è stata fondamentale per questi processi di cambiamento. Sia che si tratti di comunicare internamente la visione e la strategia ai dipendenti, sia che si tratti di commercializzare esternamente le nuove immagini del marchio ai clienti, una comunicazione chiara e coerente ha contribuito a ottenere l'adesione e a dare slancio al cambiamento.

7. Evoluzione continua: Infine, queste aziende non considerano il cambiamento come un evento unico, ma come un processo continuo. Si sono evolute continuamente rivalutando le condizioni di mercato e i progressi interni e adeguando di conseguenza le loro strategie. Questo approccio di continua evoluzione le ha aiutate a rimanere all'avanguardia in settori in rapida evoluzione.

I processi di cambiamento di successo di queste aziende sono stati caratterizzati da una leadership visionaria, dall'adattabilità alle tendenze del mercato, da un approccio incentrato sul cliente, dalla volontà di innovare e rischiare, dalla trasformazione culturale, da una comunicazione efficace e da una mentalità di continua evoluzione. Questi modelli e dinamiche offrono lezioni preziose per le organizzazioni che intendono intraprendere il proprio percorso di trasformazione.

L'impatto dei pionieri del cambiamento è multiforme. In primo luogo, spesso determinano una significativa svolta finanziaria e una crescita. Ad esempio, i cambiamenti strategici attuati da Apple sotto la guida di Steve Jobs, che hanno incluso l'introduzione di prodotti rivoluzionari come l'iPhone e l'iPad, non solo hanno salvato l'azienda da una situazione di quasi bancarotta, ma l'hanno anche catapultata a livelli di redditività e leadership di mercato senza precedenti. I pionieri del cambiamento spesso rivoluzionano gli standard del settore e le aspettative dei consumatori. Amazon, sotto la guida di Jeff Bezos, ha trasformato il settore della vendita al dettaglio con il suo approccio incentrato sul cliente, l'ampia scelta e la rapidità delle consegne, cambiando radicalmente il modo in cui le persone fanno acquisti e ciò che si aspettano dai servizi di vendita al dettaglio.

In alcuni casi, i pionieri del cambiamento sono stati responsabili della catalizzazione dei progressi tecnologici e dell'innovazione. La continua evoluzione di Google, ad esempio, ha plasmato in modo significativo il settore tecnologico, influenzando aree che vanno dalla ricerca e dalla pubblicità online all'intelligenza artificiale e al cloud computing. I pionieri del cambiamento sono spesso all'avanguardia anche nell'adozione e nella promozione di pratiche commerciali sostenibili ed etiche. La leadership di aziende come Patagonia nella difesa dell'ambiente e nelle pratiche commerciali sostenibili non solo ha modificato l'approccio operativo dell'azienda, ma ha anche stabilito nuovi standard di settore per la responsabilità aziendale.

Questi leader possono avere un impatto duraturo sulla cultura organizzativa. Il passaggio di Microsoft sotto la guida di Satya Nadella a una cultura del lavoro più collaborativa e aperta, che enfatizza l'apprendimento e l'innovazione, è un esempio lampante di come il cambiamento ai vertici possa permeare l'intera organizzazione, influenzando il coinvolgimento e la produttività dei dipendenti. L'influenza dei pionieri del cambiamento va oltre l'immediato successo organizzativo o finanziario. Spesso lasciano un'eredità che modella i futuri stili di leadership, i modelli di business e le strategie aziendali. I loro approcci diventano casi di studio e modelli per altri leader e organizzazioni che aspirano ad adattarsi ed eccellere in un mondo aziendale in continua evoluzione. Esaminando i processi di cambiamento guidati da vari pionieri in diversi settori, emergono alcuni modelli e dinamiche comuni, che offrono preziose indicazioni sull'essenza di una gestione del cambiamento di successo.

- Visione chiara e direzione strategica: I pionieri del cambiamento hanno sempre una visione chiara e convincente del futuro. Questa visione funge da stella polare, guidando l'organizzazione attraverso le turbolenze del cambiamento. Che si tratti della visione di Steve Jobs per Apple o di quella di Howard Schultz per Starbucks, avere una chiara direzione strategica è cruciale per radunare l'organizzazione e impostare la rotta della trasformazione.

- Impegno e coinvolgimento della leadership: Le iniziative di cambiamento di successo sono spesso guidate da leader profondamente impegnati e attivamente coinvolti nel processo di cambiamento. Questi leader non si limitano a delegare, ma sono i campioni del cambiamento, investiti personalmente nel portare a termine la trasformazione. Questo alto livello di coinvolgimento della leadership assicura l'allineamento e l'impegno di tutta l'organizzazione.

- Orientamento al cliente e al mercato: I pionieri del cambiamento mantengono una forte attenzione alle esigenze del cliente e del mercato. Raccolgono costantemente informazioni sulle preferenze dei clienti, sulle tendenze del mercato e sulle dinamiche della concorrenza. Questo orientamento consente loro di anticipare i cambiamenti del mercato e di adattare le loro strategie di conseguenza, come si vede nell'approccio cliente-centrico di Amazon sotto Jeff Bezos.

- Cultura dell'innovazione e dell'agilità: I pionieri del cambiamento promuovono una cultura che valorizza l'innovazione, la flessibilità e l'agilità. Incoraggiano la sperimentazione, sono aperti a nuove idee e si adattano rapidamente ai cambiamenti. La cultura dell'innovazione di Google e il mantra di Facebook "muoviti velocemente e rompi le cose" nei suoi primi giorni di vita sono esempi di un ambiente di questo tipo.

- Comunicazione efficace e coinvolgimento delle parti interessate: Una comunicazione efficace è un segno distintivo dei processi di cambiamento di successo. I pionieri si assicurano che la loro visione e le ragioni del cambiamento siano comunicate in modo chiaro e coerente a tutti i livelli dell'organizzazione. Inoltre, coinvolgono le varie parti interessate (dipendenti, clienti e partner) per ottenere il sostegno e affrontare i problemi.

- Responsabilizzare i dipendenti e incoraggiare l'appropriazione: Molti leader del cambiamento danno ai loro dipendenti la possibilità di assumersi la responsabilità del cambiamento. Questa responsabilizzazione favorisce il senso di responsabilità e l'impegno dei dipendenti. La produzione snella della Toyota e la pratica associata del Kaizen sono un esempio di come la responsabilizzazione dei dipendenti sia fondamentale per il miglioramento continuo.

- Apprendimento e adattamento continui: I processi di cambiamento di successo sono caratterizzati da apprendimento e adattamento continui. I pionieri utilizzano cicli di feedback per imparare dai successi e dai fallimenti e sono rapidi nell'adattare le loro strategie in risposta a nuove informazioni o a condizioni di mercato mutevoli.

- Bilanciare le esigenze a breve termine con gli obiettivi a lungo termine: Pur concentrandosi sugli obiettivi strategici a lungo termine, i pionieri del cambiamento gestiscono anche le sfide a breve termine del cambiamento. Bilanciano le esigenze operative immediate con la visione a lungo termine, assicurando che l'organizzazione rimanga stabile e funzionale durante il periodo di transizione.

L'analisi delle esperienze e della saggezza dei pionieri del cambiamento è un esercizio per comprendere la profondità dei loro percorsi, estraendo lezioni preziose sia dai loro successi che dalle loro battute d'arresto. Questi pionieri offrono un patrimonio di conoscenze che è fondamentale per guidare i leader attuali e futuri attraverso le loro trasformazioni. È fondamentale comprendere i trionfi e le sfide di questi leader. Il percorso di un personaggio come Howard Schultz, che non solo ha trasformato Starbucks in un marchio globale, ma l'ha anche rivitalizzato dopo un periodo di crisi, offre profonde indicazioni sulla resilienza e sulla lungimiranza strategica. Allo stesso modo, lo stile di leadership e i processi decisionali di pionieri come Indra Nooyi di PepsiCo possono rivelare importanti lezioni sulla leadership visionaria e sull'integrazione della responsabilità aziendale nel modello di business.

L'adattabilità e la resilienza sono temi ricorrenti nelle narrazioni di questi leader del cambiamento. La leadership trasformativa di Satya Nadella in Microsoft, ad esempio, evidenzia come l'adattabilità possa riorientare in modo significativo la rotta di un'azienda. Anche il ruolo dell'innovazione e dell'assunzione di rischi è centrale in queste storie, come illustra l'approccio di Jeff Bezos con Amazon, che spinge costantemente l'azienda in nuovi settori. Il coinvolgimento e la comunicazione efficace con gli stakeholder sono aspetti cruciali delle strategie di questi leader. Il modo in cui sono riusciti a gestire le comunicazioni interne ed esterne offre strategie per un coinvolgimento e una comunicazione efficaci. Inoltre, molti di questi pionieri hanno guidato trasformazioni culturali significative all'interno delle loro organizzazioni. Imparare dai loro approcci al cambiamento della cultura aziendale, come nel caso dell'enfasi di Google sull'apertura e sull'innovazione, può fornire spunti preziosi.

L'uso della tecnologia e dei dati per guidare il cambiamento è sempre più rilevante nell'odierna era digitale. L'uso dei dati analitici da parte di Netflix per informare la sua strategia di contenuti esemplifica l'uso efficace della tecnologia e dei dati nel processo decisionale. Inoltre, l'equilibrio tra affrontare le pressioni a breve termine e mantenere l'attenzione sugli obiettivi strategici a lungo termine è delicato. Le iniziative di sostenibilità promosse da Paul Polman durante la sua permanenza in Unilever sottolineano l'importanza di pensare a lungo termine per raggiungere un successo aziendale sostenibile. Studiando i percorsi dei pionieri del cambiamento in vari settori, possiamo distillare intuizioni e lezioni chiave che sono preziose per chiunque intraprenda un percorso di gestione del cambiamento. Queste lezioni, tratte dai successi e dalle sfide di questi leader, forniscono una tabella di marcia per navigare efficacemente nel cambiamento.

1. La leadership visionaria è fondamentale: L'importanza di avere una visione chiara e convincente non può essere sopravvalutata. Leader come Steve Jobs e Howard Schultz avevano una chiara visione del futuro e sono stati in grado di articolarla in modo da ispirare gli altri. Una visione forte fornisce una direzione e uno scopo, fungendo da luce guida attraverso le complessità del cambiamento.

2. Adattabilità alle mutevoli dinamiche di mercato: La capacità di adattarsi alle mutevoli condizioni di mercato è una caratteristica distintiva di una gestione del cambiamento di successo. La transizione di Netflix verso i servizi di streaming in risposta al cambiamento dei comportamenti dei consumatori esemplifica la necessità di rimanere flessibili e reattivi alle dinamiche del mercato esterno.

3. Un approccio incentrato sul cliente porta al successo: Una profonda comprensione e attenzione alle esigenze dei clienti può guidare un cambiamento di successo. L'approccio customer-first di Amazon sotto la guida di Jeff Bezos dimostra come l'allineamento delle strategie organizzative alle esigenze dei clienti porti alla crescita e all'innovazione.

4. La trasformazione culturale è fondamentale: Il cambiamento non riguarda solo la strategia e le operazioni, ma anche la cultura. L'enfasi posta da Satya Nadella sul cambiamento della cultura di Microsoft in una cultura che valorizza l'apprendimento e la collaborazione evidenzia la necessità di una trasformazione culturale come parte di una gestione del cambiamento di successo.

5. La comunicazione efficace è fondamentale: Una comunicazione chiara e coerente è essenziale durante tutto il

processo di cambiamento. È importante non solo comunicare il cosa e il come, ma anche il perché del cambiamento, perché una comunicazione efficace crea fiducia e riduce la resistenza.

6. Coinvolgimento e responsabilizzazione dei dipendenti: Coinvolgere i dipendenti nel processo di cambiamento e dare loro la possibilità di contribuire può portare a risultati migliori. Quando i dipendenti si sentono parte del processo di cambiamento, è più probabile che sostengano e guidino il cambiamento.

7. Innovazione e propensione al rischio: Abbracciare l'innovazione ed essere disposti a correre rischi calcolati può portare a ricompense significative. Aziende come Google hanno prosperato innovando continuamente e non avendo paura di avventurarsi in nuovi territori.

8. Bilanciare le sfide a breve termine con la visione a lungo termine: Una gestione del cambiamento di successo implica la gestione delle sfide operative immediate, tenendo d'occhio gli obiettivi strategici a lungo termine. Questo equilibrio è fondamentale per garantire che l'organizzazione navighi attraverso il cambiamento senza perdere di vista gli obiettivi finali.

9. Apprendimento e miglioramento continui: Il cambiamento non è un evento unico, ma un processo continuo. I leader del cambiamento di maggior successo promuovono una cultura di apprendimento e miglioramento continuo all'interno delle loro organizzazioni.

10. Processo decisionale guidato dai dati: L'utilizzo dei dati per informare le decisioni è sempre più importante. L'uso dei dati analitici da parte di Netflix per la creazione di contenuti e il coinvolgimento dei clienti è un ottimo esempio di processo decisionale guidato dai dati.

Queste intuizioni e lezioni chiave tratte dai viaggi dei pionieri del cambiamento forniscono un modello per una gestione efficace del cambiamento. Sottolineano l'importanza di una leadership visionaria, dell'adattabilità, dell'attenzione al cliente, della trasformazione culturale, della comunicazione, dell'impegno dei dipendenti, dell'innovazione, dell'equilibrio, dell'apprendimento continuo e del processo decisionale basato sui dati per affrontare con successo il cambiamento.

Tradurre le lezioni apprese dai pionieri del cambiamento in strategie attuabili comporta un processo di adattamento e applicazione adatto ai contesti organizzativi contemporanei. Questo passaggio dall'intuizione all'azione è fondamentale per i leader che cercano di implementare una gestione efficace del cambiamento nelle loro organizzazioni. In primo luogo, è essenziale sviluppare una visione chiara e stimolante basata su questi insegnamenti. I leader devono creare una visione che non solo sia in linea con i valori e gli obiettivi dell'organizzazione, ma che risuoni anche con i dipendenti e li motivi. Questa visione deve servire da bussola per tutte le decisioni e le azioni legate al cambiamento.

L'adattamento ai cambiamenti del mercato richiede che i leader siano costantemente attenti e reattivi. Dovrebbero coltivare una cultura organizzativa che valorizzi l'agilità e la rapidità di risposta ai cambiamenti del mercato, assicurando che l'azienda rimanga competitiva e rilevante. L'enfasi su un approccio incentrato sul cliente implica la raccolta e l'analisi regolare del feedback dei clienti e dei dati di mercato. Queste informazioni devono guidare lo sviluppo e il perfezionamento di prodotti, servizi e strategie aziendali complessive.

La trasformazione culturale è un'altra strategia cruciale. I leader devono lavorare per creare un ambiente che sostenga e premi l'adattabilità, l'innovazione e l'apprendimento. Ciò potrebbe comportare la revisione delle politiche, la ridefinizione dei valori e l'implementazione di nuove pratiche che incoraggino una mentalità positiva al cambiamento. Una comunicazione efficace è fondamentale. I leader devono sviluppare un piano di comunicazione che illustri chiaramente le ragioni del cambiamento, i vantaggi che esso comporta e le fasi del processo.

Una comunicazione regolare e trasparente può contribuire a ridurre l'incertezza e a creare fiducia tra gli stakeholder.

Un'altra strategia chiave è la responsabilizzazione dei dipendenti affinché assumano un ruolo attivo nel processo di cambiamento. Ciò si può ottenere coinvolgendoli nel processo decisionale, incoraggiando l'iniziativa e offrendo loro l'opportunità di contribuire con le proprie idee e competenze. L'innovazione deve essere coltivata come un valore organizzativo fondamentale. I leader devono incoraggiare il pensiero creativo e l'assunzione di rischi, fornendo le risorse e il sostegno necessari per la sperimentazione e lo sviluppo di nuove idee. Bilanciare le esigenze a breve termine con la visione a lungo termine dell'organizzazione richiede un'attenta pianificazione e definizione delle priorità. I leader devono assicurarsi che le esigenze operative immediate non mettano in ombra gli obiettivi strategici dell'iniziativa di cambiamento.

È essenziale promuovere una cultura di apprendimento e miglioramento continuo. Ciò può essere fatto attraverso programmi di formazione regolari, workshop e opportunità di apprendimento che mantengano i dipendenti aggiornati e allineati con le esigenze in evoluzione dell'organizzazione. Infine, l'adozione di un approccio decisionale basato sui dati assicura che le strategie siano fondate su intuizioni concrete. I leader dovrebbero sfruttare l'analisi dei dati per informare le loro strategie, valutare l'impatto delle iniziative di cambiamento e apportare modifiche informate. Le storie e le lezioni di questi pionieri servono non solo come fonte di conoscenza, ma anche come faro di ispirazione per i leader attuali e aspiranti.

- Incarnare lo spirito della leadership visionaria: I leader del cambiamento sono incoraggiati a incarnare lo spirito di leadership visionaria dimostrato da questi pionieri. Ciò implica una visione chiara e convincente, il coraggio di sfidare lo status quo e la capacità di ispirare e galvanizzare gli altri verso un obiettivo condiviso.

- Abbracciare l'adattabilità e la resilienza: I percorsi dei pionieri del cambiamento sottolineano l'importanza di essere adattabili e resilienti di fronte alle sfide e alle incertezze. I leader sono invitati a coltivare queste qualità, comprendendo che il percorso del cambiamento è spesso imprevedibile e richiede la capacità di modificare le strategie e di perseverare nelle difficoltà.

- Promuovere una cultura dell'innovazione e dell'apprendimento continuo: Così come i pionieri del cambiamento hanno promosso una cultura dell'innovazione e dell'apprendimento all'interno delle loro organizzazioni, i leader di oggi sono motivati a fare lo stesso. Incoraggiare la creatività, la sperimentazione e l'apprendimento dai successi e dai fallimenti è fondamentale per promuovere un cambiamento sostenibile.

- Coinvolgere e responsabilizzare i team: I leader devono impegnare e responsabilizzare attivamente i loro team, come hanno fatto i pionieri. Coinvolgere i dipendenti nel processo di cambiamento, valorizzare i loro contributi e promuovere un senso di appartenenza e collaborazione sono elementi fondamentali per una gestione efficace del cambiamento.

- Guidare con empatia e integrità: Le storie dei leader del cambiamento di successo spesso evidenziano l'importanza di guidare con empatia e integrità. Comprendere e rispondere alle preoccupazioni e alle esigenze di dipendenti, stakeholder e clienti è fondamentale per creare fiducia e sostenere il cambiamento.

- Impegnarsi nella visione a lungo termine: Come dimostrato dai pionieri, mantenere l'attenzione sulla visione a lungo termine, anche di fronte alle sfide a breve termine, è essenziale per una leadership del cambiamento di successo. Questo impegno garantisce che l'organizzazione rimanga allineata agli obiettivi strategici e realizzi la trasformazione prevista.

Traendo ispirazione dalle storie di questi pionieri del cambiamento, risulta evidente che il viaggio della leadership del cambiamento è al tempo stesso impegnativo e gratificante. Richiede una miscela di lungimiranza strategica, eccellenza operativa e caratteristiche personali come resilienza, empatia e integrità.

Capitolo 9: Il futuro della leadership del cambiamento

Nel Capitolo 9, "Il futuro della leadership del cambiamento", intraprendiamo un viaggio per esplorare le tendenze emergenti nella gestione del cambiamento che stanno plasmando il modo in cui le organizzazioni affrontano la trasformazione nell'era moderna. Questa esplorazione è fondamentale per preparare i leader e le organizzazioni ad adattarsi al panorama in evoluzione del cambiamento.

Una delle tendenze principali è la crescente importanza della trasformazione digitale. Poiché la tecnologia continua a progredire a ritmo sostenuto, le organizzazioni trovano essenziale integrare nuove soluzioni digitali nelle loro attività. Questo comprende tutto, dallo sfruttamento dei big data e degli analytics per un processo decisionale informato all'adozione dell'intelligenza artificiale e dell'apprendimento automatico per l'efficienza operativa e l'innovazione. Un'altra tendenza significativa è la crescente enfasi sull'agilità e sulla flessibilità. L'approccio tradizionale e gerarchico alla gestione del cambiamento sta lasciando il posto a metodologie più agili che consentono di rispondere più rapidamente ai cambiamenti del mercato e alle esigenze dei clienti. Questo cambiamento comporta l'adozione di pratiche che consentono un processo decisionale più rapido, uno sviluppo iterativo e un approccio più fluido alla gestione dei progetti.

Il coinvolgimento e la partecipazione dei dipendenti alle iniziative di cambiamento stanno diventando sempre più importanti. Le organizzazioni riconoscono che il successo del cambiamento non è solo dall'alto verso il basso, ma richiede il coinvolgimento attivo dei dipendenti a tutti i livelli. Questo approccio porta a un maggiore coinvolgimento, a un'attuazione più efficace del cambiamento e a un migliore allineamento con gli obiettivi organizzativi. Anche la sostenibilità e la responsabilità sociale stanno diventando parte integrante della gestione del cambiamento. Cresce l'aspettativa che le organizzazioni non si limitino al successo finanziario, ma contribuiscano positivamente alle questioni ambientali e sociali. Questa tendenza sta portando a cambiamenti nei modelli di business, nelle pratiche e nelle culture aziendali che danno priorità alla sostenibilità e alle considerazioni etiche.

L'enfasi sulla salute mentale e sul benessere è un'altra tendenza emergente. Il cambiamento può essere stressante per i dipendenti e si riconosce sempre più la necessità di sostenere la salute mentale e il benessere durante i periodi di trasformazione. Ciò include la fornitura di risorse, la creazione di ambienti di supporto e la garanzia che i processi di cambiamento non abbiano un impatto negativo sul benessere dei dipendenti. L'apprendimento personalizzato e continuo per i dipendenti si sta affermando come una componente critica della gestione del cambiamento. Poiché i ruoli e le competenze richieste si evolvono rapidamente, fornire opportunità di apprendimento continuo e personalizzato è essenziale per mantenere la forza lavoro adattabile e qualificata.

Il ruolo dei dati nella gestione del cambiamento sta diventando sempre più evidente. L'uso dei dati analitici per guidare il processo decisionale, tracciare i progressi e misurare l'impatto delle iniziative di cambiamento si sta rivelando prezioso. Gli approfondimenti basati sui dati consentono alle organizzazioni di prendere decisioni più informate, di anticipare le sfide e di adattare efficacemente le strategie di cambiamento. Il capitolo 9 approfondisce le tendenze emergenti nella gestione del cambiamento, evidenziando le aree critiche su cui i leader e le organizzazioni devono concentrarsi per essere all'avanguardia in un mondo in rapida evoluzione. Queste tendenze sottolineano la necessità di adattabilità, innovazione, inclusività, sostenibilità e di un approccio basato sui dati per condurre iniziative di cambiamento di successo.

Queste tendenze riflettono la natura in evoluzione del business, della tecnologia e della società, offrendo nuove prospettive e approcci per una leadership del cambiamento efficace.

1. Accelerazione della trasformazione digitale: Una delle tendenze più significative è la rapida accelerazione della trasformazione digitale in tutti i settori. La pandemia COVID-19 ha agito da catalizzatore, spingendo le organizzazioni ad adottare rapidamente le tecnologie digitali per adattarsi a nuovi modi di lavorare, servire i clienti e mantenere le operazioni. Questa tendenza va oltre la semplice adozione di tecnologie e comprende la digitalizzazione di interi processi e modelli aziendali.

2. Maggiore attenzione alle metodologie agili: L'adozione di metodologie agili si sta diffondendo sempre di più, andando oltre lo sviluppo del software in contesti organizzativi più ampi. L'agilità nella gestione del cambiamento consente una pianificazione più flessibile, uno sviluppo iterativo, una risposta rapida ai feedback e un adattamento più rapido alle circostanze in evoluzione.

3. Aumento dei modelli di lavoro a distanza e ibridi: I modelli di lavoro remoto e ibrido stanno diventando una caratteristica permanente per molte organizzazioni. Questo cambiamento impone di modificare il modo in cui le organizzazioni gestiscono i team, mantengono la produttività e promuovono una cultura aziendale coesa in un ambiente di lavoro disperso.

4. Enfasi sull'esperienza e sul coinvolgimento dei dipendenti: È sempre più diffusa la consapevolezza che il successo del cambiamento dipende dall'esperienza e dal coinvolgimento dei dipendenti. Le organizzazioni si stanno concentrando maggiormente sulla comprensione e sulla gestione del lato umano del cambiamento, assicurando che i dipendenti siano supportati, ascoltati e coinvolti nel processo di cambiamento.

5. La sostenibilità come priorità strategica: La sostenibilità è sempre più riconosciuta come un elemento critico della strategia aziendale e della gestione del cambiamento. Le organizzazioni stanno integrando considerazioni ambientali, sociali e di governance (ESG) nei loro modelli di business e

nelle loro operazioni, rispondendo sia alle aspettative della società che ai requisiti normativi.

6. Processo decisionale e analisi dei dati: L'uso dell'analisi dei dati nella gestione del cambiamento sta guadagnando terreno. Le organizzazioni sfruttano i dati per ottenere informazioni sul comportamento dei dipendenti, sull'efficienza operativa e sulle tendenze del mercato per informare e adattare le loro strategie di cambiamento.

7. Personalizzazione dell'apprendimento e dello sviluppo: Con la rapida evoluzione delle competenze richieste, si tende a creare opportunità di apprendimento e sviluppo più personalizzate e continue per i dipendenti. Questo approccio aiuta a costruire una forza lavoro più agile e qualificata, capace di adattarsi a nuove sfide e ruoli.

8. Attenzione alla salute mentale e al benessere: Riconoscendo l'impatto del cambiamento sulla salute e sul benessere mentale, le organizzazioni stanno incorporando nei loro approcci alla gestione del cambiamento strategie di supporto al benessere dei dipendenti. Questa tendenza riflette uno spostamento più ampio verso il riconoscimento e la gestione degli aspetti psicologici del cambiamento organizzativo.

Queste ultime tendenze e sviluppi indicano un cambiamento dinamico nel campo della gestione del cambiamento, sottolineando la necessità di agilità, preparazione digitale, sostenibilità, strategie basate sui dati e attenzione agli aspetti umani del cambiamento. Comprendere e abbracciare queste tendenze è fondamentale per i leader contemporanei, per guidare efficacemente le loro organizzazioni attraverso le complessità delle moderne iniziative di cambiamento. Un cambiamento notevole è il passaggio da modelli di cambiamento top-down a modelli di cambiamento più collaborativi. Tradizionalmente, le iniziative di cambiamento erano spesso dettate dai leader di alto livello, ma c'è una tendenza crescente verso l'inclusività, dove i contributi dei vari livelli organizzativi sono incoraggiati e valorizzati. Questo approccio collaborativo porta a un maggiore coinvolgimento e a un'attuazione più efficace del cambiamento.

L'agilità, un tempo dominio specifico dello sviluppo del software, viene ora applicata in modo ampio alla gestione del cambiamento organizzativo. Ciò significa che si sta passando da una pianificazione rigida e a lungo termine ad approcci flessibili e iterativi che consentono di rispondere rapidamente ai cambiamenti del mercato e al feedback dei clienti, facilitando adattamenti più rapidi. La trasformazione digitale è diventata parte integrante delle strategie di gestione del cambiamento. Le organizzazioni stanno sempre più inserendo strumenti e tecnologie digitali nelle loro iniziative di cambiamento, sia che si tratti di potenziare i processi interni, migliorare l'esperienza dei clienti o sviluppare nuovi modelli di business.

C'è anche un cambiamento di prospettiva, che vede il cambiamento non come un progetto discreto ma come un processo continuo. Questo approccio continuo alla gestione del cambiamento riconosce la natura costante del cambiamento nelle aziende moderne, richiedendo una costante disponibilità all'adattamento e all'evoluzione. L'aspetto umano del cambiamento, in particolare l'attenzione alla cultura e al benessere dei dipendenti, sta ricevendo maggiore attenzione. Il successo del cambiamento è ora visto come un equilibrio tra strategia, processo e trasformazione culturale. Ciò include la comprensione dell'impatto del cambiamento sui dipendenti e la garanzia di sistemi che supportino il benessere e la resilienza.

L'uso dell'analisi dei dati per guidare le iniziative di cambiamento sta diventando sempre più diffuso. Le organizzazioni sfruttano i dati per comprendere l'impatto delle iniziative di cambiamento, prevedere i risultati e prendere decisioni informate e basate su dati concreti. La sostenibilità e la responsabilità sociale sono sempre più integrate nella gestione del cambiamento. Le organizzazioni stanno allineando i loro sforzi di cambiamento con obiettivi ambientali e sociali più ampi, riconoscendo che il successo a lungo termine è legato a pratiche sostenibili ed etiche.

Questi approcci al cambiamento riflettono un cambiamento più ampio nel modo in cui le organizzazioni percepiscono e gestiscono la trasformazione, evidenziando l'importanza dell'adattabilità, dell'inclusività e di una visione olistica del successo nell'ambiente aziendale moderno. I leader che abbracciano e si adattano a questi cambiamenti possono guidare più efficacemente le loro organizzazioni attraverso le complessità e le opportunità del mondo dinamico di oggi.

Nell'era moderna, i progressi tecnologici hanno avuto un profondo impatto sulla leadership del cambiamento, modificando in modo significativo le modalità di gestione e implementazione del cambiamento nelle organizzazioni. Questi progressi non solo rimodellano i processi operativi, ma influenzano anche la direzione strategica e le dinamiche culturali delle aziende. Uno degli impatti principali è l'accelerazione del cambiamento stesso. Tecnologie come l'intelligenza artificiale, l'apprendimento automatico e il cloud computing hanno portato a rapide innovazioni e sconvolgimenti in tutti i settori. I leader devono ora navigare in un ambiente in cui i cambiamenti avvengono a un ritmo senza precedenti, richiedendo un processo decisionale più rapido e strategie di risposta più agili. I progressi tecnologici hanno anche democratizzato le informazioni e i dati, rendendoli più accessibili in tutte le gerarchie organizzative. Questo cambiamento dà potere ai dipendenti a tutti i livelli, favorendo una forza lavoro più informata e impegnata. Per i leader del cambiamento, questo significa gestire un team più informato e, spesso, in attesa, che richiede una comunicazione trasparente e processi decisionali collaborativi.

L'ascesa degli strumenti e delle piattaforme digitali ha trasformato la comunicazione all'interno delle organizzazioni. I leader del cambiamento hanno ora accesso a una serie di piattaforme per la comunicazione e la collaborazione in tempo reale, che consentono un coordinamento e un impegno più efficaci con i team, soprattutto in contesti lavorativi dispersi o remoti. Gli strumenti di analisi dei dati e di business intelligence svolgono un ruolo cruciale nella gestione del cambiamento. I leader possono sfruttare questi strumenti per ottenere informazioni sui comportamenti dei dipendenti, sull'efficienza operativa e sulle tendenze del mercato, consentendo di prendere decisioni più informate. Questo approccio basato sui dati aiuta ad adattare le iniziative di cambiamento per renderle più efficaci e riduce il rischio di sfide impreviste.

La tecnologia ha cambiato le competenze necessarie per una leadership efficace. I leader di oggi non devono solo essere abili nelle competenze di leadership tradizionali, ma anche nella comprensione e nello sfruttamento della tecnologia. Ciò include l'aggiornamento sulle ultime tendenze tecnologiche e la comprensione del loro impatto sulle operazioni e sulle strategie aziendali. La tecnologia ha ampliato le possibilità di personalizzazione e personalizzazione nella gestione del cambiamento. I leader possono ora utilizzare la tecnologia per progettare programmi di formazione e sviluppo personalizzati, assicurando che i dipendenti abbiano le competenze e le conoscenze necessarie per adattarsi ai nuovi sistemi e processi.

Se da un lato la tecnologia offre numerosi strumenti e capacità per facilitare il cambiamento, dall'altro comporta anche delle sfide. I leader devono affrontare questioni come l'alfabetizzazione digitale, i problemi di privacy, i rischi di cybersicurezza e il potenziale della tecnologia di creare disconnessioni all'interno della forza lavoro. I progressi tecnologici hanno cambiato radicalmente il panorama della leadership del cambiamento. Forniscono strumenti e capacità potenti che, se sfruttati efficacemente, possono migliorare in modo significativo la gestione e l'attuazione del cambiamento. Tuttavia, richiedono anche che i leader sviluppino nuove competenze e approcci per navigare efficacemente nell'era digitale. Adattarsi a questi cambiamenti tecnologici è essenziale per i leader che intendono guidare con successo le loro organizzazioni attraverso le complessità della trasformazione moderna.

Con l'evoluzione del mondo degli affari, devono evolversi anche le capacità e le competenze dei leader del cambiamento. Per affrontare le sfide del panorama organizzativo di domani, è essenziale che queste capacità siano a prova di futuro. Per rimanere rilevanti ed efficaci, i leader del cambiamento devono adottare una serie di strategie. È fondamentale sviluppare una mentalità di apprendimento continuo. Il ritmo di cambiamento della tecnologia e delle dinamiche di mercato richiede che i leader imparino per tutta la vita. Rimanere aggiornati sulle ultime tendenze, teorie e pratiche della gestione del cambiamento e dei campi correlati non è più un optional, ma una necessità. La competenza tecnologica è un'altra strategia chiave. I leader del cambiamento non devono solo conoscere le ultime tecnologie, ma anche capire come sfruttarle per una gestione efficace del cambiamento. Ciò include tutti gli strumenti di analisi dei dati, le piattaforme di comunicazione e i software di gestione dei progetti.

Coltivare l'intelligenza emotiva rimane importante come sempre. La capacità di comprendere e gestire le proprie emozioni e di entrare in empatia con gli altri è fondamentale per guidare i team nel cambiamento, soprattutto in tempi di incertezza e stress. Rafforzare la resilienza e l'adattabilità è essenziale in un mondo in cui il cambiamento è l'unica costante. I leader devono essere in grado di riprendersi dalle battute d'arresto e di adattare le proprie strategie in risposta a nuove informazioni o a circostanze mutevoli. Migliorare le capacità di collaborazione e comunicazione è imperativo in un mondo sempre più connesso. I leader devono essere in grado di comunicare efficacemente la loro visione, coinvolgere gli stakeholder a tutti i livelli e promuovere un ambiente collaborativo che favorisca il cambiamento. Alimentare una cultura dell'innovazione all'interno dell'organizzazione è un approccio lungimirante. I leader devono incoraggiare il pensiero creativo e la sperimentazione, creando uno spazio sicuro per le nuove idee e accettando che il fallimento è spesso parte del processo di innovazione.

L'attenzione alla leadership etica e alla responsabilità aziendale è sempre più importante. Con il mutare delle aspettative della società, i leader devono assicurarsi che le loro strategie e azioni siano non solo efficaci, ma anche eticamente valide e socialmente responsabili. Sviluppare una prospettiva globale è vantaggioso, soprattutto per le organizzazioni che operano in più Paesi o che li influenzano. La comprensione dei diversi contesti culturali e delle dinamiche del mercato globale può aiutare i leader a prendere decisioni più informate e a gestire efficacemente i cambiamenti su scala più ampia.

La capacità di resistere alle sfide in evoluzione e di adattarsi alle nuove circostanze è una competenza fondamentale per affrontare le complessità del moderno cambiamento organizzativo. La resilienza nella leadership del cambiamento implica la capacità di riprendersi rapidamente dalle difficoltà e dalle battute d'arresto. Significa mantenere una rotta costante di fronte alle avversità ed essere in grado di riprendersi con più forza. Questa resilienza è favorita da una mentalità che vede le sfide come opportunità di apprendimento e di crescita, piuttosto che come ostacoli insormontabili. L'adattabilità, invece, si riferisce alla capacità di adattarsi a nuove condizioni. Nel contesto della leadership del cambiamento, significa essere aperti a nuove idee, disposti a modificare le strategie in risposta a circostanze mutevoli e flessibili nell'approccio. L'adattabilità è fondamentale in un panorama aziendale in cui i progressi tecnologici e le dinamiche di mercato possono spostare rapidamente il campo di gioco.

Per costruire la resilienza, i leader del cambiamento dovrebbero concentrarsi sullo sviluppo di una forte rete di supporto all'interno e all'esterno dell'organizzazione. Questa rete può fornire guida, sostegno e prospettiva nei momenti di difficoltà. Inoltre, la pratica di tecniche di autocura e di gestione dello stress è fondamentale per mantenere il benessere personale e la resilienza. Anche lo sviluppo di una cultura dell'apprendimento continuo all'interno dell'organizzazione è fondamentale per costruire la resilienza e l'adattabilità. Incoraggiare i dipendenti ad aggiornarsi, a riqualificarsi e ad abbracciare la formazione continua contribuisce a creare una forza lavoro agile e adattabile, in grado di gestire i cambiamenti. Un'altra strategia per promuovere la resilienza è la comunicazione chiara e trasparente. Discutere apertamente le sfide e le incertezze del cambiamento aiuta a creare fiducia e garantisce che i dipendenti si sentano sostenuti e valorizzati durante il processo di transizione.
Anche incoraggiare una cultura della sperimentazione e dell'innovazione all'interno dell'organizzazione può migliorare la

capacità di adattamento. Creando un ambiente in cui l'assunzione di rischi è sostenuta e i fallimenti sono visti come opportunità di apprendimento, i leader possono incoraggiare la flessibilità e il pensiero innovativo. L'adozione di un approccio proattivo al cambiamento, in cui i rischi e le opportunità potenziali vengono continuamente valutati e le strategie vengono adattate di conseguenza, può migliorare significativamente l'adattabilità. L'adozione di strumenti all'avanguardia sta diventando sempre più importante. Questi strumenti avanzati offrono nuove possibilità per migliorare l'efficienza e l'efficacia delle iniziative di cambiamento, consentendo ai leader di navigare nelle complessità della trasformazione organizzativa con maggiore precisione e intuizione.

I moderni strumenti di gestione del cambiamento vanno oltre i tradizionali software di gestione dei progetti. Ora includono piattaforme avanzate di analisi dei dati, sistemi di intelligenza artificiale (AI) e spazi di lavoro digitali collaborativi. Questi strumenti possono fornire approfondimenti sulle dinamiche organizzative, sul coinvolgimento dei dipendenti e sull'impatto delle iniziative di cambiamento, consentendo di prendere decisioni più consapevoli. Le piattaforme di analisi dei dati, ad esempio, consentono ai leader di monitorare e analizzare varie metriche relative al processo di cambiamento, come le prestazioni dei dipendenti, i livelli di coinvolgimento e l'efficienza operativa. Questi dati possono aiutare a identificare le aree di resistenza, a prevedere le potenziali sfide e a misurare il successo degli sforzi di cambiamento. L'intelligenza artificiale e gli strumenti di apprendimento automatico vengono utilizzati per prevedere i risultati delle iniziative di cambiamento e per fornire raccomandazioni personalizzate ai leader. Possono analizzare grandi quantità di dati per identificare modelli e tendenze che potrebbero non essere immediatamente evidenti, offrendo intuizioni strategiche che possono guidare la direzione degli sforzi di cambiamento.

Gli spazi di lavoro digitali collaborativi e gli strumenti di comunicazione sono diventati essenziali, soprattutto con l'aumento dei modelli di lavoro remoti e ibridi. Queste piattaforme facilitano la comunicazione e la collaborazione tra i membri del team, indipendentemente dalla loro posizione fisica, garantendo che tutti rimangano allineati e connessi durante il processo di cambiamento. Anche le tecnologie di realtà virtuale e aumentata stanno emergendo come strumenti potenti nella gestione del cambiamento, in particolare per la formazione e lo sviluppo. Forniscono esperienze di apprendimento coinvolgenti che possono essere particolarmente efficaci per comprendere nuovi processi o per simulare diversi scenari in un ambiente controllato.

Le soluzioni basate sul cloud consentono approcci più agili e scalabili alla gestione del cambiamento. Sfruttando il cloud, le organizzazioni possono garantire che i loro strumenti di gestione del cambiamento siano sempre accessibili e aggiornati e possano essere facilmente scalati in base alla crescita dell'organizzazione o al cambiamento delle esigenze. Se da un lato questi strumenti avanzati offrono numerosi vantaggi, dall'altro i leader devono essere consapevoli delle sfide che presentano, come garantire la privacy e la sicurezza dei dati, gestire la curva di apprendimento associata alle nuove tecnologie e garantire che l'elemento umano del cambiamento non venga messo in ombra dalle soluzioni tecnologiche.

Abbracciando questi strumenti all'avanguardia per la gestione del cambiamento, i leader sono in grado di prendere decisioni strategiche basate sui dati, di migliorare la collaborazione e la comunicazione e di fornire esperienze di formazione coinvolgenti ed efficaci. L'adozione di tecnologie avanzate è fondamentale per guidare un cambiamento di successo nell'attuale panorama aziendale in rapida evoluzione. Con la continua evoluzione del panorama aziendale, si evolvono anche i paradigmi e le aspettative della leadership del cambiamento. I leader di oggi si trovano ad affrontare una miriade di nuove sfide e opportunità, che richiedono di adattare i loro approcci e le loro strategie per navigare con successo in questi cambiamenti.

Il primo cambiamento significativo è il passaggio da modelli di leadership tradizionali e gerarchici a stili più collaborativi e inclusivi. I moderni leader del cambiamento devono essere dei facilitatori che danno potere ai team, incoraggiano prospettive diverse e promuovono una cultura di condivisione dei processi di cambiamento. Questo cambiamento richiede che i leader siano più empatici, disponibili e aperti al feedback, abbattendo le tradizionali barriere tra i diversi livelli di un'organizzazione. Si pone inoltre un'enfasi crescente sulla leadership etica e sulla responsabilità sociale. Ci si aspetta che i leader non si limitino a generare profitti, ma che garantiscano che le loro organizzazioni abbiano un impatto positivo sulla società e sull'ambiente. Questo cambiamento ha portato la sostenibilità e le considerazioni etiche in primo piano nelle strategie aziendali, comprese le iniziative di cambiamento.

La competenza tecnologica è diventata un nuovo standard per i leader del cambiamento. Con il rapido avanzamento delle tecnologie digitali, ci si aspetta che i leader conoscano gli strumenti e le tendenze più recenti. Ciò include la comprensione del modo in cui la tecnologia può essere sfruttata per facilitare i processi di cambiamento, migliorare la comunicazione e aumentare l'efficienza. I leader del cambiamento si trovano inoltre a navigare in una nuova realtà in cui il cambiamento è costante e rapido. Questo ambiente dinamico richiede agilità e capacità di modificare rapidamente le strategie in risposta a nuove informazioni o a condizioni di mercato mutevoli. I leader devono promuovere una cultura di resilienza e flessibilità, che consenta alle loro organizzazioni di prosperare di fronte al cambiamento continuo.

La crescente complessità dei mercati globali e l'aumento della diversità all'interno dei luoghi di lavoro richiedono ai leader una prospettiva più ampia e globale. I leader devono essere consapevoli dei diversi contesti culturali e adattare di conseguenza i loro approcci alla gestione del cambiamento. Questa mentalità globale è essenziale per le organizzazioni che operano o hanno un impatto su più Paesi.

Le aspettative di trasparenza sono aumentate. Gli stakeholder ora chiedono una maggiore apertura e una comunicazione chiara sulle ragioni del cambiamento, sui benefici che porta e sull'impatto che avrà. I leader devono garantire la trasparenza dei processi decisionali e delle strategie di comunicazione per creare fiducia e ottenere l'adesione alle iniziative di cambiamento. Si sta passando a una visione più olistica del benessere dei dipendenti. I leader devono considerare l'impatto emotivo e psicologico del cambiamento sui dipendenti e fornire meccanismi di supporto per aiutarli a superare la transizione. Questo approccio riconosce che il successo delle iniziative di cambiamento è strettamente legato al benessere e al coinvolgimento della forza lavoro.

Per navigare in questi paradigmi e aspettative mutevoli, i leader devono essere adattivi, empatici, tecnologici, etici, consapevoli a livello globale, trasparenti e attenti al benessere dei propri dipendenti. Abbracciando questi aspetti in evoluzione della leadership del cambiamento, i leader possono guidare efficacemente le loro organizzazioni attraverso le complessità e le opportunità dell'ambiente aziendale moderno.

Per concludere questo capitolo sul futuro della leadership del cambiamento, l'attenzione si sposta sulla capacità di prosperare in un ambiente caratterizzato da cambiamenti ed evoluzioni costanti. In un mondo in rapida trasformazione come quello odierno, la capacità dei leader e delle organizzazioni non solo di adattarsi al cambiamento, ma anche di prosperare al suo interno è fondamentale per il successo e la sostenibilità a lungo termine.

Per prosperare in questo ambiente dinamico è necessario un cambio di mentalità. I leader e le organizzazioni devono considerare il cambiamento non come una forza dirompente da gestire, ma come una continua opportunità di crescita e innovazione. Questa prospettiva favorisce un approccio proattivo al cambiamento, in cui i leader sono costantemente alla ricerca di modi per migliorare, evolvere e rimanere all'avanguardia. Costruire una cultura che abbracci il cambiamento è fondamentale per prosperare in questo ambiente. Questa cultura incoraggia la sperimentazione, valorizza l'apprendimento dai successi e dai fallimenti e considera il cambiamento come parte integrante del percorso organizzativo. Una cultura di questo tipo sostiene anche la resilienza, aiutando i team e gli individui a riprendersi e a persistere di fronte alle sfide.

L'apprendimento e lo sviluppo continui sono fondamentali per prosperare in un panorama in continua evoluzione. I leader devono impegnarsi per il proprio sviluppo continuo e promuovere un ambiente in cui i dipendenti siano incoraggiati ad acquisire nuove competenze, a tenersi aggiornati sulle tendenze del settore e ad evolvere continuamente le proprie capacità. Questo impegno nell'apprendimento garantisce che l'organizzazione nel suo complesso rimanga agile e adattabile. Anche lo sfruttamento della tecnologia è essenziale in questo contesto. Rimanendo aggiornati sui progressi tecnologici e integrando strumenti e sistemi pertinenti, le organizzazioni possono aumentare la loro efficienza, migliorare i processi decisionali e mantenere un vantaggio competitivo.

Dare priorità al benessere e all'impegno dei dipendenti è un altro aspetto cruciale. Il cambiamento può essere stressante e i leader devono assicurarsi di sostenere i loro team durante le transizioni, affrontando le preoccupazioni e mantenendo linee di comunicazione aperte. Una forza lavoro che si sente sostenuta e valorizzata è più propensa ad accogliere il cambiamento e a contribuire positivamente. L'adozione di un approccio guidato dai dati nel processo decisionale aiuta le organizzazioni a gestire il cambiamento in modo più efficace. Affidandosi a dati e analisi, i leader possono prendere decisioni più informate, anticipare le tendenze e adattare le strategie per soddisfare le esigenze in evoluzione.

Mantenere la flessibilità e l'agilità nella pianificazione strategica consente alle organizzazioni di rispondere rapidamente ai cambiamenti inattesi e di cogliere le nuove opportunità che si presentano. Ciò significa essere disposti a rivedere e rivedere le strategie, rimanere aperti a nuove idee ed essere pronti a cambiare rotta quando necessario. Per prosperare in un ambiente di costante cambiamento ed evoluzione occorre coltivare una cultura positiva al cambiamento, impegnarsi nell'apprendimento continuo, sfruttare la tecnologia, dare priorità al benessere dei dipendenti, adottare un approccio basato sui dati e mantenere la flessibilità strategica. Incarnando questi principi, i leader e le organizzazioni possono non solo navigare nelle complessità dell'ambiente aziendale odierno, ma anche emergere più forti, più innovativi e più resilienti.

Conclusione

Giunti alla conclusione di "Leading the Change Revolution: Avviare e sostenere la trasformazione", è il momento di fermarsi a riflettere sul viaggio che abbiamo intrapreso. Questo viaggio attraverso le complessità della leadership del cambiamento ha attraversato varie dimensioni, dalla comprensione della natura fondamentale del cambiamento all'adozione delle ultime tendenze e strategie di gestione del cambiamento. Guidare il cambiamento non significa semplicemente gestire le transizioni o implementare nuovi processi; si tratta di guidare le organizzazioni attraverso un viaggio di trasformazione. Questo viaggio è pieno di sfide e opportunità e richiede ai leader di adattarsi, imparare e crescere continuamente. Si tratta di prendere decisioni che non riguardano solo il futuro immediato, ma che aprono la strada alla sostenibilità e al successo a lungo termine.

Nel corso di questa esplorazione, abbiamo approfondito l'importanza di comprendere gli aspetti psicologici, culturali e strategici del cambiamento. Abbiamo esaminato come i leader possono navigare efficacemente tra questi elementi, utilizzando l'empatia, la comunicazione e la lungimiranza strategica. Il ruolo della leadership del cambiamento va oltre i confini della gestione tradizionale; si tratta di ispirare, motivare e guidare le persone verso una visione condivisa. Abbiamo anche analizzato come l'era digitale abbia trasformato la leadership del cambiamento, portando alla ribalta nuovi strumenti, tecnologie e metodologie. Questi progressi offrono enormi opportunità per migliorare l'efficienza e l'impatto delle iniziative di cambiamento, ma comportano anche una serie di sfide e richieste.

Al centro di questo percorso c'è la consapevolezza che il cambiamento è un elemento inevitabile e costante del panorama aziendale. Abbracciare il cambiamento, quindi, non è un'opzione ma una necessità per i leader che aspirano a far progredire le loro organizzazioni in un mondo in continua evoluzione. Per concludere, è importante riconoscere che il viaggio della leadership del cambiamento non finisce qui. Il panorama del cambiamento è in continuo mutamento e, come leader, la necessità di rimanere informati, agili e reattivi è sempre presente. Le intuizioni e le strategie discusse in questo libro forniscono una base, ma la vera prova della leadership del cambiamento sta nell'applicazione, nella sperimentazione e nell'adattamento nel mondo reale.

Guidare la rivoluzione del cambiamento è un processo continuo di apprendimento, crescita ed evoluzione. Si tratta di affrontare le sfide a testa alta, di cogliere le opportunità e di sforzarsi sempre di essere migliori. Mentre andiamo avanti, portiamo con noi le lezioni apprese, le intuizioni acquisite e l'ispirazione per continuare a guidare il cambiamento con coraggio, saggezza e resilienza. Mentre portiamo "Leading the Change Revolution: Avviare e sostenere la trasformazione", è essenziale ricapitolare le intuizioni e le lezioni chiave emerse nel corso di questa esplorazione della leadership del cambiamento.

1. Accogliere il cambiamento come una costante: Una delle intuizioni fondamentali è riconoscere il cambiamento come un aspetto continuo e inevitabile della vita organizzativa. I leader devono non solo accettare, ma anche abbracciare il cambiamento come forza trainante per la crescita e l'innovazione.

2. Importanza della leadership visionaria: Il ruolo della leadership visionaria nel guidare il cambiamento non può essere sopravvalutato. Una visione chiara e convincente è fondamentale per guidare e ispirare i team nel processo di trasformazione. I leader devono articolare questa visione in modo efficace e radunare i loro team attorno ad essa.

3. Aspetti psicologici del cambiamento: Comprendere l'impatto psicologico del cambiamento sugli individui e sui team è fondamentale. I leader devono riconoscere e affrontare le emozioni e le risposte umane che le iniziative di cambiamento possono evocare, impiegando empatia e sostegno durante tutto il percorso di cambiamento.

4. Promuovere una cultura dell'adattabilità e dell'apprendimento: Creare una cultura che valorizzi l'adattabilità, l'apprendimento continuo e l'innovazione è fondamentale per sostenere il cambiamento. Si tratta di incoraggiare un ambiente in cui le nuove idee sono accolte con favore e i fallimenti sono visti come opportunità di apprendimento.

5. Comunicazione e coinvolgimento strategici: Una comunicazione efficace e il coinvolgimento delle parti interessate sono fondamentali. Una comunicazione trasparente e coerente e il coinvolgimento attivo delle parti interessate a tutti i livelli garantiscono l'adesione e facilitano le transizioni.

6. Sfruttare la tecnologia e i dati: L'uso di tecnologie all'avanguardia e di analisi dei dati è diventato parte integrante della moderna gestione del cambiamento. Questi strumenti migliorano l'efficienza e l'efficacia delle iniziative di cambiamento, consentendo di prendere decisioni basate sui dati e di snellire i processi.

7. Costruire resilienza e agilità: Coltivare la resilienza e l'agilità di fronte al cambiamento è fondamentale sia per i leader che per le organizzazioni. Ciò implica la capacità di adattarsi rapidamente alle nuove sfide, di riprendersi dalle battute d'arresto e di rimanere agili in un ambiente aziendale dinamico.

8. Leadership etica e responsabilità sociale: La crescente enfasi sulla leadership etica e sulla responsabilità sociale nella gestione del cambiamento riflette un cambiamento sociale più ampio. I leader devono garantire che le loro iniziative di cambiamento siano in linea con gli standard etici e contribuiscano positivamente alla società e all'ambiente.

9. Crescita personale e organizzativa: Infine, la leadership del cambiamento è una via per la crescita personale e organizzativa. I leader devono accettare lo sviluppo personale che deriva dalla guida del cambiamento e considerare ogni iniziativa come un'opportunità per rafforzare ed evolvere l'organizzazione.

Queste intuizioni e lezioni costituiscono il fulcro di una leadership del cambiamento efficace. Forniscono un quadro di riferimento completo per i leader che hanno il compito di affrontare le complessità del cambiamento in un mondo aziendale in continua evoluzione e dal ritmo incalzante. Queste lezioni servono come principi guida per dotare i leader delle conoscenze, delle competenze e della mentalità necessarie per guidare iniziative di cambiamento trasformative e di successo.

La riflessione è parte integrante del processo di apprendimento e offre l'opportunità di consolidare le conoscenze acquisite e di contemplare l'applicazione in scenari reali. La riflessione sulla crescita personale implica l'esame di come si sono evolute le prospettive e la comprensione della leadership del cambiamento. I lettori dovrebbero considerare come le loro opinioni sulla natura del cambiamento, sul ruolo del leader nel guidare il cambiamento e sulle dinamiche della trasformazione organizzativa possano essere cambiate o approfondite nel corso di questo libro.

È utile pensare alle aree chiave di crescita e sviluppo. Ponetevi domande come: Come si è evoluto il mio approccio alla guida del cambiamento? Quali nuove strategie o concetti ho appreso che posso applicare alle iniziative future? Ho identificato aree in cui ho bisogno di ulteriore sviluppo o apprendimento? Questa introspezione può aiutare a consolidare l'apprendimento e a identificare chiari passi d'azione per il miglioramento continuo.

Considerate le sfide e le opportunità di implementare le lezioni apprese nel vostro contesto organizzativo. Riflettete su come potreste applicare queste intuizioni alle situazioni reali, sui potenziali ostacoli che potreste incontrare e su come potreste superarli. Questa riflessione dovrebbe estendersi anche al vostro stile di leadership e alle vostre capacità interpersonali. Considerate come i concetti discussi, come l'empatia, la comunicazione e il coinvolgimento degli stakeholder, siano in sintonia con il vostro approccio personale alla leadership e come potreste integrarli nella vostra pratica.

Riflettere sulla crescita personale non significa solo riconoscere ciò che si è imparato, ma anche riconoscere il viaggio che ci attende. La leadership del cambiamento è un processo continuo, in cui ogni esperienza offre nuove opportunità di apprendimento. Abbracciate l'idea che come leader del cambiamento il vostro viaggio è in continua evoluzione. Prendetevi un momento per riconoscere i progressi fatti. Diventare un leader del cambiamento efficace è un viaggio che richiede tempo, sforzi e impegno. Riconoscere la propria crescita lungo questo percorso è importante per mantenere la motivazione e lo slancio. Incoraggiamo i lettori a considerare il loro viaggio nella leadership del cambiamento come un ciclo continuo di apprendimento, applicazione, riflessione e crescita. Le intuizioni e le lezioni di questo libro sono pietre miliari di questo viaggio continuo. Mentre andate avanti, portate con voi queste lezioni, rimanete aperti a nuovi apprendimenti e abbracciate le sfide e le opportunità che derivano dalla guida del cambiamento. È inoltre essenziale sottolineare l'impatto duraturo della leadership del cambiamento trasformazionale. Il ruolo di un leader del cambiamento si estende ben oltre gli obiettivi immediati di iniziative specifiche; comprende la definizione della traiettoria futura delle organizzazioni, l'impatto sulla vita dei dipendenti e spesso il contributo a un cambiamento sociale più ampio.

La leadership del cambiamento trasformazionale consiste nel creare un'eredità. Comporta l'attuazione di cambiamenti che non solo affrontano le sfide attuali, ma aprono anche la strada alla crescita e all'innovazione future. I leader che affrontano il cambiamento con una mentalità trasformazionale contribuiscono a costruire organizzazioni resilienti, adattabili e lungimiranti. Queste organizzazioni sono meglio equipaggiate per affrontare le incertezze del mondo degli affari ed emergere come leader del settore.

L'impatto della leadership trasformazionale si fa sentire profondamente anche a livello dei singoli dipendenti. I leader che coinvolgono, responsabilizzano e ispirano i loro team promuovono una cultura del miglioramento continuo e dello sviluppo personale. Questo approccio porta a una forza lavoro non solo più qualificata e capace, ma anche più impegnata e soddisfatta. Un ambiente di questo tipo può elevare le prestazioni complessive dell'organizzazione e contribuire ad aumentare i livelli di fidelizzazione e soddisfazione dei dipendenti.

I leader del cambiamento trasformazionale spesso guidano l'innovazione che va oltre i confini delle loro organizzazioni. Abbracciando nuove tecnologie, esplorando nuovi modelli di business e sostenendo pratiche sostenibili, contribuiscono a cambiamenti a livello di settore e, in alcuni casi, al progresso della società. Gli effetti a catena di questi cambiamenti possono ridefinire i mercati, influenzare i comportamenti dei consumatori e contribuire al benessere sociale e ambientale. Lo stile di leadership e le strategie impiegate nel cambiamento trasformazionale costituiscono anche un precedente per i futuri leader dell'organizzazione. Modellando una leadership di cambiamento efficace, i leader attuali ispirano e coltivano la prossima generazione di leader, assicurando che l'eredità di innovazione e adattabilità continui.

L'impatto duraturo della leadership del cambiamento trasformazionale non può essere sopravvalutato. Non si tratta solo di raggiungere obiettivi a breve termine, ma di plasmare il futuro delle organizzazioni, influenzare la vita degli individui e, talvolta, lasciare un segno nel settore e nella società in generale. Come leader del cambiamento, l'opportunità di creare un impatto così duraturo è sia un privilegio che una responsabilità. Richiede visione, impegno e una profonda comprensione del potere trasformativo di una leadership efficace.

L'eredità di un leader del cambiamento non si misura solo in base ai risultati immediati delle sue iniziative, ma in base alla trasformazione positiva e duratura che instilla nelle sue organizzazioni e oltre. Questa eredità è una testimonianza della loro visione, della loro strategia e dei valori che incorporano nel tessuto dei loro team e processi. I leader del cambiamento lasciano un'eredità di trasformazione positiva creando e alimentando una visione che va oltre l'orizzonte immediato. Questa visione spesso comporta obiettivi di trasformazione che si allineano sia con gli obiettivi organizzativi sia con valori sociali più ampi, come la sostenibilità, l'inclusività e l'innovazione. Inserendo questi valori nella cultura dell'organizzazione, i leader del cambiamento si assicurano che la loro visione continui a influenzare anche dopo la conclusione di progetti specifici.

Un altro aspetto fondamentale è lo sviluppo di una cultura organizzativa resiliente e adattabile. I leader del cambiamento che promuovono un ambiente in cui la flessibilità, l'apprendimento e l'innovazione fanno parte dell'etica quotidiana costruiscono organizzazioni meglio attrezzate per affrontare le sfide future. Questa cultura diventa la loro eredità, consentendo all'organizzazione di continuare a evolversi e ad avere successo in un panorama aziendale in continua evoluzione. I leader del cambiamento lasciano un impatto duraturo anche attraverso le persone che ispirano e sviluppano. Facendo da mentori e responsabilizzando i leader emergenti, creano una pipeline di talenti dotati delle competenze e della mentalità necessarie per guidare il cambiamento futuro. Questo mentoring assicura che l'organizzazione continui a beneficiare di una leadership forte e di un pensiero innovativo.

L'introduzione di pratiche aziendali sostenibili ed etiche può costituire una parte significativa dell'eredità di un leader del cambiamento. Dando priorità a queste pratiche, i leader non solo migliorano la reputazione e le prestazioni della loro organizzazione, ma contribuiscono anche a risultati positivi per la società e l'ambiente. I leader del cambiamento che sfruttano la tecnologia e il processo decisionale basato sui dati creano un precedente per le future strategie organizzative. Integrando questi approcci moderni nel processo di gestione del cambiamento, lasciano un'eredità di efficienza, trasparenza e decisioni informate.

L'eredità della trasformazione positiva è evidente anche nel modo in cui i leader del cambiamento gestiscono le sfide e le battute d'arresto. I leader che affrontano le difficoltà con resilienza, apertura all'apprendimento e impegno nel trovare soluzioni ispirano un approccio simile nei loro team e nell'organizzazione nel suo complesso. Nel corso della storia, ci sono stati numerosi casi in cui leader visionari del cambiamento hanno trasformato le organizzazioni, lasciando segni indelebili nei loro settori e spesso nella società in generale. Questi esempi sono una potente testimonianza dell'impatto di una leadership del cambiamento efficace.

Un esempio è la trasformazione di Apple Inc. sotto Steve Jobs. Il suo ritorno in Apple nel 1997 ha segnato l'inizio di una delle più straordinarie trasformazioni aziendali della storia. Sotto la sua guida, Apple si è concentrata sull'innovazione e sul design, portando alla creazione di prodotti rivoluzionari come iPod, iPhone e iPad. L'enfasi di Jobs sulla qualità dei prodotti, sull'esperienza dei clienti e sulla creazione del marchio ha trasformato Apple in una delle aziende di maggior valore al mondo.

Un altro esempio degno di nota è la svolta di Starbucks sotto Howard Schultz. Quando Schultz è tornato come amministratore delegato nel 2008, Starbucks era alle prese con un'espansione eccessiva e un marchio diluito. Schultz ha rivitalizzato l'azienda concentrandosi sull'esperienza del cliente, migliorando la formazione dei dipendenti ed espandendo la presenza internazionale dell'azienda. La sua leadership non solo ha rilanciato Starbucks, ma l'ha anche ristabilita come marchio globale di primo piano.

La leadership di Satya Nadella in Microsoft è un esempio più recente di leadership trasformativa. Da quando ha assunto la carica di CEO nel 2014, Nadella ha spostato l'attenzione di Microsoft da un approccio principalmente incentrato su Windows alle tecnologie di cloud computing e AI. Questa svolta strategica, unita a un cambiamento culturale verso una maggiore collaborazione e apertura, ha ringiovanito Microsoft, aumentando significativamente il suo valore di mercato e riposizionandola come leader del settore tecnologico.

Indra Nooyi, durante il suo mandato come CEO di PepsiCo, ha guidato un'importante trasformazione strategica e culturale. Ha spostato l'attenzione dell'azienda su prodotti più sani, rispondendo alle mutevoli preferenze dei consumatori e alle tendenze salutistiche. La visione di Nooyi di un approccio "Performance with Purpose" ha integrato la sostenibilità nel modello aziendale principale, bilanciando la redditività a breve termine con gli obiettivi di sostenibilità a lungo termine.

Questi leader, tra gli altri, esemplificano il profondo impatto che una leadership visionaria del cambiamento può avere su un'organizzazione. La loro capacità di immaginare un futuro diverso, di coinvolgere e ispirare i loro team e di realizzare trasformazioni strategiche non solo ha spinto le loro aziende verso nuove vette, ma spesso ha anche rimodellato i loro settori. Questi esempi sono un modello di ispirazione per i leader attuali e futuri che intendono intraprendere iniziative di cambiamento trasformativo.

Il percorso di un leader del cambiamento è al tempo stesso impegnativo e gratificante, e la crescita continua è la chiave per padroneggiare questo ruolo. Innanzitutto, credete nella vostra capacità di fare la differenza. La leadership del cambiamento non riguarda solo le strategie e i processi; si tratta di influenzare le persone e plasmare il futuro. La vostra visione, la vostra determinazione e le vostre azioni hanno il potere di guidare una trasformazione significativa. Rimanete curiosi e impegnati nell'apprendimento. Il panorama del cambiamento è in continua evoluzione, con nuove sfide e opportunità che emergono costantemente. Abbracciate una mentalità di apprendimento continuo, cercando conoscenze e approfondimenti non solo nel vostro campo, ma da una gamma diversificata di fonti. Questo apprendimento continuo vi manterrà adattabili e innovativi.

Costruire e coltivare una solida rete di colleghi e mentori. La leadership del cambiamento può essere un viaggio complesso e avere un sistema di supporto di persone che condividono le vostre sfide e aspirazioni è inestimabile. Partecipate a comunità di pratica, frequentate forum di settore e cercate opportunità di mentorship. Queste relazioni forniscono sostegno, ispirazione e un bagaglio di esperienze condivise.

Riflettere regolarmente sulle proprie esperienze. Prendete tempo per considerare i successi e gli insuccessi che incontrate. La riflessione è un potente strumento di crescita, che vi permette di trarre spunti dalle vostre esperienze e di applicarli alle iniziative future. Siate resilienti e mantenete una visione positiva. Le iniziative di cambiamento sono spesso accompagnate da ostacoli e resistenze. Coltivare la resilienza vi aiuterà a superare queste sfide in modo efficace. Siate ottimisti e considerate gli ostacoli come opportunità per imparare e migliorare.

Abbracciate l'innovazione e siate aperti a nuove idee. I leader del cambiamento più efficaci sono quelli che non hanno paura di pensare in modo diverso e di esplorare territori inesplorati. Incoraggiate la creatività e l'innovazione all'interno del vostro team e siate disposti a correre rischi calcolati. Ricordate che guidare il cambiamento riguarda tanto la trasformazione personale quanto quella organizzativa. Mentre guidate gli altri attraverso il cambiamento, cogliete l'opportunità di crescere come leader e come persona. Ogni esperienza offre lezioni che contribuiscono al vostro sviluppo.

In conclusione, il vostro viaggio come campioni del cambiamento è un impegno profondo per guidare il progresso e creare un impatto positivo. Con passione, perseveranza e dedizione alla crescita continua, non solo riuscirete ad affrontare le complessità del cambiamento, ma emergerete anche come leader trasformativi che ispirano e guidano gli altri verso un futuro più luminoso. Per mantenere l'impegno e la proattività nella guida del cambiamento, è fondamentale adottare una serie di strategie pratiche da inserire nella pratica quotidiana della leadership.

Iniziate stabilendo obiettivi chiari e raggiungibili per le vostre iniziative di cambiamento. Questi devono essere in linea con gli obiettivi organizzativi più ampi e con la vostra visione del cambiamento. Tracciare i progressi attraverso tappe definite aiuta a mantenere la concentrazione e la direzione. È essenziale tenersi informati sulle ultime tendenze e sulle best practice del proprio settore e del campo più ampio della gestione del cambiamento. Questo apprendimento continuo non solo informa le vostre strategie, ma vi mantiene anche ispirati e aperti all'innovazione. Cercare attivamente e valorizzare il feedback del vostro team, degli stakeholder e dei clienti è fondamentale. Questi contributi forniscono indicazioni critiche sulla percezione e sull'impatto dei vostri sforzi di cambiamento, consentendovi di perfezionare il vostro approccio e di affrontare le problematiche che si presentano.

Un altro aspetto fondamentale è la creazione di un ambiente collaborativo all'interno del team. Incoraggiate le discussioni aperte e la condivisione delle idee. Questo non solo favorisce soluzioni innovative, ma assicura anche che i membri del team si sentano coinvolti e investiti nel processo di cambiamento. La comunicazione è una pietra miliare di una leadership del cambiamento efficace. Tenere informati il team e gli stakeholder sugli sviluppi, le sfide e i risultati ottenuti crea fiducia e riduce al minimo le resistenze. Una comunicazione chiara e coerente è fondamentale per affrontare le complessità del cambiamento. È fondamentale essere flessibili e pronti a modificare i propri piani alla luce di nuove informazioni o di sfide impreviste. Questa agilità consente di superare efficacemente gli ostacoli e di capitalizzare le opportunità emergenti.

Lo sviluppo dell'intelligenza emotiva è altrettanto importante. Migliorare abilità come l'empatia, la gestione dello stress e il mantenimento di un atteggiamento positivo è fondamentale per guidare i team nel cambiamento e garantire una sana dinamica lavorativa. Ricordate che la cura di sé è fondamentale. Guidare il cambiamento può essere impegnativo, quindi è importante prendersi cura del proprio benessere fisico e mentale. Ciò significa dare priorità al riposo, gestire lo stress e mantenere un equilibrio tra lavoro e vita privata.

È importante anche celebrare i successi ottenuti lungo il percorso. Riconoscere e celebrare le pietre miliari aumenta il morale e rafforza gli aspetti positivi del percorso di cambiamento. Rimanere fedeli alla propria visione del cambiamento mantiene motivati voi e il vostro team, soprattutto quando dovete affrontare le sfide. Rivedere e riaffermare regolarmente lo scopo più ampio che sta alla base del cambiamento può essere un potente motivatore e una guida.

Incorporare questi approcci nella vostra pratica quotidiana di leader del cambiamento vi aiuterà a rimanere impegnati, proattivi ed efficaci nel guidare e gestire il cambiamento. Queste strategie vi permetteranno non solo di gestire le complessità del cambiamento, ma anche di ispirare e guidare gli altri verso una trasformazione di successo. Il percorso della leadership del cambiamento è impegnativo e gratificante allo stesso tempo, pieno di sfide che mettono alla prova la vostra determinazione e di risultati che convalidano i vostri sforzi. Ricordate che il vostro ruolo di leader del cambiamento è fondamentale per plasmare il futuro della vostra organizzazione e, per molti versi, del settore e della comunità che vi circonda. Le decisioni che prendete, le strategie che mettete in atto e le visioni che esprimete hanno effetti di vasta portata che vanno oltre l'ambito immediato dei vostri progetti.

Abbracciate il viaggio con tutti i suoi alti e bassi. Ogni sfida che incontrate è un'opportunità di crescita e ogni successo un trampolino di lancio verso traguardi più importanti. Il panorama del cambiamento è in continua evoluzione e con esso continueranno a svilupparsi le vostre capacità e prospettive di leader. Rimanete fedeli alla vostra visione e al vostro scopo. La strada del cambiamento è raramente diritta e gli ostacoli sono inevitabili, ma sono la vostra visione e la vostra determinazione a guidare voi e il vostro team. La vostra passione e il vostro impegno possono essere contagiosi, ispirando coloro che vi circondano a condividere il vostro percorso e a contribuire all'obiettivo collettivo.

Non sottovalutate mai l'impatto che potete avere come leader del cambiamento. Non si tratta solo di gestire processi, ma di influenzare vite, plasmare culture e costruire eredità. La vostra leadership può accendere una scintilla di innovazione, guidare un movimento di trasformazione e ispirare una generazione di futuri leader. Continuare a imparare, adattarsi e crescere. La leadership del cambiamento è un processo di apprendimento continuo e c'è

sempre qualcosa di nuovo all'orizzonte. Rimanete curiosi, aperti a nuove idee e disposti ad adattare i vostri approcci. I leader migliori sono quelli che rimangono studenti nel cuore, sempre desiderosi di crescere e migliorare.

Prendetevi un momento per riflettere sul vostro viaggio e sul cammino che vi attende. Festeggiate i vostri progressi, imparate dalle vostre esperienze e guardate alle opportunità e alle avventure che vi attendono. Il vostro viaggio come leader del cambiamento è unico e prezioso, ed è vostro e lo potete definire. Lasciate che questo libro sia un catalizzatore per la vostra crescita continua e il vostro successo nel guidare il cambiamento. Portate avanti le intuizioni e le lezioni acquisite e affrontate ogni nuova sfida con fiducia, resilienza e ottimismo. Il vostro viaggio come leader del cambiamento è significativo e avete il potenziale per avere un impatto notevole. Continuate ad andare avanti, a guidare il cambiamento e a fare la differenza.